Del Exe Antiguo A Nuestro Nuevo
Una década de lírica virreinal

(Charcas, 1602-1612)

DEL EXE ANTIGUO A NUESTRO NUEVO POLO

Una década de lírica virreinal (Charcas 1602-1612)

ALICIA DE COLOMBÍ-MONGUIÓ

CENTRO DE ESTUDIOS LITERARIOS
"ANTONIO CORNEJO POLAR"

LATINOAMERICANA
EDITORES

© Alicia de Colombí-Monguió

ISBN: 09704923-9-1

Impreso en Ann Arbor, Michigan para el
CENTRO DE ESTUDIOS LITERARIOS
"ANTONIO CORNEJO POLAR"
(CELACP)
Y
LATINOAMERICANA EDITORES
2125 California St.
Berkeley, CA 94703-1472
Tel/fax (510) 883-9443

E-mail: acorpol@socrates.berkeley.edu
http://celacp.perucultural.org.pe

***Del Exe Antiguo A Nuestro Nuevo Polo*:**
Una década de lírica virreinal
(Charcas, 1602-1612)

A Manuel Durán,
espíritu gentil,

éste, por ser quien es, me da licencia
que abrevie aquí las alabanças suyas,
qu'es símbolo el callar de reverencia.

ÍNDICE

A Manuel Durán   5

Reconocimientos   9

Agradecimientos   11

Prólogo   13

PRIMERA PARTE
POETAS DE LA ACADEMIA ANTÁRTICA

1.- El *Discurso en loor de la Poesía*.   23

2.- Un poema más para Don Pedro de Carvajal: "A las lágrimas de una dama".   55

3.- Doña Francisca de Briviesca y Arellano: La primera mujer poeta de Perú.   67

4.- Diego Dávalos y Figueroa   83

a.- "Al simple, al compuesto, al puro, al misto": La amada como microcosmos.   85

b.- *Convien ch'al Novo Mondo ella s'en vada:* La poesía de Luigi Tansillo en la *Miscelánea Austral*.   111

c.- *Verba Significans, Res Significantur:* Libros de empresas en el Perú virreinal.   137

SEGUNDA PARTE
DON LUIS DE RIBERA

1.- Luis de Ribera: un clásico olvidado.   165

2.- Sonetos escriturarios de Luis de Ribera: el Libro del Génesis.   185

3.- De incesto y adulterio: *Todo infernal lujuria lo profana.*   205

4.- La "Canción de Cristo puesto en el sepulcro", con comentario del autor.   227

5.- Luis de Ribera y El *Cantar de los Cantares.*   253

RECONOCIMIENTOS

Los capítulos de la Primera Parte del libro, salvo el que trata de Carvajal, provienen en lo sustancial de artículos escritos a lo largo de los años. A excepción del dedicado al "Discurso" de la Anónima Peruana, todos fueron retocados, corregidos o alterados en diferentes medidas, ya fuese para evitar repeticiones dentro del libro, ya para ampliar algún punto que juzgué de interés, o simplemente para eliminar errores de variada suerte.

He aquí la lista de los mismos, según el orden en que aparecen en la Primera Parte:

"El *Discurso en Loor de la poesía*: carta de ciudadanía del humanismo sudamericano" en *Mujer y Cultura en la colonia hispanoamericana*, ed Mabel Maraña, ILLI [Biblioteca de América], Pittsburgh, PA, 1997, pp. 91-109.

"Doña Francisca de Briviesca y Arellano, primera mujer poeta del Perú", *Anuario de Letras*, UNAM, México, 24 (1986),413-425.

"'Al simple, al compuesto, al puro, al mixto': la amada como microcosmos", *En este aire de América, Homenaje a Alfredo Roggiano*, eds. Keith McDuffie & Rose Minc, Pittsburgh, PA: IILI, 1990, pp. 91-110.

"*Convien ch'al Novo Mondo ella s'en vada* La poesía de Luigi Tansillo en la *Miscelánea Austral*". *Iberoromania* (Tubingen, Germany), Nº 51, 2000, 73-90.

"*Verba significans, res significantur*: Libros de empresas en el Perú virreinal". *Nueva Revista de Filología Hispánica*. 36 (1988), 1, 345-364.

AGRADECIMIENTOS

Este libro nace de muchas deudas. La más lejana fue contraída con José Durand, cuya maravillosa biblioteca siempre me estuvo abierta durante los felices años de su presencia en las colinas de Berkeley.

Podría mil veces decir de su ausencia lo que él en tantas ocasiones dijo del Inca, "se llora lo que se pierde". En las mismas colinas se acrecienta a diario mi deuda con la admirable editora de este libro, Cristina Soto de Cornejo Polar, cuya pulcritud exige que desde estos umbrales confiese a las claras que toda tacha en estas páginas es a no dudar culpa mía.

La Universidad del Estado de Nueva York en Albany me prestó el paréntesis de tiempo necesario para estudiar la obra de Luis de Ribera al otorgarme un sabático. Estupenda bibliotecaria, Judith Place, MSc. consiguió la copia fotostática de las *Sagradas poesías*, en la edición que guarda la Hispanic Society of America. Ms. Ida Canti en innúmeras oportunidades hizo posible y placentera mi labor en la universidad. De todos soy feliz y agradecida deudora, pero de nadie tanto como de William Hedberg, Ph. D., Vicepresidente Asociado de Asuntos Académicos, quien alivió mis días de enferma con su confianza, mis horas de estudiosa con su aliento, mi labor docente con su ejemplo, y mi vida cotidiana con su amistad.

Quizá sin tales deudas hubiese podido escribir un libro, pero sería muy otro que éste. Hay cosas que su autora puede agradecer, pero que nunca podrá saldar.

PRÓLOGO

Todo libro tiene su historia. Por tratarse en su primera parte de una compilación de artículos, escritos a lo largo de tres lustros, y alrededor de diferentes autores y poemas varios, la de este libro parecería por fuerza compleja, y sin embargo, en lo sustancial, es muy sencilla. Hace unos tres años estaba yo terminando la edición de la poesía de Dávalos cuando Josep Barnadas, doctísimo historiador catalán avecindado en los Charcas, me pidió que escribiese el artículo sobre poesía colonial para una ingente empresa a su cargo, el *Diccionario histórico de Bolivia*. Me pareció empeño imposible para mis someros conocimientos del tema, y así se lo dejé saber. No contaba yo con el poder persuasivo del Dr. Barnadas, y lo cierto es que ese verano me adentré por senderos extraños. Cuando al cabo de casi un año terminé el más arduo artículo que haya escrito nunca jamás, me había endeudado con Don Josep para siempre.

Lo primero que descubrí es que Bolivia carece de una auténtica crítica de sus letras virreinales. Faltan tanto estudios monográficos como ediciones adecuadas, y los pocos esbozos de una historia literaria de ese período abundan en errores de detalle y de fondo, creo que por general carencia de las necesarias fuentes textuales. Bolivia no parece saber de ese tesoro que para mi consternado asombro fui vislumbrando cuando, casi a tientas, ahondaba en las ocultas venas de estos olvidados potosíes. Así nació este libro: del deseo de revelar cuánta riqueza puede descubrirse hasta dentro de un muy limitado fragmento de tiempo en una región tristemente descuidada por la crítica del pasado y del presente, y desde esta ladera ampliar el panorama de nuestra literatura hispánica resucitando antiguas voces a nueva vida[1]. Más íntimamente he de confesar la esperanza de que el pueblo boliviano conozca o reconozca los tesoros de su lírica virreinal. Aquí encontrará pruebas incontrovertibles de ello, en versos cuyo oro no pueden aherrumbrar desidias ni olvidos seculares.

He elegido sólo una década y sólo unos pocos autores. Una década apenas, pero ¿qué literatura americana no envidiaría tal Parnaso? Ojalá el esplendor de este acervo poético sirva de acicate a los estudiosos bolivianos, y un día no lejano podamos admirar completa la enhiesta cordillera de la poesía virreinal de los Charcas, y no sólo estas cumbres, aisladas en señeras soledades.

Comienzo con el *Discurso en loor de la poesía* (1608) porque allí se encuentra la nómina del humanismo virreinal, y en ella relucen poetas de los Charcas: Carvajal, Dávalos, y damas sin nombre entre las cuales debió contarse la señorial esposa del autor de la *Miscelánea Austral*. La misma *Miscelánea* nos ofrece la fecha inicial, 1602[2]. Es cierto que las composiciones de Pedro de Car-

---

[1] Lo que decía en 1964 Antonio Cornejo Polar respecto a las letras virreinales, sigue aún vigente, particularmente en lo que respecta a las de los Charcas: "cuando en realidad se haya estudiado este período, a través de numerosas y exhaustivas investigaciones monográficas, que ahora apenas si existen algunas pocas, se podrá –sólo entonces– hablar de él como conjunto y será dable, consiguientemente, señalar sus auténticos caracteres, y sus pecados o virtudes. Entonces la declamación, la crítica retórica, habrá perdido todo significado, y la seriedad sucederá a la grandilocuencia", en *Discurso en loor de la poesía. Estudio y edición [1964]*, Introducción y nueva edición de José Antonio Mazzotti. Lima: CELACP - Latinoamericana Editores, 2000, p. 13.

[2] La dedicatoria de la *Miscelánea Austral* fue firmada en 1601; la aprobación del Virrey data de 1602, y la publicación junto con la *Defensa de Damas* de 1603. Aquí he elegido la fecha de 1602, pues claramente en ese año la obra ya estaba completa.

vajal la rebasan, pero no él, ya que el *Discurso* lo reconoce y honra al situarlo en la privilegiada posición de cierre en la serie de sus glorias literarias.

Salvo por su hermosa traducción de Tansillo, y por dos sonetos más, Dávalos y Figueroa es un poeta secular. Lo mismo puede decirse de lo poco que conocemos de Doña Francisca y Don Pedro de Carvajal. Sabemos sin embargo que en la Segunda Parte del Parnaso Antártico la Musa de Mexía de Fernangil fue la sagrada; y que allí, en el mismo Potosí donde estaba escribiendo el sevillano, un compatriota suyo sintió el aliento de la misma Musa tan gloriosamente que entre sus *Sagradas poesías* se hallan versos que han de contarse entre los más admirables de las letras religiosas del Siglo de Oro hispánico. La extraordinaria obra de Don Luis de Ribera, publicada en 1612, ocupa toda la Segunda Parte del libro, y cierra áurea una década de lírica en los Charcas del Virreinato del Perú.

El Siglo de Oro hispánico: no lo digo al desgaire ni por retórica hipérbole. Hace años que mi campo de estudios es el Siglo de Oro español; mis trabajos sobre poesía virreinal nacieron espontáneamente de mis empeños siglodeoristas: sea en la península, sea en sus virreinatos, del México de Balbuena y Sor Juana al Perú de la Anónima, ya en La Paz de Dávalos y o el Potosí de Ribera, la misma poética, la misma tradición y la misma lengua han creado una profunda identidad y, a mi juicio, una indivisible literatura. Si España tuvo su Siglo de Oro, no fue otro el que el vivió nuestra América. No permitamos que descarriados o envidiosos nacionalismos nos lo arrebaten. Algunos han pensado que las letras virreinales fueron, aunque españolas, desmedrada y triste copia de las peninsulares. Una especie de apéndice secundario, la obra de epígonos marginales. ¿Epígonos? Literariamente no lo fueron menos Gutierre de Cetina y Hernando de

Acuña que Dávalos y Figueroa, ni Lope imitó menos que Luis de Ribera. Si de imitar se trata, todos ellos imitaban, simple y necesariamente porque tenían en común la poética humanista de la *imitatio*. Por supuesto esta fundamental unidad no debe negar peculiaridades e idiosincracias temáticas, estilísticas y a veces lingüísticas propias del vivir, es decir, del pensar y el sentir en los variados ámbitos de los distintos Virreinatos, con sus complejas, multiformes circunstancias[3]. Unidad esencial y particularidad circunstancial, tales las letras de los virreinatos españoles, temprana "instancia del proceso formativo de nuestra América: momento doble, o tal vez múltiple, porque abre el espacio y el tiempo americanos a las experiencias de la Edad Media tardía, del Renacimiento, del barroco y del neoclacisismo temprano"[4].

He aquí pues, una década del Siglo de Oro en tierras del Virreinato del Perú: en esos Charcas con andaluces transterrados en encomiendas de La Paz y riquezas de Potosí, con una menina y dama de la reina que destilaba su aristocracia entre diálogo cortesano y endecasílabos petrarquistas. La pluma de Dávalos se alimentó en Pe-

---

[3] Llamo 'hispánico' a nuestro Siglo de Oro porque prefiero reservar español a su peculiaridad peninsular. Aunque por cierto todos compartimos la lengua española, yo la hablo en mi peculiaridad bonaerense tal como Valle y Caviedes la hablaba en la peruana, y Sor Juana en la mexicana. Así también las letras virreinales expresaron su multiforme peculiaridad dentro de la profunda unidad hispánica. Escribir en Lima, en Potosí, en Tucumán o en Puebla no era escribir en Madrid. No es necesario homogeneizar realidades para asentar una unidad esencial. La hispanidad no es ni fue homogénea, pero sus heterogeneidades nunca han borrado nuestra comunidad cultural. Por otro lado lo que suele llamarse literatura colonial (adjetivo que por sus odiosos resabios yo evito) acoge tanto a peninsulares que escriben en América como a criollos que lo hacen en la Península, pero si no todos fueron españoles, todos fueron hispánicos.

[4] Antonio Cornejo Polar. "Afinidad y apropiación nacional de las letras coloniales. Reflexiones sobre el caso peruano", *Conquista y contraconquista. La escritura del Nuevo Mundo, Actas del XVIII Congreso del Instituto Internacional de Literatura Iberoamericana*, eds. Julio Ortega y José Amor y Vázquez, p. 657.

trarca, Boscán y Garcilaso con las imprescindibles antologías de Giolito con la misma avidez que lo hizo la de Hernando de Acuña. El siglo de Ribera es el mismo siglo de Lope y Quevedo. El Siglo de Oro hispánico: una misma dinámica en tradición viva de literatura y lengua. Nosotros somos sus herederos. Una herencia es cosa grave: la única manera de desposeernos es no saber reconocerla. Aunque a veces lo olvidemos (y hasta hay quien quiera olvidarlo) nuestra identidad cultural está enraizada en su pasado, en todos sus pasados. No menos en el virreinal y español. La única manera de asumir nuestra genuina identidad, es reconocerlo, y el único modo de poseer nuestra herencia es amarla. San Agustín lo sabía, *Amor meus, pondus meum*, porque en verdad, nuestro amor es nuestro peso, dondequiera vayamos por él iremos.

Berkeley, California, 1 de octubre de 2001.
Universidad del Estado de Nueva York, Albany

PRIMERA PARTE

POETAS DE LA ACADEMIA ANTÁRTICA

Y vosotras, Antárticas regiones,
también podéis teneros por dichosas
pues alcançáis tan célebres varones,
cuyas plumas eroicas, milagrosas
darán, y an dado, muestras cómo en esto
alcançáis voto, como en otras cosas.

"Discurso en loor de la Poesía"

"EL DISCURSO EN LOOR DE LA POESIA", CARTA DE CIUDADANÍA DEL HUMANISMO SUDAMERICANO

Para Antonio Cornejo Polar,
paladín de Clarinda

CAPÍTULO UNO

"EL DISCURSO EN LOOR DE LA POESÍA"

El discurso humanista es, por esencia, un discurso mediatizado desde sus géneros y subgéneros hasta su lengua. Lengua culta, siempre determinada por la intervención contextual y subtextual de otro discurso subyacente. Tal mediatización impregna tanto significados como significantes y determina el discurso erudito del humanismo en todos sus aspectos. En América se lo encuentra muy a menudo potencializado por muchos, diversos y complejos factores, es decir mediatizado en grado altísimo. La amplitud y la generalización de tal discurso en nuestro hemisferio me parecen síntoma de una necesidad urgente en la comunidad cultural. A mi juicio, este imperativo tiene en América una doble ladera que creo poder delinear con dos palabras: la necesidad de pertenecer y la de poseer.

El discurso humanista resulta de inmediato identificable por sus vehículos literarios: los subgéneros donde se explaya en poesía o en prosa. Fueron éstos usados deliberadamente como carta de presentación que define tales obras como humanistas, implícitamente exigiendo ser aceptadas, entendidas y juzgadas desde los valores de los *studia humanitatis*. Cuando Clarinda, la Anónima Peruana, escribe su "Discurso en loor de la poesía", está señalando la filiación de su obra desde los mismos umbrales del poema; se trata no sólo del elogio sino de la *defensa de la poesía*, "ya qu'el vulgo rústico perverso / procura aniquilarla" (vv. 19-20)[1] como se declara desde los tercetos preliminares. Más adelante, en la invocación a Diego Mexía define el género de su labor sin mayores vueltas: "defiendo a la Poesía" (v. 47), para casi de seguido insistir en la causa y razón de su "Discurso":

> Mas el grave dolor que me'a causado
> ver a Elicona en tan umilde suerte,
> me obliga a que me muestre tu soldado.
>
> Que en guerra qu'amenaça afrenta, o muerte
> serà mi triunfo tanto mas glorioso
> cuanto la vencedora es menos fuerte
> (vv. 55-60).

El "Discurso", contemplado desde la mira de uno de los ejemplos más tempranos, venerables y difundidos de su especie, el de Giovanni Boccaccio en el penúltimo capítulo de su *Genealogia Deorum Gentilium*[2] muestra a las claras la indudable estirpe humanista del subgénero literario a que pertenece, subgénero que a su vez señala el verdadero alcance de la obra. Boccaccio, apenas terminado el parlamento inicial, comienza el ataque al "inetto vulgo", confrontándolo a los "dotti", los doctos. Por su parte la peruana también alude al enemigo vulgo al comienzo de su obra, para más adelante indicar que la poesía que defiende es la de "los dotos poetas" (v. 337)[3].

---

[1] Todas las citas del poema de la Anónima se harán por la edic. de Antonio Cornejo Polar pp. 218–251. La numeración de versos citados se da siempre en el texto.

[2] Usaré la versión italiana, *Della Genealogia degli Dei*. V. bibliog. Daré la numeración de páginas en texto.

[3] Boccaccio ("Alcune cose contra gli ignoranti" 225r.). La defensa de la Anónima no es necesariamente aristocrática, pero sí elitista, porque todo el humanismo lo fue, no tanto por el estrato social al que pertenecían sus miembros (en su gran mayoría de la clase media profesional), sino por lo docto. Casi no falta mención del enemigo vulgo en pluma humanista, que imita de Petrarca, el cual como siempre imita a sus bienamados clásicos, y en este caso en particular a Horacio.

Clarinda se siente imprescindible paladín de la poesía, y procede a usar metáforas militares para definirse como "soldado" suyo, y para caracterizar como mortal "guerra" la situación en que acomete la empresa. Semejantes figuras no las encontró nuestra Anónima en los usuales panegíricos a la poesía, ya que ni las requerían ni las acomodarían fácilmente. Muy otra cosa ocurre en una *defensa* con su implicación de ataque y contraataque que reclama imágenes bélicas, las cuales, claro está, abundan en los modelos humanistas. Después de hablar de los enemigos de la poesía, Boccaccio pide la ayuda del rey al que dedica su obra: "porgi aiuto a chi *per te guerreia*. Hora fa bisogno lo animo & il petto saldo, percioche *l'armi* di questi (de los enemigos de la poesía) sono acute & venenose" (230v). Muy consciente de su femineidad, Clarinda declara:

> Bien sè qu'en intentar esta hazaña
> pongo un monte mayor qu'Etna, el no[m]brado,
> en ombros de muger que son d'araña
> (vv. 52-54).

De inmediato viene a concluir que tal debilidad, más que en desmedro irá en mérito suyo, porque sin falsas modestias está harto segura de su victoria final: "será mi triunfo tanto más glorioso / cuanto la vencedora es menos fuerte". En un poema que repetidamente trasluce su feminismo, estos versos lo anuncian, revelando en la supuesta debilidad de la mujer la garantía de su victoria. Y, sin embargo, hasta en palabras tan personales se reconoce el tópico humanista. Tal como hará la peruana, Boccaccio, en el momento mismo de introducir las metáforas bélicas confiesa que, "attento che *le mie forze sono picciole* & l'ingegno debile", no duda que "acompañado de la justicia" ha de vencer (230v). Ninguno de los dos duda del triunfo final, pero mientras el gran toscano deplora su debilidad y confía en la ayuda del rey para lograr la victoria, la Anónima lejos de lamentar sus menguadas fuerzas las enaltece en directa relación a su condición femenina, de modo que el triunfante "sexo débil" merezca mayor gloria.

Sin duda nuestra poeta conocía bien la estructura y los motivos, hacia su época ya codificados, de la Defensa de la Poesía, uno de los subgéneros más distintivos de las letras humanistas. Nace *ab ovo* con el primer humanismo en las epístolas de Albertino Mussato, en la *Invectiva contra médicos* de Petrarca[4]. Su amigo Boccaccio continúa la defensa, la repite Coluccio Salutati en varias de sus cartas y en *Las labores de Hércules*. Avalada desde su génesis por la más autorizada e indiscutible paternidad, se transmite a innúmeras plumas más o menos preclaras. El hecho mismo de ser una obra "Defensa de la Poesía" conlleva un significado de incalculable alcance para la caracterización intelectual de su autor, de modo que ninguna de estas declaraciones debe ser considerada un puro ejercicio retórico.

De las cinco disciplinas de las humanidades fue la Poética acaso la más distintiva, porque en su nombre los primeros humanistas lucharon contra los "modernos" escolásticos, en repetida apologética de los *studia humanitatis*[5]. El "Discurso en loor" es mucho más que

---

[4] Al final de la *Invectiva contra médicos* (*Invectivarum contra medicum quendam libri IV*) Petrarca defiende la Poesía como superior a todas las artes prácticas (entre ellas, claro está, la medicina). Fue la *Invectiva* texto fundamental para el humanista del futuro, como modelo ejemplar de este subgènero peculiarmente humanista, la Defensa de la Poesía.

[5] Uno de los ataques más formidables contra los estudios humanistas se dio en *Lucula noctis* (La luciérnaga), libro que el dominico, y futuro Cardenal, Giovanni Dominici, dedicó a Coluccio Salutati. Paul Oskar Kristeller señala con su acostumbrada lucidez que el concepto de poesía era para los humanistas de la mayor importancia: "During the fifteenth century, before the term humanist had been coined, humanists were usually known by the name of poets ... This notion might help us to understand why the defense of poetry, one of the favorite topics of early humanist literature, involved a defense of humanist learning as a

una simple *laudatio*[6], aunque no podía menos que incluir un elogio de la poesía, tópico necesario y obligado dentro de toda "Defensa". Reconocer que pertenece a uno de los subgéneros más característicos del humanismo permite oír el genuino mensaje de un poema que justamente por ser Defensa de la Poesía es todo un manifiesto, el del humanismo sudamericano. Al elegir escribir esa Defensa su autora se declara humanista, y esa Academia Antártica de que habla tiene absoluta e indiscutible realidad cultural, siendo sus miembros todos ciudadanos de la patria de los *studia humanitatis*. Ésta es la Academia Antártica al presentar credenciales. Atendamos a ellas.

Justo es comenzar por las de la autora confrontada al problema de su condición femenina. Como era sabido –baste leer al Dr. Huarte de San Juan que se basa en las premisas científicas en boga respecto a la naturaleza femenina– las mujeres, por serlo, no podían tener ingenio de ningún tipo ni, por tanto, dedicarse al estudio de ninguna ciencia. Puesto que la Poesía las involucra todas, se desprende que nadie más negado a ella que una mujer. Para Clarinda las cosas no podían quedar en semejantes términos porque entonces mal podía luchar como soldado victorioso en lides poéticas, ni podía considerarse Fébada y habitar honrosamente el Parnaso humanista (v. 48).

¿Era frecuente agregar al "catálogo de héroes"[7] uno de heroínas? No, por cierto. Boccaccio por ejemplo no lo ha-

---

whole" (153).

[6] Antonio Cornejo Polar ha mostrado con justeza cómo la Anónima desarrolla con nitidez los tópicos de la *laudatio* clásica de un Arte (pp. 120–21 en la primera edición; pp. 47–48 en la presente). Se refiere al sistema tópico señalado por Robert E. Curtius, quien establece los *topoi* de la loa desde el ejemplo de Plutarco. Por cierto la alabanza es parte de fundamental importancia dentro de toda defensa de la poesía, pero mientras que el elogio de un arte no es un subgénero distintivo del humanismo, la defensa de la poesía sí lo es.

[7] Sobre el tópico clásico del Catálogo de héroes, ver Cornejo Polar (121) *apud* Curtius y Alberto Tauro (409).

ce. Pero para ser ciudadana de la república de poetas doctos la Anónima tiene que probar que le pertenece por un derecho que no puede negársele en nombre de la incapacidad de un sexo que ha mostrado su capacidad desde la mujer primera, porque así como no es de dudar que su marido "cantasse a su Dios muchas canciones" también es de pensar "qu'Eva alguna vez le ayudaría" (vv. 130-138). Entre Moisés y David aparecen Jael y Débora, y poco después Job y Jeremías, con un terceto cada uno, son precedidos por la magnífica Judit a cuya gloria cabe el doble de tercetos (vv. 187-192), quien victoriosa "eroicos y sagrados versos canta". La era cristiana la abre en cuatro tercetos el ejemplo supremo de María, la Virgen del Magnificat, lo cual en verdad "no es pequeño argumento" (vv. 205-216). Recuerda tres paganas, comenzando por Safo, y hace muy apropiada transición al cristianismo con la latina Proba Valeria, de obra jánica[8], a la que suceden las Sibilas, proféticas "en metro numeroso, grave y terso" (vv. 430-450). De allí pasa a la Italia moderna y al femenino presente de su Perú:

> pues què dirè d'Italia, que adornada
> oy dia se nos muestra con matronas,
> qu'en esto eceden a la edad passada.
>
> Tu o Fama, en muchos libros las pregonas,
> sus rimas cantas, su esple[n]dor demuestras,
> i assi de lauro eterno las coronas.
>
> También Apolo s'infundio en las nuestras[9]
> y aun yo conozco en el Piru tres damas
> qu'an dado en la Poesia eroicas muestras.
> (vv. 451-59).

De no tener en mientes el postulado médico, biológico y teológico de la inevitable flaqueza del ingenio mujeril

---

[8] Autora antes de su conversión al cristianismo de una épica pagana y después de la misma de una vida de Cristo en centón virgiliano.

[9] V. 457 se leía en la ed. de Cornejo Polar de 1964 "También Apolo se infundió en las *muestras*", obvio error de imprenta por "nuestras".

nos resultaría imperceptible la acusada ironía de sus palabras. Clarinda presenta sus credenciales reclamando sus derechos de intelectual y poeta, tal como a finales de siglo lo hará la espléndida audacia de Sor Juana Inés. Aunque menos osada, no es nuestra Anónima menos subversiva. Como a la mexicana, le era preciso demostrar que en lo que respecta a su sexo los sabios yerran, porque a lo largo de la historia numerosas mujeres de muy diferentes naciones han logrado bien merecido lugar entre las huestes poéticas:

> Mas serà bien, *pues soi muger*, que d'ellas
> diga mi Musa, si el benino cielo
> quiso con tanto bien engrandecellas.
>
> *Soi parte*, y como parte me recelo,
> no me ciegue aficion, mas dire solo
> *que a muchas dio su lumbre el Dios de Delo*
> (vv. 421-426, énfasis mío).

El catálogo de heroínas le fue imprescindible para probar la existencia de una capacidad que, de serle negada, la exiliaba *de facto* de la comunidad humanista. Para presentar su propia identidad dentro de tal comunidad, de hecho y por derecho, por saberse y proclamarse mujer y poeta Clarinda, desde el comienzo, se agrega a sí misma a la nómina gloriosa. Bien a las claras nos lo dice al principio del catálogo de heroínas: "pues soi mujer" diga la Musa de las mujeres poetas, porque en esto yo "soi parte". Con tal catálogo Clarinda ha cumplido su primer requisito de ciudadanía al reclamar los indudables derechos que estableciera el mismísimo Apolo cuando derramó su luz entre tantas mujeres, Fébadas todas desde Eva hasta las anónimas señoras peruanas.

En su invocación inicial nuestra poeta pide "la mano y el favor de la Cirene / a quien Apolo amó con amor tierno" (vv. 1-2), para muy pronto dirigirse no ya a una ninfa universal –por lo clásica y mitológica– sino a otras tanto más íntimas, nacidas de palabra poética tan urgente cuanto insólita:

> *Aqui Ninfas d'el Sur* venid ligeras,
> pues que *soy la primera* qu'os imploro,
> dadme vuestro socorro las primeras
> (vv. 22-24, énfásis mío).

"El poeta ha visto ninfas", como alguna vez dijo Rubén. No son estas deidades invención menos milagrosa que las que transcurren su maravilla por el "Cántico espiritual". Si San Juan contempló las "ninfas de Judea", –y los críticos aún no se han cansado de comentarlas–, el humanismo virreinal creó la visión de estas ninfas meridionales, hasta hoy tristemente desapercibidas por una crítica indiferente a su breve milagro.

Si la Cirene del primer verso, y tantísimas otras deidades al uso no son más que simples transplantes al espacio sin espacio de la mitología clásica, en estos tercetos la Anónima se empeña en localizar puntualmente su sudamericanismo en espléndida conjunción de ninfa y poetizar: "Aquí [lugar de su acto poético] Ninfas d'el Sur [ninfas sudamericanas]". Del mismo modo en que no se siente poetizar en apátridas Parnasos, tampoco lo hace en el indefinido *illo tempore* del mito. Escribe desde un ahora muy consciente de su prioridad temporal: en tal acto poético Clarinda se sabe "la primera" (v. 23). Es hora que contemplemos en estos tercetos, y con el debido asombro, nada menos que el surgir de las ninfas sudamericanas, recién nacidas gracias a la también recién nacida palabra del humanismo del Perú, que las creó al invocarlas. Versos que hubiese adorado y sin saberlo adoró Darío, aparecen con admirable propiedad en el primer manifiesto de una Poética sudamericana. Versos, en verdad, emblemáticos.

Boscán en su manifiesto y defensa de una nueva poesía, la "Carta a la Duquesa de Soma"[10], declaró la propia primacía histórica, repitiendo el sentir del autor de una de las Artes Poéticas más célebres, *libera per vacuum posni vestigia princeps*. Así Horacio (*Carmina*, 1. 19, 21). Parnasianas y olímpicas, todas las criaturas que la erudición del sueño humanista hizo pulular por innúmeros textos de la vieja Europa, llegan ahora a un mundo para ellas necesariamente nuevo. Sin duda, como Boscán, la peruana "puso su planta libre en tierra nunca hollada". Musas, pegasos, ninfas habían hecho obligado cortejo al esfuerzo del poeta renacentista, y en el "Discurso" vienen a definir desde sus primeros versos el carácter de una poesía que se exige y se exhibe culta. Bien sabe la Anónima que es "la primera" en invocar estas insólitas, pelúcidas, prístinas "ninfas del Sur". Lo hace para crear en tierra virgen un poema que no es menos que el certificado de nacimiento de la comunidad humanista del Perú.

Todo en el "Discurso" demuestra el hecho, comenzando por su catálogo de héroes. Raro catálogo. Salvo en una estrofa[11], Clarinda ha excluido mención individual de todo poeta moderno, mientras Boccaccio, por ejemplo se explaya en los mismos. Sin embargo, ambos lo hacen por motivo semejante. El toscano quiere mostrar el entronque de su generación con los *antiquii*, en nombre de los cuales el más temprano humanismo se lanzó a la batalla contra los "modernos" escolásticos (de ahí el énfasis en su admirado Petrarca) y en los poetas vernáculos de su patria y de su lengua (de donde el venerado Dante). La Peruana quiere arraigar la república humanista en su

---

10 Ver mi artículo "Boscán frente a Navagero: el nacimiento de la conciencia humanista en la poesía española".

11 Aunque no pertenezcan al catálogo propiamente dicho, en el sentido que no son nombrados por sí mismos sino como términos comparativos, vale la pena señalar marginalmente las menciones a Dante y a Tasso en el elogio a Antonio Falcón (v. 610).

propia tierra, por lo cual los únicos contémporaneos que nombra *in extenso* son los que la habitan. Citar individualmente a los modernos italianos y a los españoles de la Península no haría más que diluir y menguar la importancia de los únicos que en realidad le importan, los de las Ninfas del Sur. No podía omitir el catálogo de celebridades de la antigüedad porque, en su función definitoria, le resultaba muy útil. Nuestra Anónima no repite meramente *topoi* clásicos, los utiliza poniéndolos al servicio de su propósito. Todo humanista necesitaba –para serlo– resucitar a los antiguos, sin los cuales el humanismo no hubiese existido jamás, de ahí que el hecho mismo de mencionarlos revele la identidad de la autora como auténtica humanista.

Nuestra Anónima hace las cosas con mucho tino, tanto en lo que calla como en lo que canta. Recién decía que los modernos aparecen en una sola estrofa:

> De los modernos callo a Mantuano,
> a Fiera, a Sanazaro, y dexo a Vida,
> y al onor de Sevilla Arias Montano
> (vv. 238-240).

¿Por qué Mantuano y no Ariosto, Sannazaro y Vida en vez de Bembo, Arias Montano en vez de Garcilaso? Si todos ellos eran conocidos ampliamente en el Perú, y eran todos humanistas ¿por qué tan heterodoxa selección de modernos? La razón es muy sencilla. Los que nombra habían escrito obras profanas, pero ella los ha elegido por sus obras religiosas. El suyo es el Jerónimo Vida de la *Cristiada* que imitó Hojeda, el Sannazaro del largo poema latino sobre el parto de la Virgen –no el de la celebérrima *Arcadia*–, y el Arias Montano de los estudios bíblicos. Todos grandes humanistas que fueron autores de obras religiosas escritas en latín –la lengua por excelencia del sabio humanista– porque lo que la Peruana quiere ilustrar es la poesía sagrada del humanismo:

> De aqui los sapientissimos varones
> hizieron versos Griegos, y Latinos
> de Cristo, de sus obras y sermones
> (vv. 232-234).

Nada de esto tiene desperdicio. Dada su definición de la poesía como docta y como don divino, su defensa requería que estos poetas fuesen humanistas a la par que teólogos[12]. Del mismo modo celebrará al poeta como filósofo, pues Dios

> Dio al mundo (indino d'esto) los Poetas
> a los cuales filosofos llamaron,
> sus vidas estimado por perfetas.
>
> Estos fueron aquellos qu'enseñaron
> las cosas celestiales, i l'alteza

---

[12] Considerando que en los ya mencionados ataques contra los *studia humanitatis* (ver nota 5 *supra*) se condenaba en los poetas la inmoralidad, inutilidad y frivolidad de sus temas e intereses, en las Defensas de la Poesía es frecuente encontrar desde muy temprano una serie de tópicos relacionados a semejantes ataques. Ninguno de éstos falta en el "Discurso" de la Anónima. El horaciano *utile dulce* viene a respaldar la defensa tanto de la moralidad como de la utilidad de la poesía (vv. 289-291, v. 294). *Topos* que no falta en ninguna poética humanista, Cornejo Polar lo ilustra ampliamente en las españolas (pp. 191–94 en la primera edición, pp. 105–108 en la presente). Por mi parte, para situarlo en la estructura tópica a la que corresponde, que es la de un subgénero humanista, lo refiero al mencionado capítulo XIV de la *Genealogia* de Boccaccio, donde se le dedican dos apartados, "La Poesia essere utile faculta" (230v-230r) y "Che piu tosto si vede essere cosa utile che dannosa" (233v-234r-v). El ejemplo de los poetas teólogos funciona en el "Discurso en loor" como prueba contundente del carácter nada frívolo y en verdad sagrado del quehacer poético, tal como lo había hecho en Boccaccio, "percioche molti di i nostri sono stati poeti, & oggi dì ve ne sono, iquali sotto la corteccia delle loro fittione hanno rinchiuso i sacri & devoti sensi della religion Christiana, accioche vi sia mostrato di molti alcuna cosa. Il nostro Dante, benche in lingua volgare ma arteficiosa, in quel libro chiamato Comedia mirabilmente ha designato il triplice stato de i fonti secondo la dottrina della sacra Theologia, & l'illustre e novissimo poeta Francesco Petrarca nelle sue Bucoliche ... ha notato le lodi del vero Iddio & della inclita Trinita, & molte altre cose" (248r), a lo cual sigue una lista de autores latinos donde no falta, como en los correspondientes versos del "Discurso" la alabanza del "Hispano Iuvenco" (vv. 236-237) casi en eco del "Giuvenco, huomo spagnolo" de las *Genealogia* (248r-v).

de Dios por las creaturas rastrearon
(vv. 259-264).

Petrarca había insistido en que los poetas no decían nada distinto de lo que habían dicho sabios como Platón y Aristóteles (*Ep. Me.* 2.10); siguiendo a su amigo, Boccaccio fue aún más lejos al declarar que los poetas "di esso numero de philosophi essere computati, non essendo da loro alcuna altra cosa sotto velame poetico nascosta ecetto che conforme alla philosophia", salvo que la visten de la hermosura y la elegancia del arte. Los poetas discurren de la Naturaleza y de sus obras, del Cielo y las estrellas (242v). La similitud de estas ideas con las de nuestra Anónima es tan evidente que no requiere más prueba que su mismo enunciado. Para todo el humanismo se trata de un tema de central importancia en la defensa de la poesía, y que implica el concepto –tan preeminente en el "Discurso"– de la poesía como compendio de todas las artes liberales.

Ya Dante en su *Comedia* (*Paradiso* 2, 10–11) se alza en solemne loa de aquéllos que dedicaron al estudio largo tiempo de sus vidas; Petrarca por su persona y su obra fue arquetipo del poeta sabio; Boccaccio consideraba que el más meritorio entre sus muchos escritos era la eruditísima *Genealogia*, donde insiste que el poeta debe ser esforzado y ferviente estudioso ya que la Poesía exige severa disciplina y largo aprendizaje (231v-232r). Este tema junto con el de la poesía como don divino, fundamental en el "Discurso" como en toda la poética del humanismo, remitía naturalmente al Cicerón del *Pro Archia*[13].

---

[13] Desde Menéndez y Pelayo hasta Alberto Tauro y Antonio Cornejo Polar, la crítica más señera del "Discurso" lo ha relacionado acertadamente con Cicerón y en especial su *Pro Archia* (Menéndez y Pelayo p. 164; Tauro pp. 262 ss, pp. 307–10, pp. 310 ss, pp. 373 ss; Cornejo Polar pp. 163–164, 173–175, 204–208 en la primera edición, pp. 82–83, 90–92, 116–120, en la presente).

Si Clarinda lo leyó debió ser en traducción[14], pero en

---

[14] Tengamos en cuenta que "la Colonia era un excelente mercado para las obras de Cicerón, y no hay embarque que no consigne variadas obras de él, tanto en latín como en romance" (Cornejo Polar 207 en la primera edición, 118 en la presente). Observación importante: Clarinda debe haber leído sus obras en español porque creo poder probar que no sabía latín como para haberlo hecho en el original. De haber tenido algunos latines, fueron muy pocos, porque ya hacia el primer año de estudios se solía leer la obra de Julio César, la cual —como todos los textos clásicos— era exhaustivamente estudiada en todos sus aspectos históricos, comenzándose por la biografía del autor ¿cómo no hacerlo con la historia de una guerra escrita por el vencedor? ¿cómo no redoblar el comentario histórico con un hombre de importancia tal que su nombre hasta el siglo XX denotó el poder de Káiseres y Zares? Pues bien, nuestra docta peruana comete al respecto un error tan garrafal que revela de sobra la parquedad de sus conocimientos clásicos, y lo superficial de un latinismo de oropel. Seánme testigos estos tercetos: "A *Iulio César* vimos (por quien luto / se puso Venus, siendo *muerto a mano / del Bruto* / en nombre, i en los echos bruto), / en cuanta estima tuvo al soberano / metrificar, pues de la negra llama / *libró a Marón, el doto Mantuano*. / I en onor de Calíope su dama / escrivió el mesmo la sentencia en verso / por quien vive *la Eneyda* y tiene fama" (vv. 349-357. Énfasis mío). Por un lado es obvio que aquí no se trata de un César que se pueda confundir con otro, porque éste es el Julio al que mató Bruto. De donde Clarinda sabía algo de su muerte, pero nada sustancial de su vida, porque no sabe siquiera cuándo vivió. Aunque está enterada de que nació en Mantua ignora cuándo vivió Virgilio, cuya *Eneida* —lo digo tristemente— no leyó nuestra poeta, como tampoco leyó esas *Églogas* que tanto amara Garcilaso. De haber leído las *Bucólicas* (lo primero que los maestros hacían leer de la obra virgiliana) hubiese sabido ya desde la Primera que el Mantuano vivió bajo Octavio, el vencedor de Actio, quien salvó la *Eneida* de las llamas. De haberla leído Clarinda se hubiese enterado, al llegar al Canto VI, que cuando Virgilio escribe la obra Julio César estaba muerto, de modo que no le hubiese atribuido el acto salvador. Por todo lo cual puedo decir con certeza que nuestra Anónima ni estudió latín ni estaba interesada en historia y literatura romana, ya que ignora cosas que hubiese dado por sentadas un muchacho de diez a doce años que hubiera atendido el *curriculum* normal. La lengua que sí conocía bien era la italiana, como lo afirma Diego Mexía en la *Primera Parte del Parnaso Antártico* al hablar de la autora del "Discurso": "señora principal d' este reino, mui versada en lengua Toscana y Portuguesa". Si la señora hubiese sabido latín este estupendo traductor de Ovidio se hubiera apresurado a decirlo en primerísimo lugar. Este conocimiento del italiano que nos documenta Mexía es de importancia fundamental para entender cuáles fueron las auténticas fuentes, las fuentes directas, de la obra de Clarinda, de las cuales creo que proviene el yerro revelador. En las defensas de la poesía escritas en italiano, una de las cuales hubo de ser el modelo del "Discurso en loor", se dan a

realidad no es indispensable que lo haya hecho[15]. Podía muy bien usar los mismos argumentos y seguir parafrásticamente muy de cerca el texto ciceroniano sin recurrir

---

menudo como ejemplos arquetípicos de gobernantes que amaron y protegieron la poesía, los dos de Clarinda, el de Alejandro Magno (vv. 364-378) y el de Octaviano. Así lo hace Boccaccio en su *Genealogia* en lo que respecta a Homero y Alejandro (228r), y seguido del de Augusto, "che diviene amicissimo d'Ottaviano Cesare alhora imperatore del mondo, dalquale per serbare l'egregio poema dell'Eneida, da lui morendo lasciato per testamento che fusse abbrugiato, ogni autorità delle leggi fu calcata co[n] piedi et con questi eleganti versi comandò che fosse serbato et honorato" (228r). Lo que debió ocurrir, me atrevo a conjeturar, es que la peruana leyó en alguna defensa italiana *il Cesare*, como se ha dicho y hasta hoy aún se dice comúnmente al hablar de Augusto. Naturalmente a ningún humanista italiano se le hubiera ocurrido que un lector podía confundir este *Cesare* con ningún otro, tratándose de anécdota tan sabida y de autor tan venerado como Virgilio. Por no conocer ni someramente la historia de Roma ni la vida y obra de Virgilio, la Peruana al leer *il Cesare* creyó que se trataba del único César que remotamente recordaba, tal vez por lo impresionante de su muerte.

[15] Cornejo Polar considera el *Pro Archia* como fuente directa del "Discurso": "A nuestro parecer es absolutamente cierto que Clarinda conoció directamente las obras del escritor latino. Así lo prueban las anotadas similitudes, ciertamente importantes y notoriamente numerosas. Clarinda enteróse —y bien— del pensamiento ciceroniano, conocimiento que no tenemos por qué dudar que fuera de primera mano" (p. 207 en la primera edición, p. 118 en la presente). Creo que tras lo dicho en la nota anterior cabe dudar que la peruana se interesara en conocer a Cicerón, pues no le interesó leer a Virgilio ni en latín ni en traducción alguna. Dada tal actitud, las similitudes notadas y hasta las paráfrasis de textos ciceronianos que por cierto se dan en el poema, no son probatorias de modo alguno, porque todas ellas se daban —en exactamente la misma estructura tópica y temática— en las Defensas de la Poesía del humanismo italiano, el cual eligió —por lo menos desde Petrarca— que su elocuencia fuese estrictamente ciceroniana tanto en estructuras como en temas. De ahí que con justicia Tauro notara la estructura ciceroniana del "Discurso", y que los críticos señalaran un parecido que, por lo cercano, creyeron directa derivación textual. Cuando Cornejo Polar juzga que "el clasicismo del 'Discurso' es en lo fundamental un latinismo" (p. 205 en la primera edición, p. 116 en la presente) tiene razón sobrada, no porque Clarinda fuese una latinista ni mucho menos, sino porque todos los humanistas italianos no podían menos que ser acabados latinistas, supremamente ciceronianos. Porque la fuente directa del "Discurso" fue una Defensa de la Poesía escrita por algún clasicista italiano, es decir, por un típico humanista, el clasicismo, el latinismo del poema es indudable, aunque el de su autora fuese de segunda mano.

directamente al mismo, por la sencilla razón de que amplias citas del *De Oratore*, del *De Inventione* y, claro está, del *Pro Archia* aparecen en las defensas de la poesía humanista desde siempre. Así, por ejemplo, lo hace *in extenso* Boccaccio, al afirmar que la poesía es "del seno d'Iddio essere infusa" para responder a quienes lo niegan:

> Si leggerono adunque quello che Marco Cicerone, homo philosopho ... ha detto in quella oratione che fece nel Senato per Aulo Licinio Archia, forse se inchineranno piu a darmi fede. Dice egli in tal modo: et cosi habiammo inteso da grandi huomini & dottisimi gli studi dell'altre cose essere fermati nella dottrina, ne i precetti & nell' arte, ma il Poeta voler per natura essere eccittato dalle forze dell'ingegno, & quasi esser enfiato da un certo spirto divino. Adunque, per non far piu lunga diceria, assai si può vedere de gli huomini pii la poesia essere una facolta, aver origine del grembo d'Iddio, dall' effetti pigliar il nome, & a lei appartenersi molte cose degne, & eccelse, delle qual quelli istessi, che ciò negano, spesse volte si serveno, se cercano dove ò quando, & con qual guida & per opra di cui essi compongano le loro fittione, mentre drizzano le scale per gradi distinti fino al Celo, mentre medesimamente i famosi Alberi di rami fecondi producono a le stelle, mentre circondano con giri i monti fino in alto (231v-232r).

Larga cita parafrástica muy propia de las letras humanistas, es muy de esperar en lo que respecta a Cicerón. Petrarca –quien había redescubierto el *Pro Archia*– había consagrado al gran orador como modelo por excelencia de la prosa latina, tal como Virgilio en poesía; a principios del siglo XVI el Cardenal Bembo, en su epístola *De imitatione*, canonizaría a ambos como los únicos modelos para la imitación humanista de las letras latinas. De ahí que en el catálogo de poetas célebres Virgilio ocupe más estrofas que todos los poetas clásicos nombrados en el "Discurso" (vv. 349-355 y 406-408) donde su eminente presencia resulta, con la de Cicerón, signo evidente de la poética humanista, presente en toda Defensa de la Poesía: la de la *imitatio*. Para decirlo en breve me serviré del Brocense, cuyas palabras merecen considerarse emblemáticas de tal poética: "Digo y afirmo que no tengo por buen poeta al que no imita los excelentes antiguos"[16]. El "Discurso en loor" justamente por humanista es imitativo, por eso sólo en su intertextualidad genérica y en los subtextos específicos de sus versos puede hallarse acabado su sentido.

La *imitatio* determina la naturaleza mediatizada de la lengua humanista, de donde no basta con leer el texto, es preciso subleerlo, atendiendo renglón a renglón los subtextos que lo informan. Subleamos el "Discurso" y se verá cómo lo que a primera vista pasa por detalle insignificante adquiere rico sentido, y lo que parece no tenerlo rebosa de significado. Se ha pensado, por ejemplo, que no es posible desprender "las preferencias literarias [individuales] que tuviera Clarinda"[17]. Si bien no las indica explícitamente, todo poema imitativo, desde su misma subtextualidad, señala cuáles son los modelos que más precia su autor. La Anónima no necesitaba nombrar sus poetas favoritos; cualquier lector de entonces los hubiese reconocido en versos que, por lo diáfanos, translucen los bienamados modelos. Así para presentar a Pedro de Oña en todo su humanismo, le bastan dos palabras, "espíritu gentil" (v. 553), porque el inconfundible eco de Petrarca es definitorio de toda una poética[18]. Sin leer su nombre más al descubierto se

---

[16] Gallego Morell, 25. Continúa el Brocense: "Y si me preguntan por qué entre tantos millares de Poetas, como nuestra España tiene, tan pocos se pueden contar dignos deste nombre, digo que no ay otra razón, sino porque les faltan las ciencias, lenguas y doctrinas para saber imitar".
[17] Cornejo Polar p. 135 en la primera edición, p. 59 en la presente. Ver mi nota 22 *infra*.
[18] Nuestra sensibilidad moderna, hija del romanticismo, no termina por comprender que la imitación, lejos de ser un fenómeno adventicio es factor *sine qua non* para que un poeta del Renacimiento y del Barroco sea considerado poeta. Las palabras de crítico tan eximio como el pro-

entiende que el vate del *Canzoniere* era íntimo de la Musa de Clarinda. Para saber que Pedro Falcón fue poeta humanista basta la definición que nos da el "Discurso": "Ya *el culto Tasso*, ya el escuro Dante / tienen imitador en ti" (vv. 610-611). Más que los posibles modelos de Falcón, estos versos nos revelan otro poeta favorito de quien en su "culto Tasso" está repitiendo exactamente palabras de Garcilaso de la Vega, suprema gloria de la poesía del humanismo en nuestra lengua[19].

Al comienzo de la serie de ingenios peruanos nos dice nuestra poeta:

---

fesor de Retórica de Salamanca, Francisco Sánchez de las Brozas, deberían limpiarnos de criterios anacrónicos. Muchos de los pecados de Menéndez y Pelayo se deben a estos rezagos de un romanticismo que lo cegó al momento de juzgar la obra de Boscán (Colombí-Monguió, art. citado *supra*), la de Góngora, la de Sor Juana y, caso que aquí nos interesa, la de Pedro de Oña. Dice el santanderino que el *Arauco domado*, aunque no carece de lozanía, está afeado por su artificiosidad, y Cornejo Polar lo cita, lamentando que la obra sufra "casi constantemente inoportunas influencias de Virgilio, Tasso y Ariosto" (p. 131 en la primera edición, p. 56 en la presente). Oña ya desde el título mismo está intentando emular a Ercilla, es decir, imitar victoriosamente *La Araucana*, que había sido de inmediato reconocida como la mayor épica culta escrita en español. Ya desde la primerísima estrofa de su épica, Ercilla está señalando su modelo fundamental, Ariosto, siendo la presencia de la *Eneida* más que evidente, ya que era obligatoria en toda la épica del humanismo que tenía como modelo óptimo y santo tutelar a Virgilio. De modo tal que Pedro de Oña no hubiese podido de ninguna manera escribir su obra sin imitar la *Eneida*, ni hubiese podido emular a Ercilla sin imitar a sus dos modelos. Oña agrega en sabio contrapunto el de Torquato Tasso, contrapunto sobre el que la crítica literaria de la época estaba alzando bien estridente querella teórica, a la que se suman los *Discorsi sopra l'epica* del mismo Tasso. Dada la intención emuladora de Oña sus imitaciones de Torquato no son por casualidad: al modelo privilegiado de su rival está contraponiéndole el del poeta que intentaba vencer a Ariosto, tal como él esperaba hacer con Ercilla. La gloria del poeta renacentista *es* la imitación. Sin ella no debía haber poema culto que mereciera tal nombre. La cuestión no era si se imitaba o no, sino cómo y a quién se imitaba. El "espíritu gentil" de Clarinda proviene del "spirto gentil" del *Canzoniere* LIII, celebérrima canción de Petrarca.

[19] Garcilaso de la Vega, Soneto XXIV, vv. 3-4: "a Tansillo, a Minturno, al culto Tasso / sujeto noble de imortal corona" (Gallego Morell 99). El Tasso a quien se refiere el toledano es Bernardo, el padre de Torquato.

> Testigo me seràs, sagrada Lima,
> qu'el dotor Figueroa es laureado
> por su grandiosa, i elevada Rima.
>
> Tu d'ovas, y espadañas coronado
> sobre la vrna transparente oiste
> su grave canto i fue de ti aprobado
> (vv. 520-526).

¿Quién es ese "tú" coronado d'ovas y espadañas? No puede ser Figueroa que lleva, además de la *laurea* del doctor, la corona de laurel del poeta (recuérdese la obsesión dáfnea del tan laureado Petrarca). Tampoco puede ser la ciudad que en femenino es "sagrada Lima", mientras el "coronado" es masculino. El enigma deja de serlo si nos acordamos de Garcilaso, el modelo de imitación por excelencia de nuestro segundo Renacimiento. La Anónima ha telescopado varias imágenes –las ovas, las espadañas y la urna– que describen al río Tormes en la Segunda Egloga del toledano[20]. De donde quien aquí oye y aprueba el canto del poeta tiene que ser, novísimo como las ninfas del Sur,

---

[20] Garcilaso de la Vega, Égloga II: "el viejo Tormes como a hijo / lo metió al escodrijo de su fuente, / de do va su corriente comenzada. / Mostróle una labrada y cristalina / urna, donde él reclinaba el diestro lado" (vv. 1169-1174); y el Danubio: "de sauces coronado y de un vestido / de las ovas tejido" (vv. 1591-1592). Naturalmente la "cristalina urna" de Garcilaso es la madre de la "transparente" del "Discurso". Sobre la corona de espadañas (cañas) véase el comentario de Herrera respecto de los ríos, Nº 30: "Cosa muy usada fue poner dioses a los ríos, pintándolos recostados y alzando el medio cuerpo, y con las urnas debajo el brazo ..., coronábanlos por la mayor parte con guirnaldas de caña ... Tal describe Virgilio en el 8 al mismo Tibre: cum tenuis glauco velebat amictu / carbasus, et crines undosa tegebat arundo ... Dicen que coronan las sienes con cañas porque las riberas de los ríos están vestidas y hermosas con la selva y espesura de ellas ... o porque la caña es palustre y se cría en lugares llenos de agua ... Antonio Minturno: alzato un poco sovra l'onde il petto / tra verdi fronde; cui ceruleo è'l velo, / il crin di salce, e di tremante canna / la lunga barba ... Mario di Leo nel 2 canto del Amor preso: ... tiene a man destra un urna ... / e di ghirlande di palustri fronde / cinge le tempie ..." (Gallego Morell 412–13).

el tan limeño Rímac que aparece en la mítica imagen fluvial que creó la poesía clásica y veneró la humanista[21].

Acabamos de atender a tres detalles del "Discurso" que por lo ejemplares definen la poética desde la cual escribe Clarinda –la de la *imitatio* humanista– y señalan su preferencia por el petrarquismo y el garcilasismo que comparte con Dávalos y Figueroa y, probablemente, con la mayoría de los miembros de la Academia Antártica[22].

---

[21] Puesto que el "tú" del v. 524 se refiere al río, propongo que el v. 520 se lea: "Testigo me serás, *sagrado* Lima", coligiendo que el femenino "sagrada" debe ser error de imprenta en la edición de 1964 o en el original. Lima es la ciudad del río Lima, como lo atestiguan abundantes textos, y entre los poéticos pocos tan elocuentes como la Epístola de otra peruana: "Y quien del claro Lima el agua beve / sus primicias te ofrece" (Amarilis vv. 83-84, 138 r.). Sin duda, el "sagrado Lima" de la Anónima es un recuerdo, tal vez a modo de homenaje, de un verso de Mejía de Fernangil, quien en su Epístola a Don Diego de Portugal había escrito: "Y, tú, sagrado Lima, tremolento". Bernardino de Montoya, en su canción "Al río Lima", usa el motivo de la urna: O sacro Lima, / la caudalosa urna a que se arrima / tu cuerpo anziano" (vv. 6-8), de las ovas, "por tiernas cañas y por verdes obas" (v. 192). En Chang-Rodríguez, ed. pp. 53 y 58.

[22] Alicia de Colombí-Monguió, *Petrarquismo peruano*, capítulos VI, VII, VIII, IX. Cornejo Polar al hablar de los poetas antárticos dice que "todos los escritores citados se mueven dentro de los límites del italianismo renacentista, algunos en el sentido de la inquietud humanista por el saber universal, otros llevados por el espíritu de exquisitez cortesana y todos –cual más, cual menos– admiradores fervientes de la cultura clásica y su resurrección italiana" (135 en la primera edición, 59 en la presente). Palabras que, como los describen con toda justeza, he de usar de base para acabar de caracterizarlos en un intento de definición. El italianismo renacentista, la inquietud humanista, el espíritu de exquisitez cortesana, el fervor por la cultura clásica y su resurrección italiana son todos característicos de un solo fenómeno: el humanismo, que en poesía no es otra cosa que petrarquismo. El Cardenal Bembo que había declarado a Virgilio y Cicerón modelos únicos para las letras latinas, en su *Prose della volgar lingua* (1525) había hecho lo mismo con Petrarca para la poesía en lengua vernácula. En breve, el petrarquismo debe entenderse como el discurso homógeneo de la poesía del humanismo, primero en Italia, luego en el resto de Europa y por fin en la América hispana. De modo que todos los miembros de la Academia Antártica, escriban en verso o en prosa, pertenecen a una sola corriente cultural, la más prestigiosa de su época, el humanismo, por lo cual en tanto intelectuales son humanistas, y en tanto poetas petrarquistas.

He dicho que nuestra Fébada escribe en su aquí y su ahora. Lo hace por cierto muy a conciencia. No podía ser menos ya que se sirve del más venerable subgénero de la poética humanista creo que no tanto por defender la poesía como por manifestar los derechos de las letras australes a formar parte de la elite de un humanismo que, internacionalizado en Europa, aspira y logra en el "Discurso" hacerse intercontinental. A mi juicio no otro es el propósito de nuestra peruanísima poeta. Su obra –como confío haber demostrado– es una defensa de la poesía, que sigue de muy de cerca los tópicos establecidos por aquéllos denodados campeones de las Musas cuando la poesía estaba siendo acosada y denostada muy de veras en las largas décadas que van desde Mussato a Petrarca y desde Boccaccio a Coluccio Salutati. A comienzos del siglo XVII hacía más de un siglo que el *curriculum* humanista había triunfado en Europa. La dignidad de la poesía no sólo había quedado sobradamente establecida sino que el prestigio de practicarla había cundido tanto que la socarronería de Cervantes veía en el enjambre de poetas estridente y pululante "poetambre". La Poesía no necesitaba ya de los denodados esfuerzos que, siglos antes, había requerido de esos campeones suyos que se llamaron a sí mismos poetas antes de que se llamasen humanistas. De ahí que los argumentos de Clarinda suenen a veces algo anticuados[23]. Son de cierto vetustos,

---

[23] Cornejo Polar afirma que el "Discurso" se inscribe "en la vieja polémica acerca de las relaciones entre el cristianismo y la cultura pagana ... La actitud de Clarinda es positiva; esto es, se muestra de acuerdo con que los poetas cristianos aludan a personajes de la mitología pagana y en esto está de acuerdo con el sentir del Renacimiento. Pero la justificación de su manera de pensar, además de curiosísima, desentona fuertemente con la mentalidad de su época. Podría decirse, incluso, que éste es el único tema en el que se percibe nítidamente un olorcillo a antigualla, a retraso cultural, que desdice todo lo anteriormente comentado" (190 en la primera edición, 104 en la presente). La formulación de la Anónima es la siguiente: "Si dizes que te ofende i trae confuso / ver en la Iglesia llenos los Poetas / de Dioses qu'el Gentil en aras puso, / las causas son mui varias y secretas / y todas aprovadas por Católicas, / i assí en las

condenar no te entremetas. / Las unas son palabras Metafóricas / i, aunque muger indota me contemplo, / sé que también ai otras Alegóricas" (vv. 715-723). Boccaccio en el Cap. XV de su *Genealogia*, después de defender el uso de los clásicos por los poetas cristianos en su apartado "Che molti versi si sono posti in molti luoghi dell'opera non senza cagione", entra en abierta defensa en los dos apartados siguientes, el último de los cuales, ya desde su título –"Non essere cosa dishonesta alcuni Christiani tratare cose gentili"– prueba cuán propio del humanismo en su defensa de la poesía fue el tipo de argumentación de la Peruana. Como ella, Boccaccio no intenta justificar el uso de las letras paganas con razones puramente estéticas sino que, como hará la Anónima, arguye que "mentre le loro [de los paganos] favole tengono in se cose naturali overo morali, & questa anco piu adoprarsi cerca la verità Catolica, purche in qualità delle favole il voglia, il che habiammo conosciuto havere fatto alcuni poeti Orthodoxi dalle fittione de quali sono stati coperti i sacri documenti" (255r). Y para probar lo dicho aduce el supremo ejemplo de Dante, quien puso a los dioses y poetas gentiles al servicio de la religión católica en el supremo ejemplo de alegoría cristiana que es la *Divina Comedia*. Confrontamos aquí uno de los principios fundamentales de la Poética humanista, que Petrarca expresó repetidamente, y a su zaga todo el primer humanismo, y que continúa sosteniéndose mucho después y llega hasta el modernísimo Torquato Tasso, de donde no puede considerársele anticuado. Como decía, no todo panegírico pero sí toda Defensa de la Poesía, implica una Poética. El humanismo, justamente por su defensa de los clásicos griegos y latinos, no podía dejar de lado las relaciones entre el cristianismo y la cultura pagana, de donde todos los documentos básicos de la poética humanista inevitablemente aluden al tema. Tal es el caso del "Discurso", cuyos conceptos se basan en los de textos humanistas tan ilustres como la *Oratio* –el discurso en ocasión de su coronación– de Petrarca, su *Epistola Metrica* 2.10, la carta a su hermano, *Familiares* 10.4, el IX libro del *Africa*, su épica latina, la *Vida de Dante* de Boccaccio, varias églogas de su *Bucolicum Carmen* (la XI, *Pantheon*, la XII, *Sapho*, cuya tesis es que la poesía es sagrada, y la XII, *Laurea*) y en los capítulos finales de la *Genealogia*. El programa intelectual del humanismo puede resumirse en la fórmula que da Petrarca, y que define casi perfectamente la tónica intelectual y espiritual del "Discurso en loor": "Sabiduría platónica, dogma cristiano y elocuencia ciceroniana" (*De sui ipsius et multorum ignorantia*). El concepto de que en la poesía la verdad se oculta al tiempo que se sugiere bajo un hermoso velo, la "fermosa cobertura" de Juan Ruiz, central en muchas obras medievales (sea el *Libro de Buen Amor* o la *Divina Comedia*), se hace humanista en las repetidas formulaciones de Petrarca, a quien siguen Boccaccio y Coluccio Salutati; de ahí provienen las "palabras metafóricas" y "alegóricas" en los versos del "Discurso". Cornejo Polar acierta en reconocer lo viejo del concepto, pero no por serlo es menos moderno que todos los demás *topoi* discutidos. Éste también es parte, y muy importante, de una estructura literaria unificada en todos sus tópicos y temas, la de la Defensa de la Poesía humanista.

y no por medievales, sino por ser exactamente los mismos que usó ese primer humanismo contra muy reales ataques a la Poesía, la disciplina en nombre de la cual alzarán su grito de batalla contra los "bárbaros" escolásticos. Resulta imprescindible reconocer los venerables tópicos que –al nacer en Italia hacia los siglos finales de la Edad Media europea– el humanismo estableció desde sus primeras defensas de la poesía. Es preciso no sólo para saber lo que la Anónima está haciendo, sino el por qué y el cómo de lo que hace. Es necesario para lograr discernir el alcance de tales tópicos en la forma en que los sigue al mismísimo tiempo en que los desvía hacia intereses muy inmediatos de su aquí y de su ahora.

Considérese un tema que no es de esperar en las poéticas clásicas. Los ignorantes y maldicientes enemigos del Parnaso pretenden "condenar a fuego a la Poesía, / como si fuese Erética o Nefanda".

> Necio: tambien serà la Teologia
> mala, porque Lutero el miserable
> quiso fundar en ella su heregia?
>
> Acusa a la escritura venerable,
> (porque la tuerce el misero Calvino)
> para probar tu intento abominable
> (vv. 700-705).

¿Qué puede sonar más a Contrarreforma que estos tercetos? El obsesivo odio de Trento ha hecho que Lutero y Calvino se inmiscuyan en esta tan humanista defensa de la poesía. Insólitas presencias ... y, sin embargo, no deberían parecernos tan insólitas. El ataque a la poesía provino, sobre todo, de teólogos escolásticos frecuentemente dominicos, para quienes esgrimir argumentos de herejía era hábito del alma. De ahí que, para establecer la indiscutible ortodoxia del arte, las defensas de la poesía la muestran nacer con el Génesis y acumulan héroes de las Sagradas Escrituras, como Moisés y David, Job y

Jeremías. Por eso el "Discurso" nombra explícitamente a los autores de poesía sacra aunque hable en general de los que la profanan; por eso defiende la moralidad de los poetas y de su arte e insiste en el origen divino del "don de la Poesía" "casto y bueno" (v. 689) a la par que en su provechosa dulzura. Estos están muy lejos de ser tópicos exentos que provienen de tiempos y fuentes tan varios como los de Platón, Aristóteles, Cicerón, Horacio y Quintiliano. Semejante diversidad de autores no implica correlativa variedad de lecturas ni contacto directo con los clásicos. A la erudición de la Anónima le hubiera sido suficiente –y en mi opinión lo fue– estar íntimamente familiarizada con algunos de los textos básicos del humanismo italiano, y muy en especial con sus Defensas de la Poesía que ofrecían un conglomerado de anécdotas, menciones y citas de la inmensa mayoría de los autores clásicos, algunas de cuyas obras más célebres los mismos humanistas habían salvado del polvoriento olvido de las bibliotecas medievales. Petrarca rescata el *Pro Archia* de Cicerón y sus cartas a Attico, Poggio Bracciolini resucita a Quintiliano ... No, la Peruana no tuvo que esforzarse en descifrar a los clásicos, le sobró con leer los textos de quienes los leyeron: los humanistas italianos en defensa de la Poesía entraron a saco con cuanto motivo, tópico y tema su vastísima erudición hállase entre los clásicos para, en su ordenado cúmulo, pertrechar el territorio bienamado. En repeticiones infinitas dentro de incontables proemios, discursos, epístolas y diálogos, todos apologéticos de una Poética, se terminó por hacer tópicos propios de un subgénero humanista, no sólo los tópicos clásicos sino también conceptos, motivos y temas que en la obra de su antiguo progenitor fueron originales y nuevos. Independientemente de cómo funcionaran originariamente, el humanismo los acomodó dentro de las nuevas estructuras literarias que inventara para expresarse. Así lo que en Ovidio pudo ser idea nueva en frase recién nacida, en el Arcipreste de Hita es ya tópico ovidiano, en Petrarca se vuelve tema humanista, y en Sannazaro y Tansillo ya *topoi* del humanismo.

En el "Discurso en loor" la serie de tópicos, mencionados en el párrafo anterior, no debe entenderse como una suma por adición de términos sueltos. Debe, en cambio, comprenderse como una estructura cuyas partes en correlación estrecha conforman un todo bien unificado, del cual el tema de la herejía no es detalle desdeñable. No estaba aún ni en ciernes la Reforma cuando ya Boccaccio usaba los ejemplos de "Arrio, Pelagio et di gli altri heretici" (234v). La peruana usa pues y una vez más los tópicos de la antigua Defensa humanista en muy contemporáneo *aggiornamento*. Nadie que viviese en alguna parte del Imperio hispánico podía fácilmente evadirse de la preocupación y hasta del terror de una sombra de herejía. Con Lutero y Calvino la defensa de la poesía del "Discurso" entra de lleno en el reino de lo temporal, en el ámbito de la historia. No son estos los aires del Parnaso. Son los del Imperio.

Para legitimar lo que se poseía, antes que nada, estos peruleros y criollos tenían que proclamar su pertenencia al Imperio, en segundo término participar de su misión en la comunidad espiritual de los civilizadores, y finalmente formar parte de una elite cultural que les garantizara nobleza en el único mundo que ellos consideraban civilizado, es decir, en la república humanista. Si bien la Anónima escribe su poema para cimentar la pertenencia a esta última, no por eso olvida el *sine qua non* de las otras dos. Recibiendo legitimación de tan alta autoridad como el dios de la guerra junto al de las artes, he aquí el Imperio en la pluma y en la espada:

> Que como dio el Dios Marte con sus manos
> al Español su espada, porque el solo
> fuesse espanto, i orror de los Paganos,

> Assi tambien el soberano Apolo
> le dio su pluma, para que bolara
> d'el exe antiguo a nuestro nuevo Polo
> (vv. 469-474).

Muy hábilmente se hace que la dual gloria del Imperio vaya a desembocar en cauce americano. ¿Contra qué paganos se ejercitaban las espadas españolas en aquel entonces? Considérese que estos versos están planteados en un paralelismo hecho bien explícito en el "assí también" con que arranca el segundo terceto, de modo que Marte tanto como Apolo vinieron del mundo viejo al Orbe Nuevo. Por tanto estos "paganos" no pueden ser otros que los indios de América, los nuevos "bárbaros". La clase dominante del Virreinato debió sentir imperiosa necesidad de legitimar su poder como elite conquistadora de la "barbarie". Por lo menos desde Herodoto, barbarie es lo que define la otredad; lo aunque domeñable ajeno, y por domeñado, despreciable. Si para poseer y medrar necesitaban de "la barbarie" en toda su inmediatez, esa misma inmediatez los amenazaba con la feroz vivencia del propio exilio cultural. Al indio se lo espanta con la espada, a la par que con la pluma se civiliza un mundo bárbaro. Pero no debo adelantarme. Vayamos por pasos.

Muy curiosamente el "Discurso" al usar otro consabido tópico humanista –el de las armas y las letras– lo ha yuxtapuesto al antiquísimo de la *translatio studii* en los imperios. Como Grecia la pasara a Roma, ahora España la pasa a América. El mensaje es atrevido, porque el fin de toda *translatio* es enaltecer al receptor con necesaria mengua del donante, pero esto ¡cuánto más contundente suena en el verso de Clarinda! Apolo dio su pluma al Imperio español no para que permaneciera en la Península o sus posesiones europeas, fuera en ese Reino de las Dos Sicilias que engendró la gloria de Valla y de Sannazaro, fuese en aquel Flandes que ennobleció Erasmo. No, se la dio translaticiamente para que España la pasara a otro hemisferio que el europeo, que en el "Discurso" no es simplemente el viejo mundo sino el *exe antiguo*". Con una palabra la asombrosa peruana nos ha cambiado el *axis mundi*: América es ahora el eje nuevo. Y aun dice más. Esta extraordinaria *translatio* de las Musas no acontece en tierra sólo nueva, sino y sobre todo en tierra *nuestra*. No creo que ningún peninsular hubiese deseado o escrito cosa semejante. ¡Qué peculiar elogio de España el de la Peruana! En silenciado desmedro de la Península, eje antiguo de una *translatio* que empobreciéndolo transfiere el *axis* cultural a la propia patria, esas vírgenes regiones donde la Academia Antártica ha hecho resonar la lira del Musageta humanista. En el "Discurso" los doctos del Virreinato podían reconocerse en toda su soñada nobleza: esa gloria de pertenecer a un Imperio y a un Parnaso donde el Perú se ha vuelto *axis mundi*.

El tópico mismo de la *translatio studii* implica la misión civilizadora del Imperio, y viene muy a cuento en el "Discurso" ya que en ella se fundaba el mandato legitimador de la España imperial. Bien lo entiende la lúcida peruana, a quien le viene a las mil maravillas el tópico humanista del poeta como civilizador:

> Estos mostraron de naturaleza
> los secretos; juntaron a las gentes
> en pueblos, i fundaron la nobleza
> (vv. 265-267).

Cimentado en la autoridad de Cicerón y de Horacio, este linajudo *topos* de la defensa de la poesía, avala en los tercetos del "Discurso" la misión imperial. La centra en sus poetas, esas doctas plumas del Perú entre las cuales, claro está, sabe estar nuestra campeona de las Musas. Intento de legitimación del poder por la poesía. Porque si en Francia o en Italia el juntar "a las gentes en pueblos" pudiera entenderse como actividad urbanizadora, dentro del Virreinato las mismísimas palabras referían de inmediato a no menos inmediata realidad haciendo de repartos y encomiendas actos benéficos del civilizador. En el "Discurso" la elite cultural del Virreinato asienta, por vía doble, su derecho a poseer, tanto por pertenecer al Imperio como al Parnaso. Tal la Academia Antártica, vanguardia de la civilización:

> Y vosotras, Antarticas regiones
> tambien podeis teneros por dichosas,
> pues alcançais tan celebres varones;
>
> Cuyas plumas eroicas, milagrosas
> daràn, i an dado muestras, como en esto
> alcançais voto, como en otras cosas
> (vv. 496-501).

Estos versos sirven de preámbulo a la presentación de los miembros de la Academia, y no pueden decirlo más a las claras: nuestras antárticas regiones, gracias a sus poetas, han logrado carta de ciudadanía y tienen derecho a voto en la república humanista.

Mucho se ha discutido si la Academia Antártica existió, por lo que debe entenderse si de hecho sus miembros se reunían de acuerdo al común uso de las academias de la época. Lo hicieran o no, y el cómo y el dónde, son preguntas que no tocan el meollo de la cuestión. La existencia de la Académica Antártica en tanto realidad cultural no necesita más prueba que la que le extiende el "Discurso" de la peruana. Éste, como toda partida de bautismo no sólo certifica la existencia del bautizado sino que además nos informa de sus nombres. No otra cosa hace Clarinda cuando da el de cada uno en su lista de ingenios. Tal como la Iglesia no es otra cosa que la comunión de sus fieles, la Academia tiene acabada realidad en los miembros que la conforman. Pero una partida de bautismo no deja tal constancia sino para certificar entrada y pertenencia a una comunidad espiritual. Tal hace también la Anónima cuando incluye en su poema las alabanzas de cada miembro[24]. No entendamos en estos versos agregados adventicios; cada elogio es parte integrante de una suma, conformada por la existencia de cada individuo en particular.

El "Discurso" presenta bajo el estandarte de las letras humanistas su nómina de honor. La *élite* cultural del Virreinato queda perfectamente identificada en todo lo esencial, con la mención de cada uno de sus reconocidos miembros dentro de la comunidad intelectual a la que pertenecen, la misma que desde la cuna se levantó en defensa y alabanza de la Poesía e hizo de la Poética su sustancia y base. Por todo lo cual el poema debe ser entendido como deliberado esfuerzo de presentar, cimentar, legitimar y enaltecer la *élite* de letrados y –cosa extraordinaria– de letradas del Virreinato en su elegida identidad de poetas doctos, instrumentos de la civilización y paladines de las cristianas Musas. No es de dudar que al ruego de la Peruana acudieron sus Ninfas del Sur. ¿Quién sino ellas hubieron de inspirar este "Discurso en loor de la poesía"?, el manifiesto mismo del humanismo en América.

---

[24] No nos confunda anacrónicamente la repetida hipérbole comparativa de cada elogio, que no es sino *topos* obligatorio de un género que, como ya señaló Cornejo Polar, ilustraron Cervantes y Lope. Ni en el "Canto de Calíope" del primero ni en el "Laurel de Apolo" del segundo se hallará lo que hubiese sido una moderación indeseable e indeseada. Estas no son circunstancias que requieran sobriedad crítica; no se trata de evaluaciones comparativas con reclamo de objetividad. La preceptiva ha indicado siempre que una de las estrategias más eficaces para el elogio es la explícita o implícita comparación con un modelo arquetípico, incluyendo en lo posible la victoria de la persona alabada en emulación triunfante sobre aquél.

BIBLIOGRAFÍA

Amarilis. "Amarilis a Belardo". En *La Filomena con otras diversas rimas, prosas y versos de Lope de Vega Carpio*. En Madrid: Casa de la Viuda de Alonso Martín, 1621.

Boccaccio, Giovanni. *Della Genealogia degli Dei, tradotti et adornati per G. Gioseppe Betussi da Bassano*. Venetia: Apresso Francesco Lorenzini da Turino, 1564.

Colombí-Monguió, Alicia de. *Petrarquismo peruano: Diego Dávalos y Figueroa y la poesía de la Miscelánea Austral*. Londres: Támesis, 1985.

-----."Boscán frente a Navagero: el nacimiento de la conciencia humanista en la poesía española". *NRFH* 11, 1 (1992): 143–168.

Cornejo Polar, Antonio. *"Discurso en loor de la poesía". Estudio y edición*. Lima: Universidad Nacional Mayor de San Marcos, 1964.

Curtius, Ernest Robert. *Literatura europea y Edad Media latina*. 2 vols. México: Fondo de Cultura Económica, 1955.

Chang-Rodríguez, Raquel, ed. *Cancionero peruano del siglo XVII*. Lima: Pontificia Universidad Católica del Perú, 1983.

Gallego Morell, Antonio. *Garcilaso de la Vega y sus comentaristas*. Granada: Universidad de Granada, 1966.

Kristeller, Paul Oskar. *Eight Philosophers of the Italian Renaissance*. Stanford: Stanford University Press, 1955.

Menéndez y Pelayo, Marcelino. *Historia de la Poesía Hispanoamericana*. En *Obras Completas*, II. Madrid: Lib. de Victoriano Suárez, 1913.

Tauro, Alberto. *Esquividad y gloria de la Academia Antártica*. Lima: Ed. Huascarán, 1948.

PEDRO DE CARVAJAL

*D'industria quise el último dexarte,
Don Pedro ilustre, como a quien Apolo
(por ser [de] Carvajal) dio su estandarte.*

*Ni da el Pirú, ni nunca dio Patolo
con sus minas ni arenas tal riqueza
como tú con tu pluma a nuestro Polo.*

"Discurso en loor de la poesía"

CAPÍTULO DOS

UN POEMA MÁS PARA DON PEDRO DE CARVAJAL: "A LAS LÁGRIMAS DE UNA DAMA"

*A la memoria de Rafael Bosch,
caro y buen amigo*

En esa carta de ciudadanía del humanismo sudamericano que es el *Discurso en loor de la poesía* de la Anónima peruana, en la lista de ingenios de la Academia Antártica aparece en lugar privilegiado la mención a Don Pedro de Carvajal:[1]

> D'industria quise el último dexarte,
> Don Pedro ilustre, como a quien Apolo
> (por ser [de] Carvajal) dio su estandarte.
>
> Ni da el Pirú, ni nunca dio Patolo
> con sus minas ni arenas tal riqueza

---

[1] Para el texto del *Discurso* ver la edición de Antonio Cornejo Polar (Lima: Universidad Mayor de San Marcos, 1964) y ahora en la edición mejorada de esta obra a cargo de José Antonio Mazzotti. *Obras completas de Antonio Cornejo Polar*, Vol. I (Lima: Perú-Berkeley, California, Centro de Estudios Literarios "Antonio Cornejo Polar", 2000, p. 59). Sobre datos biográficos del poeta ver Alberto Tauro, *Esquividad y gloria de la Academia Antártica* (Lima: Ed. Huascarán, 1948, pp. 123–25). Decía Cornejo Polar, con sobrada razón en ese entonces, que de Carvajal "se desconoce toda produción literaria", p. 59, lo que hoy, con la publicación del *Cancionero peruano del siglo XVII*, no tiene ya vigencia. Este ensayo pretende ampliar con un poema más el corpus poético de Pedro de Carvajal.

como tú con tu pluma a nuestro Polo.
(vv. 625-630)

Desafortunadamente hasta hoy tan sólo se conoce un poema de su ilustre pluma, la epístola en tercetos encadenados que aparece en el *Cancionero peruano del siglo XVII*, dirigida desde su primer terceto a un "Discreto maioral que'n las orillas / d'el claro Rimac abitáis contento / i leies dais con gloria y maravillas"[2]. Conjetura con buen fundamento Raquel Chang-Rodríguez, en el estudio preliminar a su edición del *Cancionero*,(27)[3] que se trata de Don Juan de Solórzano Pereira, jurisconsulto y oidor de la Real Audiencia de Lima de 1609 a 1626, el cual como notó en su momento el benémerito Don Antonio Rodríguez Moñino, descubridor del cancionero en cuestión (1952), está relacionado a varias composiciones del mismo (1966)[4]. Por lo tanto si el "discreto mayoral" es Solórzano, la señora que allí se nombra ha de ser su esposa, puesto que

> si gozáis de las gracias peregrinas
> d'esa bella que'stá robando agora
> perlas al mar, al prado clavellinas.
>
> Si el cielo os presta la gentil pastora,
> onor de aquellas luzes que a los Charcas
> enciende en tanta envidia vengadora.
> ....
> Jamás pudo ël Rimac merecella
> si de vuestro valor el imán fino

---

[2] *Cancionero peruano del siglo XVII*, ed. Raquel Chang-Rodríguez, (Lima: Pontificia Universidad Católica del Perú, 1983) pp. 121–24. En adelante la paginación de los poemas de este cancionero se citará entre paréntesis en el texto.

[3] De la misma autora ver "Epístola inédita de Pedro de Carvajal poeta de la Academia Antártica", *Revista de Crítica Literaria Latinoamericana*, Nº 3 (1976), 85–91.

[4] Antonio Rodríguez Moñino. "Cancionerillo peruano del siglo XVII", *Mar del Sur*, VII, Nº 20 (1952), 38–43; "Manuscritos literarios peruanos en la biblioteca de Solórzano Pereira", *Caravelle*, Nº 7 (1966), 93–125.

no tuviera tal fuerça de atraella.
(vv. 10-15 y 49-51)

En efecto Solórzano Pereira se había casado en Lima hacia 1616 con Doña Clara Paniagua de Loaisa, quien como acertadamente hace notar Chang-Rodríguez era natural de La Plata (27–28), corroborando tal aserción las varias menciones a los Charcas de los siguientes tercetos:

> Que aquí los Uruquillos y los montes
> de Chuquisaca en rudas vozes braman
> i a la corriente llegan d'el Orontes.
>
> El Calchimaio y Pilcomaio llaman
> la bella hija, la divina estrella,
> por quien un mar en lágrimas derraman.
>
> ....
>
> El Potosí sobervio y peregrino
> que es duro pedernal, es bien que sienta
> que nunca fue de tal riqueza dino.
>
> Mill i más vezes conducir intenta
> ese tesoro bello a su ribera
> i siempre cae en mengua y en afrenta.
>
> Desde que vio su hermosa primavera
> dio lei a sus metales, cobró brío
> i sus duras entrañas son de cera
> (vv. 43-60)

Los últimos versos sugieren que la dama en su tierna juventud, "su hermosa primavera", hubo de haber estado en Potosí, donde el duro cerro se enamoró de su belleza, tornándose sus pétreas entrañas en blanda cera, aunque de nada le valió pues la amada hubo de abandonarlo (vv. 55-57). No deja de tener su ingenio este Potosí enamorado casi garcilasianamente, *si a vuestra voluntad yo soy de cera* .... (Soneto XVIII).

Tanto por la extensa alusión a los Charcas como por el nombre de la esposa de Solórzano, Clara, esta Clarinda ha de ser, sin duda, su esposa. Ahora bien, aunque el poema está explícitamente dirigido a su marido, los más de sus versos tienen que ver con la dama, y por muy justas razones. Para mejor entenderlo, es necesario entrar en su análisis. Es ésta una epístola consolatoria, cuya principal causa es la muerte de alguna criatura en la fafamilia del oidor:

> Si ecedéis en el mundo a los monarcas,
> en la vida, el estado, i en la suerte
> que fácil vencerá fortuna y Parcas,
>
> ¿qué teméis, qué sentís, por qué la muerte
> en aquel bello copo cortó el hilo
> que a ser torcido fuera lance fuerte?

La hiperbólica calificación del estado de este discreto mayoral, quien en otros y más vulgares términos tiene vida de rey, lleva a declarar que su suerte no tendrá dificultades en vencer la mala ventura y las Parcas. Declaración al parecer curiosa pues de inmediato se dice que en realidad se cortó el hilo de una vida. Estos versos –como otros bastante humorísticos en su misma hipérbole (¿qué cataclismo hubiese pasado si junto al sol de la madre hubiese crecido el de la hija? o en palabras del poeta: "¿Cómo con tan hermosos arreboles / si creciera esa estrella no quedaran / tostados los australes españoles" (vv. 31-33)– sugieren que no es esta muerte gran tragedia. Se trata como queda claro de una niña, debido a las alusiones a su belleza (si la criatura hubiese crecido, "si tomara luz muriera el orbe / en fuego abrasador del Gange al Nilo", vv. 23-24), que ha muerto muy pequeña si no recién nacida. Recuérdese que en aquella época la muerte infantil era cosa muy frecuente, y la de una criaturita no tenía las dimensiones luctuosas de hoy, de ahí que el poeta se permita esta ligereza metafórica, sin intentar elevarse en ningún momento a la gravedad elegíaca. La consolación verdadera reside en que la bella esposa sigue viva, y lúdicamente se agrega que el hecho de que la niña no lo esté acaso hasta sea conveniente, pues la plenitud de su hermosura hubiese podido producir una conflagración mundial:

> Bien fue que tal intento así se estorve
> baste este sol que os queda, porque alumbre
> cuanto ciñen las zonas y el mar sorbe
> (vv. 25-27)

> ¿Cómo de tanto fuego se guardaran,
> qué carros, qué sentidos resistieran
> y qué cuerdos Faetones governaran?
> (vv. 34-36)

La vida del sol de Clarinda sí es necesaria, porque en ella reside la esperanza y casi la certeza de nuevo y más feliz fruto, en parto más venturoso, pues no a otra cosa puede aludir la mención de Lucina. Son estos los versos por los que colijo que la niña murió apenas parida, y que nos explican el tono casi lúdico de las hipérboles que hemos visto. Pasado ya el desaventurado caso, no hay más que esperar lo que todo el mundo desea:

> Y otro tiempo esperad de gusto lleno
> que la bella Clarinda en oportuna
> sazón hará suceso más sereno.
>
> Favorable será, sin duda alguna,
> Luzina a sus intentos porque el fruto
> se goze de Himeneo sin fortuna.[5]
>
> Dará propagación, dará tributo
> el hermoso jardín como desea
> el más noble viviente y el más bruto.
>
> Lograréis la esperanza que os arrea
> y gozaréis, si Pilcomaio brama,
> de vuestros gustos la mejor presea.
> (vv. 79-90)

Obviamente el poema tuvo que ser escrito después de 1616. Sin embargo es muy posible que Carvajal hubiese

---

[5] Fortuna: mala suerte, como "Fortuna en puerto": tormenta en el puerto.

conocido a la hermosa Clarinda años antes, cuando ésta aun vivía en los Charcas. Incluso creo que de tal hecho nos ha dejado constancia en otro poema del mismo cancionero, hasta hoy considerado como anónimo. Se trata de la "Canción italiana", "A las lágrimas de una dama" (116–119), dirigida a una bella llorosa debido a que su madre había estado a punto de muerte, pero esta vez sí había vencido a las Parcas, pues la señora no murió. Esta dama de tan inefable belleza que el autor ni intenta describirla, para limitarse sólo a poetizar la de sus lágrimas, también se llama Clarinda, y si la de la epístola era honor, ésta es gloria de los Charcas:

> Amor, Clarinda, estriva
> en esas perlas, pues a tanto llegan
> que enriquecen, que matan y que anegan
> el alma más segura;
> fuerça de encanto i de belleza pura
> tú, gloria de los Charcas,
> vences al mundo, ablandas a las Parcas
> (vv. 98-104)

Recordemos los versos de la epístola que aluden a la "hermosa primavera" de la dama en la Villa Imperial; en la canción nuevamente encontramos mención de Potosí, donde en esa época debió haber estado viviendo la bella:

> ¿Quieres acaso, quieres que el pirata
> que ocupa de Netuno el reino agora
> i nuestra costa i ondas alborota,
> dexe el pillage, dexe el oro y plata
> que al robo le conduze y enamora
> i a Potosí enderece la derrota?
> ¿O quieres que su flota
> i apóstata armada se encamine
>
> i que a robar tus perlas ya se incline?
> Esconde esa riqueza,
> no altere, si se sabe tu belleza,
> ingenios i ribera,
> i Potosí por tu defensa muera.
> (vv. 79-91)

Es obvio, pues, que si los piratas debían ir a Potosí para robar las perlas de tales lágrimas, Clarinda estaría entonces avecindada en esa ciudad, donde vivía con su familia, pues está con su madre enferma, y no hay mención alguna de marido y obligaciones conyugales, o incluso de relaciones afectivas independientes de la filial. Debía tratarse de algún tiempo anterior a los desposorios con el célebre jurisconsulto; de donde las incursiones piratas no pueden ser las de L'Hermite en 1624. Lo más probable es que aluda a la de Spielberg en 1615, o a alguna anterior a tal fecha. Podría aducirse que debía haber más de una Clara en Potosí, pero el hecho de que en el mismo cancionero tan relacionado a la parentela de Solórzano Pereira aparezcan dos poemas en que se habla de una Clarinda sugieren que se trata de una y la misma persona. La canción "A las lágrimas de una dama" debió haber encontrado lugar en este cancionero justamente porque se trataba de una Paniagua de Loaisa.

La identidad de estas Clarindas se hace aun más convincente cuando atendemos al estilo de ambos poemas. Las similitudes estilísticas son notorias; en ambos casos se trata de endecasílabos fluidos, en una clara dicción petrarquista, con marcada preferencia por el ornato de alusiones mitológicas, cual el caso de Faetón que se repite en los dos poemas (vv. 8 y 70 en la "Canción italiana" y v. 36 en la epístola).

Chang-Rodríguez, deseando ampliar el corpus poético del ilustre Carvajal, ha notado que tanto la epístola como otra composición habían sido escritas en el manuscrito por la misma mano. Por mi parte no dudo que esa mano fue la del copista, ya que en modo alguno pudo serlo la del poeta[6] Se trata de versos, a veces

---

6 Chang-Rodríguez, Raquel. *Cancionero*, 29. El poema en cuestión se halla en las pp. 133–42 del *Cancionero*.

métricamente defectuosos[7], de dicción y sintaxis tortuosa, oscura y rebuscada, de un pedestre culteranismo, como puede constatarse por los siguientes versos:

> Relucientes, plantados esquadrones,
> el rigor minorando de Neptuno
> entre los rrostros raios diferentes
> ni rrosagantes muestran los leones
> los quellos eriçando contra alguno
> como humildes aguardan obedientes
> al rresonar las fuentes.
> (vv. 145-151)

O bien estos otros:

> Cuios desiertos montes empinados,
> guarneçidas las calbas de la rrubia
> arena, bañan marjen por el agua
>
> en superficie sequedad elados
> la condensaçión húmida plubia.
> (vv. 305-309)

Nada de esto tiene nada que ver estéticamente con la sencilla elegancia, clásicamente renacentista, tanto del verso de Carvajal en la epístola como del fino endecasílabo de la canción italiana. Sin embargo, me parece que es posible cumplir el deseo de ampliar con esta canción el corpus poético de Carvajal, con datos aun más convincentes. En ambos poemas se dan parecidos léxicos que no pueden ser casuales y que apuntan hacia un solo autor.

En la epístola leemos lo siguiente:

> ¿Qué hiziera, señor, con tanta *lumbre*
> la tierra, que la *esfera* con *dos soles*
> i qué de vuestros montes l'alta cumbre?
> (vv. 28-30)

---

[7] Por ejemplo, v. 17 "Tú que el norte, sur en mis riberas"; el v. 48 "sauio Marqués, virrei justo, señor grabe"; el v. 85 "canalla puso en el pabor adelante"; el v. 176 "que a Don Luis fortuna se le offreçe", a no ser que se acepte un hiato violento, como también ocurre en varios otros versos.

Y en la "Canción italiana":

> ¿Quién vio, como yo vi, turbar la [cumbre][8]
> d'ese hermoso cielo de *dos soles*
> que juntos ve tu soberana *esfera*?
> Si desde ese emisferio i esa l*unbre*
> (vv. 27-30)

Tales semejanzas léxicas en tres versos nunca ocurren por casualidad. Sólo se pueden deber a dos causas; o bien un poeta está imitando a otro, o bien se trata del mismo autor. Tanto la epístola como la canción son poesía escrita en circunstancias privadas, que no conocieron jamás la luz de imprenta, conservadas en un manuscrito que tampoco debió tener amplia ni pública difusión. Ninguna de estas características conduce a la imitación, que por lo general requiere el texto bien conocido de algún poeta célebre, o bien de poemas, aunque de autores menores, prestigiosos en sí por pertenecer a colecciones antológicas de prestigio a menudo internacional (como las antologías de Giolito). Dada la naturaleza de estos dos poemas descarto, por lo tanto, la posibilidad imitativa, dejando una sola conclusión posible, la del autor único.

Por si aun quedase alguna duda, creo que un último dato evidencial terminará por desvanecerla. Decía yo que en ambos poemas se repiten figuras mitológicas, como Faetón y las Parcas; pero se puede argüir con justicia que se trata de alusiones bastante frecuentes en la poesía de la época. En las dos composiciones hay, sin embargo, mención de un personaje mítico que no tiene nada de común y corriente, la parca Atropos. Para

---

[8] En el texto del manuscrito, según la presente edición, se lee "luna", lo cual además de no tener sentido, no puede ser más que error del copista, pues rompería el patrón de las rimas. Sugiero "cumbre" que lo mantiene y hace sentido, pero como no hay garantía de que así sea no lo cuento como coincidencia con la "cumbre" del otro poema, lo cual muy bien podría ser.

cimentar más el caso del autor único, tal mención se da en versos casi idénticos. Dice la canción en su verso 42; "que Atropos cortava ya el pavilo". En la epístola se lee "Atropos la tixera dio al pavilo" (v. 22). A mi juicio, este es argumento concluyente. Don Pedro de Carvajal es el autor de la canción "A las lágrimas de una dama".

Pedro de Carvajal, por tanto, conoció a Clara Paniagua de Loaisa en los Charcas, conocimiento que necesariamente exigía sus relaciones con la familia de la joven. Hemos visto que esta amistad databa de antes de las bodas con el oidor de Lima. No me parecería imposible que otro poema del cancionero dirigido a Don Antonio Paniagua de Loaisa en ocasión de haber sido investido caballero de Calatrava en 1612[9], pertenezca también a Carvajal. Se trata de un elogio al linaje de los Paniagua de Loaisa, y nada en su estilo imposibilita tal atribución. De ser este el caso, la amistad de Carvajal con esta familia de los Charcas fue la que lo llevó a su relación con Solórzano Pereira. De ahí que en una epístola a él dirigida los más de los versos tengan que ver con su esposa y con la buena ventura del discreto magistrado en tenerla por mujer.

Poesía de circunstancias, en efecto, pero excelente poesía. Composiciones en tono menor, a menudo lúdico, con hipérboles cultas a la par que ligeras; cuyos versos fluidos y armoniosos, propios de nuestro segundo Renacimiento, nos corroboran una vez más la poética clasicista que ilustró la Academia Antártica para honor y decoro de las letras virreinales.

---

9 Canción real "Al ábito de Calatrava que recivió en la ciudad de La Plata el señor Antonio Panyagua de Loaisa en 12 de junio [de] 1612", 46–52.

FRANCISCA DE BRIVIESCA Y ARELLANO
(1602)

También Apolo s'infundó en las nuestras
y aun yo conozco en el Pirú tres damas
qu'an dado en Poesía eroicas muestras

"Discurso en loor de la poesía"

CAPÍTULO TRES

DOÑA FRANCISCA DE BRIVIESCA Y ARELLANO: LA PRIMERA MUJER POETA DE LOS CHARCAS

*Para Cristina Soto de Cornejo Polar
honor de Arequipa,
amiga sin par*

Cuando Diego Dávalos y Figueroa publica en 1603 su erudita y amena *Miscelánea Austral,* encabeza los muchos poemas en alabanza de la obra el soneto de su esposa, apodada Cilena, justamente por lo notable de su elocuencia[1]. Aunque algunas de estas composiciones de circunstancias revelan tan sólo versificadores de muy mediocres méritos, no deja de encontrarse allí algún nombre célebre, como el de Pedro de Oña, cuyo soneto mal puede compararse al de Cilena, sin duda uno de los mejores –y acaso el mejor– de esta colección nacida de las más cultas plumas del Perú de la época:

¿Qual fuerça inexpugnable o duro freno
en potestad de braço poderoso,
podrá opponerse al curso presuroso
del tiempo esquivo de mudanzas lleno?

---

[1] En el Prólogo de la *Miscelánea*, "Al lector" (i–ii), dice Dávalos haber dado a su esposa el nombre de Cilena, "de que hize elección por el Dios de la elocuencia, a quien no sólo imita pero yguala, teniendo el propio suyo Doña Francisca de Briviesca y Arellano, cuya prosapia es bien conocida en nuestra España".

> Su buelo muestra al parecer sereno,
> manso, agradable, dulce y deleytoso;
> un móbil siendo rapto y riguroso,
> de todas vidas el mayor veneno.
>
> Es un fuerte ministro de la muerte,
> de ilustre obras tenebroso nido.
> de alegre vista y manifiesto engaño;
>
> mas triunfa dél con alta y rara suerte
> Delio en su canto, y del voraz olvido:
> y yo en su nombre, sin contraste o daño.

No sólo es elocuente el poema, sino que, en la obligatoria retahíla de elogios perpetrada por tantas plumas amigas es la suya la más filosófica y por ende la menos circunstancial de todas ellas. Hasta el final del primer terceto trata del tiempo en argumentación retóricamente estupenda: la pregunta inicial, con su tácita respuesta de implacables destrucciones, seguida de dos versos donde se acumulan cinco adjetivos de insospechada suavidad tras el rigor de la primera estrofa –el tiempo sereno, manso, agradable, dulce y deleitoso "al parecer"– se remata con dos versos que resumen la trágica verdad de esta apariencia. Tanta dulzura es a la postre el mayor veneno. El terceto retoma entonces la definición de lo dicho en las estrofas precedentes, para cerrarse en idéntica antítesis de lo aparencial: "de alegre vista y manifiesto engaño". Hasta aquí la sabia construcción del poema ha suscitado en el lector las bien conocidas conclusiones del *memento mori* agazapado en aquellos inolvidables versos de Petrarca, "la vita fugge e non s'arresta un'ora / e la morte vien dietro a gran giornate" (*Canzoniere*, CCLXXII). El tema es de siempre, y su argumentación, pulcra y elegante en lo ceñido y preciso de la estructura. El lector alerta sabe sobradamente que a estas alturas ha de aparecer la muerte. Pero no es así. Llega, en cambio, la sorpresa final. Cilena ha levantado todo este edificio a la ineludible victoria del tiempo, no para hacerlo triunfar como siempre, sino para que sea derrotado, y así resulte más alta la apoteosis del poeta que loa y a través de él, la suya propia, ambos vencedores del tiempo y del olvido gracias al canto.

Lo sorprendente de este final no reside, claro está, en el concepto, repetido desde Homero. La sorpresa se debe a la aparición súbita de lo inesperado. Tanto temática como formalmente, todo hacía pensar y nos llevaba, justamente por fuerza de su misma tradición, hacia la victoria del tiempo. Así su derrota por el arte es, a más de sorpresiva, convincente, ya que dentro del mismo poema el tiempo lírico se consuma con artificio sobrado.

El elogio al poeta no puede ser más alto y, sin embargo, se acuña con el elegante decoro que necesariamente hubo de exigirle su condición de esposa. Comparemos ahora su poema con el arranque de otro soneto de los preliminares, donde la loa se viste de previsible y adocenada retórica. Así, el de Juan de Salcedo y Villandrando[2], poeta celebrado por Cervantes:

---

[2] Juan de Salcedo Villandrando fue un Capitán español, vecino de La Paz, donde en 1631 desempeñaba todavía el cargo de regidor. Alabado por la Anónima del "Discurso en loor de la poesía" como el enamorado de Clarinda; se conservan solamente dos sonetos, el de la *Miscelánea*, y otro también laudatorio, dedicado a fray Juan de Ayllón, publicado en Lima en 1630. El resto de su obra se ha perdido lamentablemente, pues es de suponer que Cervantes tenía alguna razón de peso para encomiarlo en su "Canto de Calíope" del siguiente modo:

> Del capitán Salcedo está bien claro
> que llega su divino entendimiento
> al punto más subido, agudo y raro
> que pueda imaginar el pensamiento.
> Si le comparo a él mesmo le comparo
> que no hay comparación que llegue a cuento
> de tamaño valor, que la medida
> ha de mostrar ser falta o ser torcida.

Al respecto de Salcedo y Villandrando, cf. Alberto Tauro. *Esquividad y gloria de la Academia Antártica*, Lima: 1948, pp. 155–60.

> Componga Amor a Delio una corona
> do sus efectos por Laurel dedique,
> y en su adorno la Sciencia comunique
> en lugar de Amaranto, y su Elicona.

Aún menos afortunado resulta el conceptismo de Oña, cuya alabanza pretenderá hacer al poeta vencedor del mismo Apolo, pero sólo logra aniquilar poesía y buen gusto en harto burdo juego de letras:

> Ay entre Delo y Delio competencia
> que nasce de una letra solamente,
> y viene a ser lo menos eminente
> assí en la cantidad como en la essencia.
>
> De donde infiero yo una consequencia
> bien para mi propósito evidente,
> y es que si soys de Phebo differente
> consiste en una i la differencia.
>
> Colijo más que avérseos añidido
> fue como por señal y cierta nota,
> para ser por diverso conoscido;
>
> y aun si ventaja entre los dos se nota
> de fuerça avéys de ser el prelerido,
> que en tal opposición basta una jota.

Sería, por cierto, innecesario alargar el análisis del soneto de Cilena, comparándolo más detalladamente con éstos u otros similares. Tanto en el alcance del pensamiento como en maestría retórica, el poema va más allá de serlo puramente de circunstancias, mientras que todos los otros ya desde el primer verso apenas si pueden pretender a otra cosa. De este Parnaso peruano de la *Miscelánea Austral* es sin duda una mujer el mejor artífice. Y no creo que quepa duda que su autor sea quien dice serlo, pero justamente por ser mujer se ha dudado del hecho, y ya alguien ha hablado de la "mixtificación de Cilena" por lo "viril" del soneto, obra que sería imposible de sospechar por su fuerza y calidad fuera de una mujer, como tampoco puede serlo –¡claro está!– el *Discurso en loor de la Poesía*, otro caso de "mixtificación" por lo menos desde Ricardo Palma[3]. A la postre las mujeres son débiles e iletradas. No vale la pena tratar de argumentar razones tan crasas[4]. Digamos tan sólo que, si a veces algún marido o amante versifica en nombre de su mujer –tal el caso de Lope de Vega con Micaela de Luján, que por cierto era analfabeta–, no carece el mundo hispánico de señoras que entretenían sus ocios en algo más que bordar

---

[3] Javier Cheesman Jiménez. "Nota sobre Cristóbal de Arriaga Alarcón poeta de la Academia Antártica", *Boletín del Instituto Riva-Agüero*, I (1951-1959, 343): "En torno a Dávalos se agrupan numerosos poetas y versificadores que siguen su arte poética y modalidades cortesanas. Son éstos los que acogen la mixtificación de "Cilena" –ideada por Diego Dávalos para escribir sus coloquios– atribuyéndole a aquella pastora el varonil soneto que empieza *¿Cuál fuerza inexpugnable o duro freno?*". Obviamente el señor Cheesman Jiménez no estaba enterado de que Cilena no era por cierto una pastora, sino que la mixtificación tenía nombre y apellido, además de ser la esposa de quien supuestamente la ideara. Lo de la "mixtificación", aplicado a mujeres poetas en el Perú, creo que comienza con Ricardo Palma. "Las poetisas anónimas", en *Tradiciones peruanas*, Lima: 1900, 95–102: "Mexía se hizo cómplice en la mixtificación". Repite conceptos semejantes en su Prólogo a *Flor de Academias* y *Diente del Parnaso*, Lima: 1899 y en *Mis últimas tradiciones y cachivacherías*, Barcelona: 1906, pp. 297 ss. Siguieron con la misma idea de la "mixtificación" Ventura García Calderón, Luis Alberto Sánchez y Ella Dunbar Temple. Es interesante notar que, en *La literatura peruana. Derrotero para una historia espiritual del Perú*, la mixtificación habría sido perpetuada por Diego Dávalos y Figueroa. Es curioso advertir que los razonamientos implícitamente antifeministas no son necesariamente engendrados por la sensibilidad del varón; así la profesora Dunbar Temple: "el estilo no es femenino es erudito y demuestra una rara perfección métrica". Hablando del *Discurso en loor de la poesía*, sin embargo, y aunque termina subrayando el "tono masculino de sus versos", Luis Alberto Sánchez en su temprano *Los poetas de la colonia*, Lima: 1921, sugiere la posibilidad de una autora mujer, pero española. Para una discusión lúcida del tema, Alberto Tauro *Esquividad* ... Cap. II: "Una señora principal deste Reino", pp. 24–41; y para un estado de la cuestión, el pulcro estudio de Antonio Cornejo Polar. *Discurso en loor de la poesía*, Lima: 1964, pp. 102–119.

[4] "Sobre mujeres cultas y escritoras en la América colonial", cf. Luis Monguió. "Compañía para sor Juana: Mujeres cultas en el Virreinato de Perú", trabajo leído en el Simposio "Sor Juana Inés de la Cruz y cultura virreinal", en la State University of New York at Stony Brook, el 7 de mayo de 1982, publicado en la *University of Dayton Review*, XVI, 2 (1983), 45–52.

en el estrado. Testigo sobrado del caso es el mismo Lope de Vega en su *Laurel de Apolo*, donde a la sabia Doña Beatriz Galindo, bien llamada La Latina, se unen, entre otras, la catalana Juliana Morell, doctísima en lenguas clásicas y en la hebrea, amén de versada en lógica y filosofía moral; la célebre Doña María de Zayas y Sotomayor; poeta y música, Doña Ana de Zuazo; música y cantante de los versos de Homero y Virgilio, autora de epístolas y versos latinos y estupenda caligrafista es la esposa de Tomás Gracián Dantisco, Doña Laurencia de Zurita. Como ellas, Cilena parece ser mujer muy culta, y razones tenía para serlo.

La supuesta "mixtificación de Cilena" tiene nombre, y lo dice muy claramente su marido: Doña Francisca de Briviesca y Arellano, mujer de muchas dotes y, entre ellas, la elocuencia, así Cilena. La dama tuvo sobradas oportunidades por familia y educación para cultivar las buenas letras. Hasta ahora, salvo en aludir a la nobleza de su familia, siguiendo las declaraciones de Dávalos en su obra, nadie se ha interesado en aclarar quién en verdad era Doña Francisca, amén de ser la esposa del autor de la *Miscelánea Austral*.

En otro de estos poemas preliminares, una égloga de Francisco Moreno de Almaraz, se nos dice vagamente de la importancia de sus padres:

> que la bella Cilena fue nacida
> en la Hiberia florida y desseada,
> de padres procreada mayorales,
> a quien muchos zagales ya sirvieron
>
> y a quien reconocieron por cabeça
> por su naturaleza muchas gentes,
> en cuya sien y frentes dos guirnaldas
> de tercas esmeraldas parecían,
>
> que su valor dezían declarando
> tener poder y mando en alto y baxo
> del estendido Tajo y de sus flores.

Nunca tales pastores tuvo el suelo,
ni aun el sagrado Cielo los cobija.
De aquestos pues fue hija regalada.

Razón tenía Almaraz; el padre de Doña Francisca era por cierto, pastor mayoral, pues por la noticia del paso de Cilena a las Indias nos enteramos de que era hija del licenciado Gracián de Briviesca, nada menos que consejero del Real Consejo de Castilla desde 1560, habiéndolo sido antes del de Indias desde 1549, y antes Alcalde de Corte[5]. Era, pues el padre de Cilena magistrado de altísima importancia en el reino. Naturalmente hubo de seguir a la Corte en sus muchas mudanzas desde 1549 a 1562[6]. La niña Francisca se crió en una familia de la nobleza de toga, donde la cultura no era únicamente de adorno, sino medio de vida. Además sabemos por la *Miscelánea Austral*, que fue menina y dama de la reina (XL, 192v.) por lo cual hubo de criarse en palacio, con todas las oportunidades de educación que el hecho implica, que como escuela de cortesanía no pudo haberla más alta.

Ya que María Tudor nunca estuvo en España debió ser menina primero de aquella excelente y rigurosa gobernante del reino, Doña Juana de Austria, reina viuda de Portugal, señora devota, severa y altiva, que rigió la Corte por lo general desde Valladolid, con la distinción y compostura propias de las mejores princesas de la Casa

---

[5] Ernesto Schafer. *El Consejo real y supremo de las Indias: Su historia organización y labor administrativa hasta la terminación de la casa de Austria*, 2 vols. Sevilla, 1935, 47, I, 78. *Indice General de los Papeles del Consejo de Indias*, ed. Angel de Altolaguirre y Adolfo Bonilla y San Martín, Madrid: 1923, XIV, pp. 122 y 242; XVI, pp. 114 y 127.

[6] *Indice General* ... Siguiendo la documentación puede verse que Gracián de Briviesca debe de haber estado en Toledo en noviembre de 1549, en Valladolid desde abril de 1551 hasta septiembre del mismo año; en noviembre ya estaba en Madrid, pero en 1553 el Cßonsejo pasó de Madrid a Valladolid con cédulas de guía para el licenciado Briviesca; en 1559 el Consejo pasó desde Valladolid a Toledo, y se le dieron las cédulas de guía a Briviesca el 16 de octubre (vol. XIV, pp. 124, 125 y 129).

de Austria. Compostura y altivez que son rasgo notorio en la indiana Cilena[7]. Al final de su estada en España llegaría a vivir como dama de la encantadora Isabel de Valois, pero no por mucho tiempo, ya que Doña Francisca de Briviesca, tras haber sido requerida de muchos, se casa finalmente:

> de muchos desseada en aquel valle
> por su donayre y talle para esposa;
> y ella tan desdeñosa quanto grave
> con un hablar suave resistía
> a tan común porfia, hasta tanto
> que los padres el manto le pusieron,
> y en compañía dieron por marido
> a un Pastor conocido de gran suerte,
> a quien ya dio la muerte sepultura.
> [Montano]
> Dime, pues, ¿qué locura acá la trajo
> del cristalino Tajo? [Arsenio] El Pastor muerto
> de sitio mudó y puerto, aquél dexando
> en tristeza llorando por Cilena,
> do el eco y Philomena concertados
> con aullidos pesados ressonavan,
> las plantas solloçavan...

Pareciera por los versos que fueron los padres quienes exigieron que se rompiera la desdeñosa soltería de Doña Francisca, casándola por fin. Claro que la sugerencia de la égloga puede ser una alusión destinada a suavizar resquemores del segundo marido. Pero casar, se casó, y de seguro con "un pastor conocido de gran suerte". Conocido fue y con creces. Es curioso que siguiendo la pista de estos versos, nadie se preguntara quien fue el primer marido de la mujer de Dávalos. Buscando en el Archivo

---

[7] Todo el *Coloquio XX de la Miscelánea Austral* (795–835), "Donde muestra las perfecciones que debe tener la dama y la utilidad de la virtuosa ocupación ...", y donde insiste Cilena en que "en la dama lo principal, ami parecer, es que tenga altivez en su estimación, porque en esto no puede aver estremo que dañe, antes es causa de muchos bienes, fáciles de entender y largos de referir" (79r).

de Indias en el Catálogo de pasajeros, encontré que en el año 1562 Doña Francisca de Briviesca y Arellano, hija de Gracián de Briviesca y de Doña Catalina Verdugo se embarcó con destino al Perú y gran séquito de criados, nada menos que acompañando al Capitán Juan Remón[8]. Era el Capitán héroe de cien batallas por tierras del Perú y Chile, que antes de casarse con la niña de Briviesca, en la que fue seguramente muy breve estadía en España[9], había sido aquel maese de campo que un día con admiración recordaría Ercilla:

> En esto por la parte del poniente
> con gran presteza y no menor ruido

---

[8] Para el año 1562, entrada 2-310: "El capitán Juan Remón, natural de Ontiveros, hijo de Francisco Remón y Doña Isabel Nuño Tonera, con Doña Francisca de Briviesca, hija del Licenciado Gracián de Briviesca y de Doña Catalina Verdugo, al Perú – 7 de marzo" II-249. Siguen 13 criados, 282–83.

[9] Según la probanza de Juan Remón, fechada en Lima el 11 de diciembre de 1563 (Archivo de Indias, Legajo Justicia, 1064). Juan Remón llegó directamente al Perú en 1539 acompañando a Sebastián de Benalcázar en la pacificación de Popayán. Sobre su participación en las guerras civiles del Perú, tanto la probanza como múltiples noticias en la crónica del Palentino, *Primera y Segunda Parte de la Historia del Perú que se mandó a escribir a Diego Fernández, vezino de la ciudad de Palencia* (Sevilla, 1571), Libro I, caps. XXVII; LI y XL, XLIV–XLVII; Libro II, Caps. IV; V; VIII; IX; XII; XV; XXVII. También en *Relación cierta y breve de los desasosiegos sucedidos en el Perú después de la muerte del Señor Virrey Don Antonio de Mendoza y de las causas de donde procedieron*, por el Licenciado Juan Fernández, Fiscal de la Audiencia de Lima, Lima, 8 de diciembre de 1555, en *Colección de documentos inéditos relativos al descubrimiento, conquista y colonización de las posesiones españolas en América ... sacados en su mayor parte del Real Archivo de Indias*, Madrid, 1865, vol. III, pp. 251–52. Remón como corregidor en La Paz en *Actas Capitulares de la Ciudad de La Paz* (1548-1554), ed. H. Gabriel Feyles S.D.B., La Paz: 1965, tomo I, pp. 562–68; tomo II, p. 610. Como maestre de campo en Chile (1557-1609), *Documentos inéditos ...*, "Relación hecha por Don García de Mendoza, gobernador de Chile al Virrey del Perú, desde la ciudad de Cañete de la Frontera", 125; también el Palentino, Libro II, Cap. VIII. Corregidor del Cuzco: *Gobernantes del Perú. Cartas y papeles. Siglo XVI. Documentos del Archivo de Indias*, ed. Roberto Levillier, Madrid: 1925, vol. VII, "Mandamientos del Virrey Toledo al Cabildo del Cuzco para la elección de alcaldes", Cuzco: 1571, p. 35: "mando al capitán joan rremon, corregidor de dicha ciudad del Cuzco...".

> Juan Remón arribó con mucha gente,
> que el aviso primero había tenido.
> y en furioso tropel, gallardamente,
> alzando un ferocísimo alarido,
> embistió la enemiga gente airada,
> en la victoria y sangre ya cebada.
>
> (*La Araucana*, XXII, xvi)
>
> Don García de Mendoza no paraba,
> antes como animoso y diligente
> unas veces airado peleaba,
> otras iba esforzando allí la gente.
> Tampoco Juan Remón ocioso estaba,
> que de soldado y capitán prudente
> con igual diciplina y ejercicio
> usaba en sus lugares el oficio.[10]
>
> (XXV, xvi)

Con versos bastante más inspirados que los dedicados a Dávalos y Figueroa, también Pedro de Oña hubo de cantar la gloria de Juan Remón, dándonos bien gallardo su retrato:

> Bien puesta en un peceño la persona
> sucede Juan Remón al de Toledo
> con tal demostración y tal denuedo
> que satisface a Palas y a Belona;
> celada, cota y cuera fanfarrona
> con fino pasamano por el ruedo,
> y haciendo de una lanza rehilete
> que puede ser entena de trinquete.[11]

El nombre de Juan Remón aparece de continuo en las Crónicas de la época y más aún en documentos que nos certifican su riqueza y la importancia de sus cargos. Co-

---

[10] Todas las citas de *La Araucana* se toman de la ed. de Marcos A. Morinigo e Isaías Lerner. Madrid: 1979, Clásicos Castalia, pp. 125 y 200. Naturalmente la escena más memorable entre Ercilla y Remón se da cuando éste interpela al poeta, "diciendo: ¡oh, Don Alonso! quien procura / ganar estimación y aventajarse / éste es el tiempo" (Canto XXVI, IV–XVI).

[11] *Arauco Domado*, ed. José Toribio Medina. Santiago de Chile: 1927, Canto IX, p. 320; *peceño* es un caballo negro, color de la pez; *cuera* es un sayete corto de cuero (Covarrubias).

rregidor de La Paz y luego del Cuzco, dueño de múltiples y ricas encomiendas en los alrededores de La Paz, su mucha suerte hasta le hizo encontrar oro, y en cantidad, bien al principio de sus aventuras indianas. Juan Remón llegó al Perú en 1539. De tener entonces solamente veinte años, tendría cuarenta y tres cuando se casó con Doña Francisca y la trajo al Perú con sus trece criados. Imaginemos que era ella, en verdad, muy niña entonces, puesto que así lo dice en la *Miscelánea* (XL, l91v.), sin decir, por cierto, que amén de niña era ya casada. Digamos que tuviera quince años. Si tal es el caso Doña Francisca de Briviesca y Arellano, ya viuda de célebre conquistador, no podía tener hacia 1590 menos de cuarenta y tres años. Como dice la estrofa, "la muerte salió fiera a recebillo / dexando sin caudillo a la Pastora"; y muerto Remón, se casó la dama con el ecijano Diego Dávalos, noble, segundón y poeta, cinco o seis años menor que la señora, enamorado de los muchos bienes de que la había dotado la naturaleza "no faltándole algunos de fortuna"[12].

Si al casarse con Dávalos en 1590 tenía más de cuarenta años, Doña Francisca pasaría con holgura la cincuentena cuando se publica la *Miscelánea Austral*. Le sobraban a Cilena algunos años y muchas riquezas. La "bellísima" pero para la época ya añosa dama debió heredar de su primer marido bienes y encomiendas en cuantía: el repartimiento de Chuquiabo (La Paz) con 436 indios y 3310 personas reducidas en San Pedro y Santiago de Chuquiabo; el de Machaca Chica, con 802 indios; la

---

[12] En el Prólogo "Al lector" de la *Miscelánea Austral*, dice Dávalos: "la embidia que tantos pueden y deven tenerme ... particularmente me la tendrá quien con atención advirtiere el singular talento que por muchas razones, sentencias y dudas manifiesta mi Cilena; las quales no son fingidas (aunque parescan nuevas en muger) antes cercenadas en su mucha agudeza temiendo esta objeción, que tanto es el caudal de que el Divino poder la enriqueció, demás de otros muchos dotes con que naturaleza a larga mano la ha dotado, no faltándole algunos de fortuna".

mitad de Cacayabire con 513; la mitad de Calamarca con 394; la mitad del de los quirvas de Oyune con 94; 197 indios del repartimiento de Yaye y Quinaquitara, en el corregimiento de Larecaja, y "los dichos repartimientos con todos sus caciques y principales, indios y mitimaes, pueblos, chácaras y estancias y todo lo demás a ellos subjeto y perteneciente"[13].

Encontramos así a Don Diego Dávalos y Figueroa, de quien hasta entonces sólo se conoce una carta al Virrey sobre cuestiones de minerales y minería[14], aposentado en La Paz como vecino "feudatario", es decir, señor encomendero. Encomendero consorte, probablemente, por herencia del en su obra nunca mentado Juan Remón.

En ese clima paradisíaco que le ofrece la eterna primavera de la comarca, entre sus huertos de azahares que habría de comparar con los jardines de los feacios (I, 2 v), Diego Dávalos se dedica entonces a escribir, en las que serían sus muchas horas de ocio, una obra que celebra su feliz estado:

> Aquel será perfecto bien que de todos es desseado y de pocos posseydo. Pues como uno de los mayores (o el mayor) en la vida, según ley de naturaleza, sea perfecta conformidad en el matrimonio, en recíproco amor fundada, ilustrada de las demás ygualdades partes necessarias para consumarla, quien divulga la tranquilidad de mi suerte y estado, para que por esta vía se aumente, ya que por las demas está tan colmada ... Por todo lo qual me moví y determiné a

---

[13] *Gobernantes del Perú. Cartas y papeles ... tomo IX, El virrey Martín Enríquez* (1581-1583), "Relación hecha por el Virrey Don Martín Enríquez de los oficios que se proveen en la governación de los reinos y provincias del Perú", 1583, pp. 143-147; *Colección de documentos inéditos para la Historia de Chile*, ed. José Toribio Medina. Santiago de Chile: 1901, vol XXVIII, "Encomienda que el Conde de Nieva hizo al capitán Juan Remón, inserta en la cédula de S.M. en que le encomienda ocho mil pesos cada año en repartimientos de indios vacos", 23 de diciembre de 1560, 448–54.

[14] Cf. José Toribio Medina. *La imprenta en Lima*, Santiago de Chile: 1904, Tomo I, p. 63.

poner en escrito los coloquios que passamos mi amada y amante esposa y yo, después de aver merescido el thesoro y gloria de posseerla, refiríendolos según y como passaron los años que yo a tan alta empresa aspirava, conseguida no con favores de príncipes, ni con fuerça de intercessores, y menos con las que suelen amorosas pretensiones; mas con sola la voluntad del cielo, que se dignó de eslavonar este verdadero y dulce vínculo en cuya sujeción tan alegre y libre vivo. (Prólogo. "Al lector", i)

El encarecimiento del amor conyugal no es cosa rara entre los poetas indianos. Por otra dama de Isabel de Valois dijo Alonso de Ercilla:

> un amoroso fuego y blando yelo
> se me fue por las venas regalando
> y el brío rebelde y pecho endurecido
> quedó al amor sujeto y sometido.
> (XVIII, LXIII)

Era la dama, claro está, la discreta Doña María de Bazán, su mujer. Por su parte Eugenio de Salazar y Alarcón deja su *Silva de Poesía* dedicada "a su muy amada esposa", "siendo mi Señora, compuestos [estos versos] en contemplación vuestra, en quienes las altas y suaves voces de sus Musas [de otros famosos poetas] pudieran tan bien emplearse"[15]. Dávalos no es caso único, pues, pero en él el hecho, es significativo. Había llegado el ecijano al Perú muy joven[16]. La tierra ya estaba pacificada, la colonia en tiempos del Virrey Toledo iba estabilizándose, las oportunidades de gloria y aventura menguaban con el pasar de los años. Ninguna menciona él y ninguna de monta debió acontecerle, porque el silencio propio –y hasta el documental– es bajo las circunstancias elocuente. El noble ecijano de suerte mediocre deja entrever en su obra, y más de una vez el desengaño. Pero en 1590 la suerte cambia. Don Diego se casa con la riquísima viuda

---

[15] *Antología mayor de la literatura hispanoamericana*, ed. Guillermo Díaz Plaja. Barcelona: 1969, I, p. 52.
[16] *Miscelánea Austral*, XXXIX, 187r.

del famoso encomendero de La Paz. De tal ventura nació su *Miscelánea* y aquella *Defensa de Damas* que proclama su acendrado feminismo, y acaso diga tácitamente de su gratitud.

A lo largo de los Coloquios de la *Miscelánea Austral*, una y otra vez Cilena opina sobre cuestiones poéticas, y es de notar que no siempre concuerda con Dávalos. Este alaba a poetas como Garcilaso, Hurtado de Mendoza, Sánchez de Badajoz, Juan de Mena; Cilena le recuerda a los modernos y en especial a Ercilla (XII, 48r-49v). Razón tenía la viuda de Juan Remón para no olvidar al autor de *La Araucana*... Cilena critica un poema de su marido porque, a su juicio, peca de usar en exceso rimas en agudo (XLII, 201v); otra vez se molesta Dávalos de la erudita propensión de su mujer a encontrarle fuentes, y con causa más que sobrada, porque el ecijano es imitador a conciencia (XV, 58r). Cuando por fin Cilena lo llama poeta, Dávalos acepta el juicio, por venir de quien viene, es decir, de alguien tan competente en materias del arte (XII, 47v).

Por todo lo dicho parece evidente que no sólo no hay razón alguna para dudar de que Doña Francisca de Briviesca y Arellano escribiese el fino soneto de los preliminares de la *Miscelánea Austral*, sino que abundan las que certifican su autoría. Históricamente es en la literatura del Virreinato la primer mujer poeta[17].

Pocas damas del virreinato podrían aventajar en mucho la cultura, la finura espiritual y la palacial cortesanía de esta hija de un Consejero de Castilla, dama de la

---

[17] Entre las primeras en Sud América (fines del siglo XVI) debe contarse Doña Francisca de Tolosa, del reino de Nueva Granada; Antonio Gómez Restrepo, *Historia de la literatura colombiana*, 4a ed., Bogotá: 1936, I, pp. 301–307. En el reino del Perú propiamente dicho, sin embargo, Doña Francisca de Briviesca parece ser la primera, seguida por la anónima del *Discurso en loor de la poesía* (1608).

reina, corregidora del Cuzco, encomendera de La Paz, viuda del famoso conquistador que cantaron Ercilla y Oña, y esposa de Diego de Dávalos y Figueroa, petrarquista y feminista de excepción en las letras del Perú. Justo es que el primer poeta de su libro sea el de Cilena, el personaje más eminente de la *Miscelánea Austral*.

DIEGO DAVALOS Y FIGUEROA
(1602)

*Mas aunque tú la vana gloria huyas
(que por la dar muger será bien vana)
callar no quiero, o Avalos, las tuyas:*

*Y cuando calle yo sabe la Indiana
América muy bien cómo es Don Diego,
onor de la Poesía Castellana.*

"Discurso en loor de la poesía"

CAPÍTULO CUATRO

"AL SIMPLE, AL COMPUESTO, AL PURO, AL MISTO": LA AMADA COMO MICROCOSMOS

> A la memoria de
> Alfredo A. Roggiano

Cuando Diego Dávalos y Figueroa escribe su *Miscelánea* lo hace en reclamación de la felicidad lograda en el amor conyugal, y así lo declara, explícitamente desde el prólogo de la obra:

> Aquel será perfecto bien que de todos es deseado y de pocos posseído. Pues como uno de los mayores (o el mayor en la vida) según la ley de naturaleza, sea perfecta conformidad en el matrimonio, en recíproco amor fundada, ilustrada de las demás igualdades y partes necessarias para consumarla, quise divulgar la tranquilidad de mi suerte y estado ... Por todo lo qual me moví y determiné a poner por escrito los coloquios que passamos mi amada y amante esposa y yo, depués de aver merescido el thesoro y gloria de posseerla.[1]

Razón y causa de "este verdadero y dulce vínculo", y por lo tanto de la obra toda, fue su mujer, la noble y elegante Doña Francisca de Briviesca y Arellano. A juzgar

---

[1] He usado para todas las citas de la *Miscelánea Austral* la reproducción fotográfica del ejemplar que se halla en la British Library.

por el primero de los sonetos preliminares de la *Miscelánea Austral* del cual es autora, Doña Francisca mereció en verdad el nombre que la admiración de su marido consideraba el más justo: Cilena[2]. Dávalos no pierde ocasión de explicar las eruditas razones del apodo, y así informa que a Mercurio, por tener "dominio sobre la eloquencia, llamáronle Cileno o Cilenio, y por esta razón (con más bastante causa) Cilena, quien es mi cielo y Gloria" (XXVIII, 121v). Claro signo del feminismo indudable del autor de la *Defensa de Damas* es el mismo apodo, ya que es muy raro celebrar tal virtud en una señora, hasta el punto que le dé su más adecuado nombre. Sin duda, fue Doña Francisca mujer de notable elocuencia, y no poco mérito de su marido el haberlo reconocido y orgullosamente proclamado. Poco después de esta declaración se halla en el texto un largo poema en loa de su esposa, donde vuelve a insistir sobre el tema, intensificando la implícita alabanza del nombre, pues ahora Cilena supera a Cileno, quien puede ser instruido por ella:

>   Subiendo más a la segunda altura
> 80 solo Mercurio está, joven armado,
>   conveniente carácter y pintura.
>
>   Este fue un dios que siempre es invocado
>   en el dulce parlar, sabio, elegante,
>   y puede ser de vos el industriado.

Para la cabal comprensión de estos versos –y del apodo en cuestión– vale la pena recordar el mundo de significantes y significados que en la cultura de la época evocaba el círculo de Mercurio. Entre las facultades que las esferas planetarias dan al alma se halla según la indudable autoridad del Macrobio en su comentario al *Som-*

---

[2] Sobre Doña Francisca ver mi *Petrarquismo peruano: Diego Dávalos y Figueroa y la poesía de la Miscelánea Austral*, Cap. III, London: Tamesis, 1985, y mi artículo: "Doña Francisca de Briviesca y Arellano: primera mujer poeta del Perú". *Anuario de Letras*, XXI V, México: UNAM, 1986, 413–425.

nium (1, 12): "la facultad de expresar y desarrollar lo que se piensa ... en el círculo de Mercurio". Y Pérez de Moya aclara: "Dícenle Cillenio, porque es dios de la elocuencia y esta sabiduría obra todas las cosas sin manos, y a los que carecen de manos llaman en griego Cylloe; otros dicen que se llamó así del monte Cillene de Arcadia, donde nació"[3]. Si en el apodo de su esposa Dávalos ha volcado semejante cúmulo de sabias resonancias, no es de sorprender que el resto de un poema en alabanza de tal *summun bonum* resulte cifra y suma de su erudición.

Es este Capítulo en loa de Cilena uno de los poemas más extensos de la *Miscelánea Austral* y, aunque a mi juicio no es de los más logrados poéticamente su autor no dudó en considerar que si alguna de sus poesías alcanzaba la eterna fama a la que sin duda aspiró, a ésta se debería. Ya desde los umbrales mismos del Capítulo lo dice sin ambages:

> Dulcíssima Cilena, celebraros
> y dezir lo que en vos se cifra y suma
> será imposible sin damnificaros.
>
> Y assí rehusa de emprender mi pluma
> 5 tan alta empresa y tan dificultosa
> queriendo más que el fuego la consuma.
>
> Más conózcola yo por tan gloriosa
> que puede consagrarme el solo intento
> con divino renombre y fama honrosa.

En las *Flores de poetas ilustres*, un autor desconocido confronta la misma empresa que nuestro ecijano, con muy semejantes conceptos: "Señora, vuestra hermosura. / valor y merecimiento. / han hecho a mi atrevimiento / rico y de buena ventura. / Que viendo el cielo tan bello / de ese rostro milagroso ... / tomé la pluma con celo / de

---

[3] Juan Pérez de Moya, *Philosophia secreta*. Madrid: 1585; ahora en Clásicos Olvidados Libro II, Madrid: 1928: p. xxiii.

celebraros en suma. / Mas ¿quién con sola una pluma / podrá volar i a ese cielo?"[4]. Ambos poetas emprenden el vuelo a lo imposible: celebrar por comparación con lo imperfecto las perfecciones de lo incomparable.

Como propio de acabado petrarquista, Dávalos escribe sus versos bajo la sombra de otros tutelares y hasta arquetípicos:

> Y dízeme mi Musa: "Escrive, escrive,
> escrive, pues, si quieres ser del cielo,
> 15 que quien dirige bien, muriendo vive".

Larga prosapia la de estos tercetos ... Boscán, tan admirado siempre por Dávalos, había escrito: "Gran tiempo ha que Amor me dize: "Scrive, / scrive, lo que en ti yo tengo escrito"; y celebrando a su esposa Doña Catalina había repetido el chispeante Eugenio de Salazar: "Escribe, escribe, Amor me dixo un día"[5]. Boscán, Salazar y el ecijano, todos ellos estaban reproduciendo ceremonialmente un texto inolvidable del vate de Valclusa:

> Più volte Amor m'avea già detto: Scrivi,
> scrivi quel che vedesti in lettre d'oro.
> (*Canzoniere*, XCIII)

Así, bajo la siempre señera égida de Petrarca, inicia Dávalos la loa en que compara aventajadamente las excelencias de su Cilena a cada una de las esferas celestiales. Naturalmente la alabanza hiperbólica no es asombrosa en el petrarquismo, pero sí lo es el alcance de ésta, pues para establecer la superioridad de la dama respecto a todos los elementos del universo el poeta se remonta desde la más baja hasta la más elevada estrella. Nótese que no se trata –como alguna vez se ha pensado– de un

---

[4] *Biblioteca de Autores Españoles*, XLII: 9b.
[5] Para Salazar, citado por Joseph Fucilla, *Estudios sobre el petrarquismo en España*, Madrid: 1960, p. 73, donde se encuentra el texto. Para el texto de Boscán, *Obras poéticas de Juan Boscán*, ed. de Martín de Riquer, Antonio de Comas y Joaquín Molas, Barcelona: 1957, p. 203.

auténtico ascenso del alma desde la Tierra hasta el Empíreo –como los de las Odas de Fray Luis– sino de una serie de comparaciones en perfecta gradación ascendente, para proclamar la preeminencia de la dama respecto a todo lo creado:

> Y tras esto contemplo luego el suelo,
> do no es possible aver alguna cosa
> que a vuestras partes igualasse en buelo,
>
> que en discreción, valor y en ser hermosa
> 20 de las passadas nadie os a igualado,
> y en las presentes ¿quién es tan preciosa?
>
> ¿O quién en calidad os ha ganado?
> ¿O quál en la dulçura de eloquencia
> por ser igual meresce vuestro lado?

Dávalos dice "y tras esto contemplo luego el suelo", y la Oda VIII de Fray Luis, "Noche serena", comienza: "Cuando contemplo el cielo, / de innumerables luces adornado, / y miro hacia el suelo". Aunque la Oda trate luego de cada esfera, tal como hará Dávalos, el tema es muy otro. Sin embargo este verso, y la descripción subsiguiente de las esferas podrían hacer sospechar cierta familiaridad con la obra del agustino. Si tal hubiese sido el caso, se trataría de una reminiscencia muy marginal, en la que se ha dejado de lado por completo el alcance del pensamiento de Fray Luis, su temática, versificación y vocabulario, o sea, lo más auténtico y notable de la Oda VIII.

Tampoco se trata del alma en vuelo del amante neoplatónico (como Herrera, por ejemplo, en "Serena luz, en quien presente espira") que gracias a las perfecciones de la amada logra el ascenso celestial. Por cierto Dávalos no era ajeno al neoplatonismo de un Bembo, un Castiglione, o un Tansillo (cuyo hermoso soneto "Amor m'impenna l'ale" traduce espléndidamente el ecijano); pero justo es señalar aquí que a pesar de la similitud de la secuencia de imágenes, este poema lleva un propósito muy distinto del de aquéllos que tratan del vuelo neoplatónico:

> 10 Y assí quiero provar que el firmamento
> con sólo vuestro ser próspero vive,
> lleno de gloria y singular contento.

Claro está que en estricta ortodoxia tal afirmación sólo puede hacerse de Dios. Aunque la poesía de Dávalos continúa en varias oportunidades –incluyendo ésta– la larga tradición de la *religio amoris*, nuestro ecijano no llega nunca a los extremos del *Cancionero General*, ni mucho menos a repetir la blasfemia de Calisto. En una palabra, menos descocado y más cortés que el amante de Melibea, Dávalos se atreve a decir estos versos justamente porque al final del poema declara a su señora la imagen misma de Dios, con lo cual logra escapar de la blasfemia, y entroncar su alabanza en tal antigua cuanto enaltecida tradición:

> 133 que por vuestra figura es figurada
> la del Gran Hazedor en toda cosa,
> y a su imagen la vuestra imaginada.

Se trata de un tema venerable en la literatura occidental, como ha señalado con su habitual sabiduría María Rosa Lida de Malkiel en un trabajo publicado póstumamente, cuyo título hubiese podido encabezar estas páginas: "La dama como obra maestra de Dios"[6]. Sin embargo, aun dentro de esta tradición el poema de Dávalos resulta peculiarmente hiperbólico, afirmación que puede fácilmente comprobar el lector curioso de cotejarlo con el rico acervo de ejemplos anotados por Lida de Malkiel. La originalidad de Dávalos en este caso nace de llevar un tema harto conocido a sus extremos, al ilustrar las perfecciones de la dama detallando prolijamente cada elemento. Para ello le es necesario establecer como

---

[6] En *Estudios sobre la literatura española del Siglo XV*, Madrid: 1977, pp. 179 ss.

estructura comparativa nada menos que la máquina entera del universo ptolemaico.

El concepto de la mujer-microcosmos nada tiene de asombroso, pues ya inmemorialmente lo era todo hombre[7]. En *La Arcadia*, libro casi coetáneo al de Dávalos, decía Lope: "El cuarto llaman el pequeño mundo, / como epítome y cifra que es el hombre / de tantas cosas y criaturas bellas"[8]. Cilena será no solamente epítome del mundo todo, sino aventajado cosmos, en comparación con cuya perfección cada elemento de la tierra, y cada estrella de los cielos revelarán su imperfección y pobreza. Cilena es, en suma, el microcosmos en su quintaesencia:

```
25    ¿A quién dio el Cielo tanta preheminencia
      que pueda presumir de aventajarse
      a lo que tiene en vos menos essencia?
```

Habiendo declarado *a priori* la absoluta superioridad de la dama en el más mínimo de sus atributos, comienza la serie de comparaciones con cada elemento de la máquina del universo, empezando la jerarquía ascendente por lo inferior, este "suelo". Nuestro planeta Tierra es la más pequeña de las esferas, la más baja (de ahí que está en el centro de este universo finito, formado de cuerpos perfectamente esféricos, que uno tras otro la rodean). Como está formada de cuatro elementos que se ordenan a su vez del más pesado al más liviano, Dávalos seguirá el orden justo: tierra, agua, aire y fuego. El primero de los elementos, "el más bajo y menos activo ... [cuyo] asiento y lugar natural es el centro y medio del mundo, cercada por todas partes de aire y agua", la pesada tierra queda resumida en las piedras, las flores y, finalmente, en el oro de Arabia.

---

[7] Sobre el tema del hombre como microcosmos baste ver Francisco Rico, *El pequeño mundo del hombre*, Madrid: Castalia, 1970.
[8] *La Arcadia*, ed. Edwin Morby, Madrid: Castalia, 1975, p. 419.

>   Piedras ni flores no podrán llamarse
>   de gracioso color, bella frescura,
> 30 a donde vos estáis, mas añublarse.
>   Porque el oro de Arabia en hermosura
>   queda ante essos cabellos deslustrado,
>   que escurescen la luz de la luz pura.

El acabado petrarquista ha acudido a los términos usuales de la metáfora suntuaria que los vientos del *Canzoniere* esparcieron por todos los poemarios de Occidente. Estas piedras son las preciosas esmeraldas, zafiros, diamantes y rubíes que la orfebrería petrarquista engarzó en los unánimes rostros de la amada; ese oro de Arabia no es otro que el desparramado en ondas infinitas por los cabellos de Laura; esas flores las mismas rosas y azucenas que mostraron su color en tantos gestos. Una vez más tantas hermosuras han de relucir en vano en competencia con la suprema belleza de la dama.

Tras tan irrefutable demostración de la superioridad de Cilena –irrefutable por avalada en tan larga y enaltecida tradición poética– Dávalos pasa al próximo elemento:

>   Pues en el ancho piélago salado
> 35 ¿qué cosa puede aver de bien tan llena
>   que os pudiesse igualar en igual grado?
>
>   El bello rostro y voz de la sirena
>   es imaginación falsa y fingida,
>   de torpe engaño y de ignorancia llena;
> 40 Y aunque fuesse qual es encarescida
>   no puede ser en esto comparada
>   a quien causa con voz y rostro vida.
>
>   Cesse también de ser tan celebrada
>   el afición de aquel Delfín famoso
> 45 que a Arión dio la vida en su jornada;

En "el ancho piélago salado" nuestro poeta hubiera podido continuar fácilmente con la implícita metáfora suntuaria, después de todo no eran ajenos a los labios y los dientes de la bella los corales y las perlas, tan marinos y tan tradicionales. Pero Dávalos da un salto significativo: de la belleza epidérmica de tanta pedrería, salta a otra más recóndita. Para eso lo ayudarán, marinos y antitéticos, las sirenas y los delfines.

Como es sabido el canto de las sirenas llevaba a la muerte. Basta aproximarse al diccionario de J. E. Cirlot para hallar un adecuado comentario a los vv. 37-39 del poema: las sirenas *could also be symbolic of the corrupt imagination enticed towards base ends or towards the primitive strata of life; or of the torment of desire leading to self-destruction, for their abnormal bodies cannot satisfy the passions that are aroused by their enchanting music and by their beauty of face and bosom*[9]. Juan Pérez de Moya en su *Philosophía secreta* ya en 1585 había insistido en que las sirenas son cosa "falsa y fingida" (v. 38): "Fue fingido de las Sirenas, porque no hay tal animal en la mar [da entonces una serie de razones] ... por lo cual queda claro ser fingimiento fabuloso para darnos doctrina" (Libro II, Cap. xiv, artículo 10). Así si la belleza y el canto de las sirenas llevan a la muerte, por ser engaño amén de engañosos, la hermosura y la voz de Cilena, dan vida por auténticos y veraces (y tendrá razón el lector de sentir en estas palabras –y una vez más– la religión del amor siempre rediviva).

Si las sirenas son símbolo de perdición, el delfín, amigo del hombre, es frecuentemente figura alegórica de salvación. Así cuenta la leyenda que Arión, famoso poeta, habiéndose tirado al mar, fue salvado por un delfín que había oído su canto. Pero la voz de la amada supera la legendaria por muy sustanciales razones:

---

[9] J. E. Cirlot, *A Dictionary of Symbols*, New York: 1962, pp. 28–34.

> 46 pues es un gusto en vos tan poderoso
> la consonancia, que lo que dissuena
> en todo caso os da rato penoso.

La consonancia es el hábito espiritual de la amada, lo afín a su alma, donde todo lo que no sea armonía le es ajeno, y por lo tanto, odioso. Ya sabía San Isidoro que tierra y cielos están regidos armónicamente, o si se quiere musicalmente. Dávalos ha preparado este aserto a través de una enumeración jerárquica de elementos alusivos que culminan en estos tercetos. Comienza con el *cantus*, primero el engañoso de las sirenas, luego el auténtico a través de la alusión a Arión, para llegar por fin a la perfecta armonía de Cilena. En efecto *Música es cantus, consonantia, harmonia*, símbolo y modelo del orden universal. Y signo en este poema de la perfección de la amada, imagen de Dios. Así en el siglo XVI Luis de Narváez ya decía: "Lo criado / por música está fundado. / y por ser tan diferente, / tanto más es excelente / porque está proporcionado. / Con todo sentido humano / tiene grande concordancia, / muéstranos la semejanza / de la de Dios soberano"[10]. Dávalos, al declarar la profunda "consonancia" de Cilena, está afirmando lo que repetirá en los versos 133-35 más directamente: Cilena es acabada figura de Dios, el gran maestro de la inmensa cítara, pulso de la *música mundana*, fuente viva de la consonancia.

La amada tiene de común con el aire que su ausencia causa la muerte a modo, se diría, de asfixia espiritual, pero, claro está, Cilena supera aun al tercer elemento, pues éste implica vida pero no gloria:

> ¿Qué cosa tiene la región serena
> 50 que no se halle en vos más estremada
> de suma perfección colmada y llena?

---

[10] Citado por Marcelino Menéndez Pelayo en *Historia de las ideas estéticas en España*. Ed. Nacional de las *Obras Completas* de Menéndez Pelayo. Madrid: 1962, p. 486.

>   Si es la sutil vagueza delicada
>   que al respirar nos da salud y vida
>   en vos, Cilena, está más consumada
> 55 que vuestra ausencia es muerte conoscida,
>   y donde vos estáis contento y gloria
>   muestra de la de pocos merescida.

Ilustrar semejantes declaraciones con alguno de los infinitos textos posibles para la más dudosa erudición sería insultar la paciencia del lector inteligente. ¿Acaso no han repetido los enamorados desde siempre los consabidos 'sin ti me muero', 'tú eres mi gloria', 'me haces más falta que el aire'? ... Sin duda nuestro poeta era muy erudito, y en ocasiones algo pedante; disculpémosle que por una vez sea solamente un enamorado más, discurriendo en la solemne gravedad de estos tercetos los eternos clisés del corazón.

Quizá entre todos los *elementa mundi* ninguno se prestaba más que el fuego al lugar común amoroso:

>   Subamos más, a donde fue la historia
>   del atrevido moço mal prudente,
> 60 de quien lleva justicia la victoria
>
>   que si su resplandor es tan ardiente,
>   no como el vuestro claro y luminoso
>   pues excede al de Phebo refulgente;
>
>   y en encender no es menos poderoso
> 65 porque él abrasa la región vezina
>   y vos almas en fuego riguroso.

Flameante en los sempiternos incendios del amor, no podía faltar aquí este clisé. Lo curioso es que se presente de manera, si pedante, tan poco remanida. Cuando por fin llega en el "fuego riguroso" del v. 66, lo hace introducido por la flamígera aunque inesperada estela del hijo de Dédalo. La leyenda de Icaro es bien sabida: habiéndole fabricado el ingenioso padre unas alas de pluma y cera, voló tan alto que al llegar a la región del fuego se le derritieron las alas, y cayó al mar al cual dio nombre. Ovidio lo cuenta en sus *Metamorfosis*, VIII, 183–235. En los vv. 204-206 se oye la advertencia del padre: *Icare, ait, moneo, ne, si dimissior ibis, / unda gravet pennas, si celsior, ignis adurat; / inter utrumque vola* la cual fue traducida por Pedro Sánchez de Viana: "Icaro mío, yo te mando y ruego, / que vayas por el medio de tu vuelo. / Si vuelas bajo, humedecidas luego / tus alas causarán mi desconsuelo. / Si alto, quemarátelas el fuego / con el ardor vecino al claro cielo" (Ovidio, *Las Transformaciones* [Valladolid, 1589] 95v-96r). Dédalo ruega a su hijo que evite la región del agua y la del fuego, volando siempre por la intermedia o sea la del aire. Detengámonos en esta región del fuego, ya que en el *mundus signficans* del siglo XVI –aun en las desoladas latitudes de los Charcas– la alusión debía ser inmediatamente comprensible para quien se supiera junto con algo de cosmología su Ovidio esencial. En este siglo nuestro a la par que hemos aprendido otras cosmologías, hemos olvidado la esencialidad de los Ovidios y la imaginada región del fuego, la más alta de las de los cuatro elementos, puesto que las llamas siempre se elevan hacia el sol[11]. El fuego es, claro está, el menos pesado de los *elementa* y por ende su zona es la más elevada, hallándose inmediatamente por debajo del círculo de la Luna. Es posible ver las llamas de los fuegos de la tierra pues están formadas de fuego impuro y por eso visible; esta región es la del fuego elemental, absolutamente puro y así invisible en su misma transparencia. Habiendo establecido la indiscutible preeminencia de Cilena sobre el fuego más elemental, el poeta ha agotado las regiones de la Tierra. De ahora en adelante sus comparaciones han de ascender a las esferas:

> Pues en el cielo donde está Lucina
> Phebea sola habita venerada,

---

[11] Ver Margherita Morreal, *Simón Abril*, Madrid: 1949, pp. 151–52.

de algún respeto y reverencia digna,
70 aunque si tiene luz toda es prestada,
como se prueva quando se antepone
la tierra, y queda negra de eclipsada.

Pero dispuso en vos Dios y dispone
una rara belleza tan perfecta
75 que la luz de Titán se le pospone;

pues della el iris, aire y el cometa
resciben resplandor y hermosura
tan gustosa a la vida y tan acepta.

La esfera de la Luna es la de Lucina, en tanto se equiparaba esta diosa romana del parto con Diana (así, por ejemplo, en la "Primera égloga" de Garcilaso, vv. 371-382). Por otro lado se la identificó con Febe (Phebea), la brillante, titanesa lunar que en realidad era abuela de Diana. En una ocasión Cilena le pregunta a Delio "de dónde vino a la Luna el nombre de Diana", a lo cual él responde que así se llama "porque este nombre está compuesto de dos griegos, Dian, que quiere decir luz y Neos, nueva, de manera que dize nueva luz por la que nos muestra cada mes. Y pues avéis sabido esto, bien será que sepáis los nombres que tuvo esta diosa de la castidad, por donde fue conoscida y son: Diana, Luna, Nictícola, Lucina ..." (XXVIII, 120v-121r)[12]. En este punto vale la pena recordar una obra que Dávalos debió leer, aunque no creo que en el original latino, sino en versión italiana, *Della Genealogia de gli Dei* de Giovanni Boccaccio. Yo uso el libro "tradotti et adornati per M. Gioseppe Betussi" (Venecia: Apresso Francesco Lorenzini da Turino, MDLXIIII), por ser Betussi autor que Dávalos conocía bien, como he demostrado en otra oportunidad[13]. Boccaccio se explaya sobre los varios nombres de la Luna, entre ellos, naturalmente *come fa nell'Ode Horatio, di-*

---

[12] Véase también Pérez de Moya, *Philosophia secreta*, Libro 11, Cap. IV, art. 2.
[13] *Petrarquismo peruano*, pp. 100–101

cendo: Tu affermi d'esser detta ancho lucina: la quale chiamano dea delle donne che partoriscono ... Phoeba la dissero perchè spesse volte è nova y luego trata de los defectos de la Luna, como los eclipses, pues *manca di luce, e quella che ella possede la toglia in prestanza dal Sole* (64v-5r). Puesto que la luz lunar no es más que reflejo de la solar, y Cilena es más brillante que el Sol mismo, la luminosidad de la belleza amada supera todo esplendor[14].

De ahí pasa Dávalos a la esfera de Mercurio en tercetos ya comentados más arriba y luego a aquella tercera rueda donde Garcilaso soñó en pasear mano a mano con su Elisa, pero que para Dávalos será desdeñable dada la inmarcesible honestidad de señora:

> 85 En la sphera que está más adelante
> vive la diosa de la mar nascida,
> que en continencia fue tan inconstante;
>
> ésta fue por hermosa conocida
> en que queda de vos tan atrasada
> 90 quanto de partes de valor vencida.

Era de predecir, por supuesto, que el poeta se apresuraría a declarar su dama más hermosa que la misma diosa de la hermosura, otro de los clisés de la época. Lo curioso es que no se subraye tanto la superioridad de su belleza cuanto de su virtud. Venus es "de panes de valor vencida" seguramente por su incontinencia, ya que "tuvo tan ardiente el deseo sensual, que no sólo a algunos sino a todos se dio" (*Phil. secreta* Libro III, Cap. v). Dávalos no ignoraba que la diosa en cuestión "significa fornicationi et lascivie d'ogni sorte" (*Genealogia* 52v), como junto con Boccaccio repetían tratados de mitología y astro-

---

14 Titán en estos versos es el Sol: "Apolo tiene varios nombres, porque los poetas al Sol y a Apolo mezclaron como si uno solo fuera; los nombres son: Apolo, Febo, Delio, Délfico, Cintio, Nonio, Licio, Gocomas, Timbreo, Argitoroso, Titán, Sol ...". *Philosophia secreta*, Libro II, Cap. XIX, art. 12.

logía. En suma, para él la tercer rueda podía ser más peligrosa que el paraíso de nobles enamorados que soñó Garcilaso, y menos brillante que la "graciosa estrella / de amor ... reluciente y bella" de que dijo Fray Luis en su "Noche serena" (vv. 49-50). Además en la *Genealogia* pudo haber leído que Venus "habbia in odio la prole del Sole" (53v) Cilena, incomparable, pertenece al mundo de una luz que su esposo jamás hubiese pensado venusina.

Ya había declarado Dávalos la superioridad de Cilena respecto al Sol, y ahora lo hará nuevamente:

> Luego viene la lumbre inmaculada
> cuya belleza siempre os es subjeta
> invidiosa de vos y enamorada;
> porque sois criatura más perfecta
> 95 en quien se halla tal prerrogativa
> como para adornar el cielo electa.

Cilena es "criatura más perfecta" que el sol, la "lumbre inmaculada", lo cual es mucho decir de su señora porque, como sabía Fray Luis de Granada, "tales son las propiedades y excelencias de esta estrella, que con no ser la criatura, como dicen, más que una pequeña sombra o huella del Criador ... todavía entre las criaturas corporales, la que más representa la hermosura y omnipotencia del Criador en muchas cosas es el sol" (*Introducción al Símbolo de la Fe*, Cap. v). Dávalos dice que es así llamado "por ser solo en dar luz, cuya luz ilustra lo superior y inferior", (XXXVIII. 121v y además vv. 75-78 de este poema), lo que probablemente alude a una curiosa si bien errada, noción científica, según la cual "entre las virtudes e influencias de este planeta, la mayor y más general es que él influye luz y claridad en todos los planetas y estrellas que están desparramados por todo el cielo" (*lntr. al Símbolo de la Fe*, Cap. V). La luz fue desde muy antiguo signo de nobleza trascendente, como decía San Buenaventura, tan perito en la materia: *Lux enim nobilitatem habet in sui existentia*[15]. En su luminosidad la amada irradia esa nobleza donde brillan todas sus virtudes; brillantez que es halo imprescindible de una beatitud que puede "adornar el cielo electa". Nótese el valor polisemántico del verso 96: Cilena podría ser elegida para adornar el firmamento con su luz, más radiante que la del Sol, a la vez que debido a sus altas perfecciones merece ser ornamento del Cielo, donde habitan las almas electas por su santidad.

Mas allá de la rueda del Sol se halla el más cruento de los planetas:

> El fiero Marte con su luz esquiva
> del quinto cielo dios y presidente,
> que cólera, valor y fuerça aviva,
> 100 es lo proprio vencer como valiente
> y, aunque vence a los ánimos airados
> no a la sobervia y poderosa gente;
>
> y a los pechos más nobles y esforçados
> más fácil vence vuestra hermosura
> 105 con essos dotes tan aventajados.

Fray Luis de León en su "Canción al nacimiento de la hija del Marqués de Alcañices" planea un horóscopo ideal, donde "el fiero Marte airado / el camino dejó desocupado" (vv. 29-30) para que no caiga sobre la niña el desafortunado influjo del "sanguinoso Marte airado". En efecto, era considerado astrológicamente planeta adverso, *Infortuna Minor*, de ahí, probablemente la alusión de Dávalos a su "luz esquiva". En el libro de Orazio Rinaldi ¡tan usado por el perulero![16] habrá leído: "Per Marte,

---

[15] *Sermones de B. Vergine Maria*, IV, "De Nativitate. B. Virginis Mariae, Sermo I": en *Obras de San Buenaventura*, Madrid: Biblioteca de Autores Cristianos, 28, 1963, p. 732.

[16] *Specchio di Scienze et Compendio delle Cose d'Oratio Rinaldi Bolognese, nel quale sommariamente si trovano raccolte le materie più notabile che da'studiosi d'ogni scienza possono desiderarsi, ridotte-tutto-sotto i suoi capi universali*. Venetia: 1583: 88. Para la importancia de Rinaldi en la

l'audacia & l'ardire". Sin duda podría pensarse que los ideales militares y las ideologías militarísticas del imperio de los Austrias llevaron a este encomendero, que los admiraba y compartía, a acentuar más el valor de Marte que su proverbial fiereza pues le "es lo proprio vencer como valiente". Sin embargo hay materia para ponerlo en duda. Como era de esperar sus victorias no pueden equipararse con las que logra la hermosura de Cilena en los más nobles corazones. En este caso Dávalos subraya el triunfo de la amada gracias a su belleza, por lo que creo está aludiendo muy finamente a un tema caro al humanismo desde Botticelli y Piero di Cosimo en pintura a Francisco de Aldana en nuestra poesía. En un soneto de este último, "Junto a su Venus tierna y bella estaba / todo orgulloso Marte horrible y fiero", basta un beso de amor para vencer al guerrero sanguinario. El tema de Aldana no es distinto al de los cuadros de Botticelli y di Cosimo, quienes pintaron la victoria de la Venus *Humanitas* sobre el mundo de la guerra[17]; no siendo imposible llegar a una interpretación que ve en el triunfo de la diosa de la hermosura una alegoría al amor cósmico como pacificador del universo[18]. Dávalos, habiéndola devaluado, no podía aludir directamente a la diosa, pero la victoria de la belleza de la amada en los pechos "más nobles y esforçados" no es diferente de la de Venus *Humanitas* sobre el más valiente de los dioses.

Habiendo logrado triunfar sobre el sanguinoso Marte, las virtudes de Cilena encontrarán en la próxima rueda el más alto objeto de comparación:

---

obra de Dávalos ver *Petrarquismo peruano*, pp. 108–20.
[17] Sobre el tema de Venus *Humanitas* ver E. H. Gombrich, "Botticcelli's Mythologies", *Journal of the Warburg and Courtland Institutes*, VIII, 1945: 46–50 especialmente.
[18] Según la interpretación de la pintura de Piero di Cosimo en E. Panofsky, *Studies in Iconology*, New York, 1967: 63, Nº 77.

> El noble ayudador de la criatura,
> de los antiguos Iúpiter llamado,
> que en el sesto lugar guarda clausura,
>
> por su preciosa luz es venerado,
> 110 pues continuo se muestra luminoso
> y en los demás planetas señalado;
>
> mas no es en este don tan poderoso
> que no quede por vos y en vos vencido,
> de nublo lleno, triste y prodigioso.

Al hablar de esta esfera la prosa de la *Miscelánea* nos informa que, "el sesto es Iúpiter ... que viene de Iuvando, porque a todo lo bueno ayuda; llamáronle los griegos Zeus, de Zin que es vivir, porque es favorable a la vida, por lo qual algunos lo interpretan 'padre que ayuda'" (XXVIII, 121v-122r). Pérez de Moya da etimología muy semejante: "Zoy quiere decir vida o dador de vida ... Iúpiter se dice cuasi Iuvans pater, que quiere decir Padre ayudante o Padre que engendra y da ser" (*Phil. secreta*, Libro II, Cap. iv). Todos ellos se basan en obras como la de Boccaccio, quien ya en los preludios del humanismo indicaba que "Giove sia detto da giovare & suoni l'istesso che padre giovante ... Similemente aiuta tutti & nuoce a nessuno, & tanto è difensore che se non c'e il suo aiuto, tutte le cose andrebbono in ruina di subito ... Appresso questo nome Giove in Greco viene detto zephs, che latinamente suona vita" (*Genealogía*, 16v-17r). La "preciosa luz" de Júpiter se debe a que astrológicamente se trata de *Fortuna Major*, planeta por excelencia de la prosperidad, de ahí que esté entre "los demás planetas señalado". Fray Luis de León ilustra este concepto repetidamente. En su "Noche Serena" habla del "Júpiter benino, / de bienes mil cercado, / serena el cielo con su rayo amado"; y en la "Canción al nacimiento de la hija del Marqués de Alcañices", vv. 21-24 se lee del "bien sin cuento" dado "con voluntad concorde y amorosa", por "quien rige el movimiento sexto". Tal es la calidad de Júpiter que Boccaccio no duda que "la cual cosa al vero solo Iddio si conviene. Egli veramente è il vero padre" (16v). Dávalos debía saber de sobra que detallar una comparación con Júpiter era meterse en terreno arriesgado, de modo que se limitó cautamente, y sin dar razones, a aseverar la necesaria preeminencia de la amada.

De *Fortuna Major*, el poeta va a su temible opuesto, la más funesta de las esferas todas:

> 115 El otro dios, que siempre está rendido
> al humor melancólico abrasado,
> y en el seteno cerco tiene nido.
>
> no conviene con vos ser comparado,
> que es el fiero Saturno, por quien viene
> 120 el tiempo obscuro y triste de nublado;
>
> y vos sois la que dais el ser que
> tiene el sol y claridad al vago viento,
> y a quien amar y venerar conviene.

Con semejante planeta la comparación ya ni se plantea, porque la amada no puede tener nada en común con *Infortuna Major*. Saturno, por ser el dios del tiempo, está relacionado con todo tipo de mala suerte, peste, enfermedad y vejez. Y así dice Pérez de Moya: "Decir que traiga el gesto triste le conviene en cuanto planeta, porque él hace los hombres sobre que tiene dominio, tristes, por ser Saturno de complexión fría y seca y melancólica, cosas que repugnan a la alegría" (*Phil. secreta*, Libro II, Cap. v.). De ahí que Fray Luis, así como evitó el influjo de Marte sobre la Hija del Marqués, también se cuida de eludir el de Saturno, vv. 26-28: "De tu belleza rara / el envidioso viejo mal pagado / torció el paso y la cara" es decir que se apartó y así no pudo tocar a la niña con sus infortunios. Como además es propio de Saturno *Il concedere costumi deshonesti* (*Genealogia*, 133v) harto se comprende que tanto Cilena como la niña de Alcañices nada podían tener que ver con tan nefasta esfera.

Dejando ya el mundo planetario, el enamorado hallará entre las estrellas su verdad de siempre:

> Pues en el estrellado firmamento
> 125 no es possible que pueda alguna estrella
> presumir ante vos con fundamento,
>
> porque de la menor a la más bella
> goza la luz de vuestro remaniente,
> por quien la vista puede aprehendella.

Este "estrellado firmamento" no es otro que el octavo cielo de las estrellas fijas o sea el *Stellatum* situado inmediatamente por encima de la esfera de Saturno, tal como lo presenta Fray Luis en "Noche Serena": "Rodéase en la cumbre / Saturno, padre de los siglos de oro; / tras él la muchedumbre / del reluciente coro / su luz va repartiendo y su tesoro" (vv. 56-60). Una vez más Dávalos adjudica a Cilena aquella "mayor y más general" virtud del Sol de que hablaba Fray Luis de Granada, la de dar "Luz y claridad [a] todos los planetas y estrellas que están derramados por todo el cielo". Y así como da luz a la octava esfera será más radiante que el noveno cielo,

> 130 Si el christalino cielo es transparente
> por su diafanidad tan estremada,
> no tan bello qual vos ni tan luziente.

Se trata, claro está, de "el christalino, assí llamado por no tener señal alguna, antes ser transparente" (*Miscelánea*, XXVIII, 122r). Vale la pena recordar una vez más —y en el justo punto donde Dávalos la declara— la genuina razón de la diáfana luz de su señora,

> que por vuestra figura es figurada
> la del Gran Hazedor en toda cosa,
> 135 y a su imagen la vuestra imaginada.

La alusión llega en lugar sobradamente adecuado, pues ahora el poeta va aproximando sus comparaciones a las más sacras regiones:

> Ai otra sphera rapta y presurosa,
> cuya velocidad desvanescida
> sustenta el orbe en claridad copiosa;
>
> mas es por inconstante conoscida
> 140 y de constancia vos tan ilustrada
> quanto lo muestra la passada vida.

Como en la prosa, Dávalos aclara, aquí se trata del "dézimo [cielo que] llaman primer móbil, porque con su buelo lleva tras de sí a los demás" (XXXVIII, 122r).

Alude sobre todo a la rapidez del *Primum Mobile*, del cual dice Fray Luis de Granada que "con su movimiento arrebata y mueve a todos los otros cielos inferiores, y les hace dar una vuelta al mundo en un día natural"; "porque presuponemos que cuanto un cielo está más alto que otro, tanto mayor espacio y lugar ocupa, y tanto con mayor ligereza se mueve. Pues estando este primer móvil [seis] cielos arriba del sol, síguese que se moverá con más que doblada ligereza que el cuarto cielo donde está el sol ... ¿Qué rayo habrá tan ligero que no sea paso de tortuga, y mucho menos en comparación con él?" (*Intr. al Símbolo de la Fe*, Cap. i y iv). Esta vez Cilena, la luminosa, vence al *Primum Mobile* por su estabilidad y constancia, virtudes que la sitúan en la única esfera adecuada para alojar esta acabada imagen de Dios:

> Subamos a la cima no alterada con discurso,
> mudança o movimiento, de los
> Tronos[19] y Dios propria morada,
> 145 a donde sé tenéis lugar y assiento
> de summo don y singular consuelo,
> eterna gloria y celestial contento.

---

[19] Tronos: adecuada alusión a una de las tres más altas jerarquías angélicas, establecidas por el Pseudo-Dionisio en su obra sobre las *Jerarquías Celestiales*. Los Tronos, con los Serafines y los Querubines rodean al Señor y pueden contemplarlo directamente.

porque vuestra belleza no es del suelo,
ni para el suelo fue tan estremada,
150 si no para adornar el divo cielo.

Y así llegamos al Empíreo, cuyo nombre, el siempre sabio Dávalos informa, "le viene de Pir, que en griego es el fuego, o por la inmensidad de su resplandor y luz" (XXVIII, 122r). Morada de Dios y de las almas bienaventuradas, tal será la de Cilena: la última rueda celestial, sin "mudança o movimiento" alguno. El Padre Ojeda (que examinó la *Miscelánea*, y halló su verso "justo y grave, la prosa fácil, y claras las materias que contiene, diversas y gustosas") en su *Christíada*, habla también de la inmutabilidad de la más alta esfera: "El cielo empíreo, trono rutilante / y palacio de Dios allí se vía / estable, fixo, espléndido, radiante" (62). Ya había dicho Fray Luis de León admirablemente en su Oda X, "A Felipe Ruiz": "Veré sin movimiento / en la más alta esfera las moradas / del gozo y del contento, / de oro y luz labradas, / de espíritus dichosos habitadas" (vv. 66-70). No a otro punto llevaba cada uno de estos tercetos: la trascendida Cilena, vivo trasunto de Dios, goza eterna beatitud en la morada misma de su gran modelo.

Sólo junto a su Hacedor puede la incomparable hallar por fin comparación justa:

> Allí tenéis a quien ser comparada,
> que en todo lo demás bien habéis
> visto en cuanto estremo sois aventajada
> al simple y al compuesto, al puro, al misto.

Cilena, siendo perfecta, aventaja a todos los elementos del universo mundo, pues éstos sólo por grados se aproximan a la perfección absoluta, atribuible únicamente a lo divino: "Vemos en este mundo diversos grados de perfección en todas las criaturas. Y en este orden ponemos en el grado más bajo los cuatro elementos, que son cuerpos simples. En el segundo ponemos los mixtos imperfectos, como las nieves, lluvias, granizo, vientos, heladas y otras cosas semejantes que tienen alguna más composición. En el tercero están los mixtos perfectos como son piedra, perlas y metales, donde se halla perfecta composición de los cuatro elementos" (*Intr. al Símbolo de la Fe*, III, i). Y así culmina la apoteosis de Cilena aventajado universo.

En el tejido de esta extensa glorificación de la amada, Dávalos hilvana los antiguos hilos de la religión del amor cortés: la señora "a quien amar y venerar conviene" (v. 123), pero dejando de lado el servicio del amante-mártir, en su alegórica pasión de lágrimas y suspiros a una dama siempre más dura que mármol a toda queja. La bella sin piedad es reemplazada por una criatura de luz, irradiando su incomparable diafanidad entre las estrellas.

Así como en el platonismo toda belleza mundana no es más que reflejo de la de Dios, en estos tercetos toda luz espeja la de Cilena. El poeta ha escrito un himno al divino resplandor de una amada benéfica, porque Dávalos, esposo amante, podía vislumbrar en los ojos de Doña Francisca muchos recodos de Cielo, y hasta los cielos todos sin un futuro de martirizada esperanza. Mucho neoplatonismo hay en esta serie de comparaciones en escala cósmica, pero nada de la frigidez de un Bembo o un Castiglione en sus vuelos hacia paraísos descarnados tanto de dolor como de pasión auténtica. En 1569 Flaminio Nobili declaraba incomprensible este tipo de vuelo neoplatónico, ya que más fácil es alzarse hacia lo divino contemplando más que a las damas de la corte a las estrellas de los cielos[20]. Sin duda el autor de "Noche serena" le hubiese dado sobradamente la razón. Los astros como las amadas son bellos, pero con la inmensa ventaja de que su hermosura no está teñida de sensualidad. Dávalos ni

---

20 *Il trattato del'amore humano*, Lucca: 1567.

se planteó el problema: como su propósito no era el ascenso neoplatónico, le bastó contemplar en su mujer la perfección de cada estrella.

Nuestro encomendero usó el lenguaje y los códigos convencionales tanto del erotismo cortés como del neoplatónico en lo que se prestaba a sus fines: de ahí Cilena glorificada. De ahí también la ausencia de innecesarios sufrimientos y vuelos hacia lo sobrenatural: la amada era su mujer, sin duda con todas las bendiciones de la Iglesia en todos los bienhabidos placeres del tálamo conyugal. Si los maridos satisfechos no pueden ser mártires de amor, *la belle dame sans merci* no cabe en la casada perfecta, por muy hermosa que se la quiera contemplar.

Y sin embargo, esta ecuación entre la amada y Dios no deja de conmover en su esperanzado si poéticamente vano intento de exaltación. No era necesario ser teólogo, bastaba con estar enamorado y soñarse poeta para entender que sólo del amor depende la salvación del hombre. Así, por estos tercetos a la esposa glorificada transcurre una estela redentiva. Este noble andaluz en exilio, pobre hijo segundón que no volvería a ver jamás una patria idealizada por la nostalgia, este hombre de letras en los confines de la civilización occidental, así como se forjó una nueva patria con sus libros de humanista inseguro y fervoroso, se inventó en su mujer un paraíso. Y como aquél ya citado "incierto" autor de las *Flores de poetas ilustres*, Dávalos, con más pedantería pero acaso con mayor fervor también parece decir de su señora

> Si un mundo abreviado es
> cualquier hombre que hay criado,
> vos sois un cielo abreviado,
> que el mundo está a vuestros pies.

Sin duda Dávalos creyó y quiso creer en la pureza del amor −y más de un soneto suyo del más preclaro neoplatonismo sirve de testigo− pero la culminación de ese puro amor, para él, se debía dar y se dio en el matrimonio, ese "perfecto bien que es de todos deseado y de pocos posseído", que nos da constancia en un mundo inconstante, permanencia en la huidiza realidad cotidiana, identidad en los avatares del exilio, dignidad a nuestros días, fervor a nuestras noches, y paz a nuestros sueños. Por eso escribió la *Miscelánea Austral* y en ella volcó lo más auténtico del petrarquismo sudamericano (Alfredo A. Roggiano, a quien este ensayo quisiera honda si humildemente honrar, cuenta entre los primerísimos críticos que supieron calibrar el valor de sus sonetos). Este himno en celebración de una dama resulta ¿qué duda cabe? hiperbólico. Y sin embargo, como apoteosis de esa menina y dama de la reina que debió parecer ante los ojos del exilado como una insólita princesa naufragada en aquellas desiertas latitudes ¿quién sabe lo que encubre la hipérbole? El corazón tiene razones que la razón no entiende. Este descendiente de un Condestable de Castilla que había perdido tantas y tan queridas cosas, tal vez sintiera en aquel huerto de azahares de La Paz —en el cual veía el jardín de los feacios— que lo perdido ya no importaba demasiado. Si con sus poliantheas, Equícolas y Garcilasos el transterrado hizo suya una nueva patria del espíritu, con su mujer entre los brazos Dávalos poseía el universo.

CAPÍTULO CINCO

CONVIEN CH'AL NOVO MONDO ELLA S'EN VADA: LA POESÍA DE LUIGI TANSILLO EN LA *MISCELÁNEA AUSTRAL*

Para Michael Rössner en el
hortus conclusus de Delio y Cilena

Acaso bajo el transparente cielo napolitano, frente al ya *Mare nostrum* del Imperio español, el joven Luigi Tansillo hablara con su nuevo amigo toledano de aquellas lejanísimas tierras de ultramar que bajo cielos ignotos prometían inagotables maravillas. Ninguno de los dos las vería jamás, pero gracias a la poesía ambos llegaron a América. Garcilaso de la Vega lo hizo necesaria y simplemente como el clásico imprescindible de la lengua imperial. ¿Y Tansillo? Se pensaría que la peripecia americana de un poeta italiano, sin el prestigio canónico de un Petrarca, un Ariosto o un Tasso, sería mucho menos segura. Sin embargo apenas si pasó poco más de una treintena de su muerte (1568) cuando en una remota encomienda de los Charcas[1] se lo leía fervorosamente.

---

[1] Para todas las citas de Diego Dávalos y Figueroa (Ecija: 1552. La Paz: 1616), se ha usado la reproducción fotográfica del ejemplar que se halla hoy en la British Library; en adelante las referencias a esta obra se darán en el texto, señalando el Coloquio y el folio correspondiente. En este

Diego Dávalos y Figueroa, noble ecijano que como tantos segundones había llegado muy joven a América trayendo consigo las consabidas ansias de "valer más", una particular devoción por las letras italianas y, probablemente, una colección de tratados y antologías que las ilustraban, los que serían inspiración y pauta de su poligráfica *Miscelánea Austral*, entre cuyos coloquios se halla un *corpus* poético de excepción dentro de las letras virreinales: el más extenso cancionero petrarquista de fines del siglo XVI y principios del XVII como obra de un poeta singular. Para Diego Dávalos, Luigi Tansillo formaba parte de su breve y exclusivo canon de grandes clásicos, y así lo afirma en la *Miscelánea*: "ninguno de los ingenios de agora puede llegar al menor de los aquí nombrados", quienes junto a Garcilaso, son Homero, Virgilio, Horacio, Ovidio, Petrarca, Tansillo, Dante, Tasso. En verdad no podía haber alcanzado el Nuevo Mundo más gloriosamente; en él se cumplió con creces la promesa de inesperada maravilla. Tansillo, el hispanófilo, no pudo hallar mejor albergue americano que Dávalos y Figueroa, el apasionado de la lengua y las letras italianas. Además llegaba con el mejor de los pasaportes en el verso de un soneto de Garcilaso de la Vega: "a Tansillo, a Minturno, al culto Tasso" (XXIV). Dávalos, claro está, veneraba al toledano.

Cuando queriendo reparar ligerezas poéticas de su juventud que habían condenado toda su poesía al *Index Librorum prohibitorum* se dedica por largos años a escribir, ampliar y pulir su gran poema devoto *Le lagrime di San Pietro*, Tansillo piensa en América y expresa el deseo de que allí se conozca la obra: "Convien ch'al Novo Mondo ella s'en vada; / dov'or la vera fede arde e riluce" (VIII, 33). Cuánto hubiese apreciado estos versos Dáva-

---

caso se trata del Col. XLII 48r.

los y Figueroa ... pero probablemente nunca los leyó pues pertenecen a la edición larga del poema, mientras él sólo parece haber conocido la corta de 42 estrofas. Lo cierto es que sin saberlo el encomendero paceño logró hacer realidad el deseo del italiano y dar a *Le lagrime* ... vida literaria hispana en el Virreinato del Perú.

Los dos críticos que han prestado alguna atención a la traducción de Dávalos lo han hecho con escaso conocimiento de la *Miscelánea Austral* o con criterios poéticos confusos (de no tratarse de prejuicios eurocéntricos). Eugenio Mele, que no parece haber leído toda la traducción e insiste en llamar al autor "Avolos", considera que como todos los otros traductores españoles de *Le lagrime* ..., Dávalos "al correr como mariposa tras las estrofas tansilianas, ha logrado apretarla entre los dedos, pero le ha hecho perder el polvo multicolor de las alas, y la vida que la animaba, ¡ay! se ha escapado"[2]. Ya que para Mele todos los traductores han fracasado unánimemente, me temo que en su sentir se trate de una labor necesariamente inepta por la inmarcesible armonía del insuperable original. Como, por mi parte, me sé incapaz de cazar tales mariposas críticas, respetaré su vuelo. Sólo vale la pena añadir que Mele reconoce, por lo menos, que Dávalos ha logrado a menudo "transportar palabras y frases enteras del italiano al castellano". Algo es algo.

Estudio más extenso y con mejor conocimiento del original es el de J. Graciliano González Miguel, quien nota que, en efecto, Dávalos ha dejado de traducir la estrofa 25 de las 42 del poema de Tansillo, e indica que por lo demás "la traducción sigue perfectamente el orden del original, correspondiéndose estrofa a estrofa, sin cambios

---

[2] Eugenio Mele, "Per la fortuna del Tansillo in Ispagna: "Le lagrime di San Pietro", *Rassegna critica di letteratura italiana*, XXI (1916), 161. La traducción es mía.

o desdoblamientos o trastueques de unas a otras"[3]. Por lo que respecta a su calidad González Miguel juzga que en las primeras octavas "la traducción se nos muestra ágil, corre muy bien en castellano y, aún dentro de la fidelidad rigurosa se mantiene una libertad en el uso de los términos y de los elementos gramaticales, que hacen pensar en una de las más felices traducciones de la poesía de Tansillo". De seguido nota que tal libertad se da especialmente en la adjetivación, pero a la vez piensa que Dávalos no logra mantener la fluidez de sus primeras octavas, y "aunque las estrofas suelen estar siempre bastante bien construidas, a veces decae su ritmo, se hacen más duras, más retorcidas, más retóricas, no se adaptan tanto al texto y extrañamente pierden agilidad, lo que parece indicar que Ávalos era mejor traductor que inventor". Me es imposible comprender cómo es posible pensar que un poeta ha de ser mejor traductor que inventor justamente cuando se juzga que traduce peor. Tampoco entiendo qué quiere decir cuando declara que las octavas de Dávalos están *bastante* bien construidas; en ninguna de las otras traducciones que presenta lo están mejor, por lo cual me temo que su reticencia se debe a una propensión, tal vez subconsciente, a escatimar méritos a la producción del indiano paceño, como lo hace –y lo hemos de notar más adelante– en otras ocasiones. Pero antes veamos si, en efecto, el empeño de Dávalos decae después de las primeras estrofas, debido a "una especie de cansancio mental". Lamentablemente el crítico no ilustra con ejemplo alguno tal caída. Por lo tanto será necesario atender a esas excelentes primeras estrofas, para luego calibrar sus logros con las supuestas deficiencias de las últimas. Cuando sea oportuno compararé

---

[3] J. Graciliano González Miguel, *Presencia napolitana en el Siglo de Oro español. Luigi Tansillo,* Salamanca: Ed. de la Univ. de Salamanca, 1979, pp. 96–99. En adelante daré en texto el número de las páginas correspondientes a las citas de este libro.

también alguna estrofa de Dávalos con las correspondientes de otras traducciones españolas que González Miguel comenta en su libro.

He aquí las tres primeras estrofas acompañadas del original. He subrayado en la traducción los elementos que Dávalos agrega y, en el modelo, aquéllos que ha dejado de traducir[4].

El magnánimo Pedro que afirmado
con tantas veras a su Dios avía
de morir *con las armas* a su lado,
porque en sí no conosce covardía
5 viendo que tal al punto le á faltado
con tal dolor que el alma le afligia,
de su delicto siendo compungido
el pecho siente en rigor herido.
   Y los arcos que a Pedro le flecharon
10 las agudas saetas *presurosas*,
son los ojos de Christo que enviaron

a los de Pedro flechas *amorosas*;

y el corazón passando no pararon
hasta llegar al alma, tan *furiosas*
15 que las heridas *del negar causadas*
jamás fueran sin lágrimas curadas.
Tres veces fueron las que a la criada
al siervo y a la turba en un momento
negó ser de la gente regalada
20 de Jesús , y a la fin con juramento.
El gallo *le acordó la quebrantada*
fe con su canto y, lleno de tormento,
apenas su pecado tiene visto

cuando sus ojos puso en los de Christo.

Il magnanimo Pietro, che giurato
havea *tra mille lancie e mille spade*
al suo caro Signor morire a lato,
poi che s'accorse, vinto da viltade.
nel gran bisogno haver de fe mancato,
il dolor, *la vergogna e la pieta*
del proprio fallo *e de l'altrui martirio*
de *mille punte* il petto gli feriro.
Ma gli archi, che *nel petto* gli avventaro
le saette più acute e più mortali,
fur gli occhi del Signor, *quando il*
      miraro:
gli occhi fur gli archi, e i guardi fur gli
      strali
che del cor non contenti, sen' passaro
fin dentro all'alma, e vi fer piaghe tali
che bisognò, mentre ch'ei visse poi,
ungerle col liquor degli occhi suoi.
Tre volte aveva all' *importuna audace*
ancilla, al servo, ed alla turba *rea*
detto e giurato, *che giammai seguace*
non fu del suo Signor, *né'l conoscea*;
E'l gallo, *publicatol contumace*,
il dì chiamato in testimon v'avea,
quando dal suo gran fallo appena
      avvisto
s'incontrar gli occhi suoi con quei di
      Christo.

Como puede verse ya desde la primera estrofa Dávalos no siente que lo traicione por eliminar palabras del original —sustantivos, adjetivos y verbos— (vv. 6, 17, 18,

---

[4] El texto de Tansillo ha sido tomado de *Delle Scelta di Stanze di diversi Autori Toscani*, raccolte da M. Agostino Ferentilli, apresso Bernardo Giunti & fratelli, MDLXXXIIII, pp. 518–530, 202r-206v.

19), y hasta frases (vv. 7, 8, 9, 20); en raras ocasiones agregar unas y otras (vv. 3 y 14), con más frecuencia variar conceptos (vv. 1, 2, 10, 12, 16, 19, 21, 22), y por fin cambiar versos enteros (vv. 4, 11, 16). En suma, que de un total de veinticuatro versos en mayor o menor medida el traductor ha alterado unos veinte, sin traicionar nunca el pensamiento, la estructura estrófica o el ritmo del modelo. No otra cosa hará a lo largo del poema, donde no he hallado altibajos más notables que los inevitables en toda traducción; versos y giros más o menos afortunados se dan de tanto en tanto, sin acumularse especialmente en ninguna parte.

Tal elasticidad en este traslado de la obra de Tansillo nada tiene en la época de excepcional. Léase por ejemplo la traducción de Enrique Garcés del *Canzoniere* de Petrarca y se verá cuánto más riguroso es Dávalos en ésta, la más libre de sus traducciones. Cierto es que para Fray Luis de León el traslado había de ser "sin añadir ni quitar sentencia"[5]. Dávalos en varias de sus traducciones se acoge a tal rigor, pues como declaró alguna vez "el traduzir es pelear en lugar estrecho y peligroso, que no permite echar passo atrás ni adelante, aunque sea para mejorarse, lo que no tiene el componer" (v. 17r). Así y todo, como para la inmensa mayoría de los poetas renacentistas, para Dávalos en la práctica las cosas no eran tan claras, y la pluma se deslizaba fácilmente de la *translatio* a lo que las escuelas humanistas llamaban *paraphrasis*: traducir el sentido más que cada una de las palabras, o como decía Garcilaso, no atarse "al rigor de la letra, como hacen algunos, sino a la verdad de las sentencias"[6].

---

[5] *Poesías de Fray Luis de León*, ed. Angel Custodio Vega, Madrid: 1955, 435.

[6] *Los cuatro libros del Cortesano compuestos en italiano por el Conde Baltasar Castellón y agora nuevamente traduzidos en lengua castellana por Boscán*, ed. Antonio María Fabié. Madrid: 1873; Epístola de Garcilaso 13.

Tal hace Dávalos en el traslado de la quinta estrofa:

> Jamás espejo de cristal luziente
> de la figura demostró *el trasunto*
> *con tal pureza* como el viejo *ardiente*
> en Christo vido su delicto junto;
> ni tantas cosas un *sagaz oyente*
> *en largo tiempo*, sin faltar un punto,
> oyr pudiera, como en un momento
> oyó San Pedro con mirar *atento*.

> [*Giovenne donna* il suo *bel* volto in specchio
> Non vide mai di lucido cristallo,
> come in quel punto il miserabil vecchio
> negli occhi del Signor vide il suo fallo;
> ne tante cose udir cupido orecchio
> potria giammai, se ben senza intervallo
> si stesse *all'altrui dir mill'anni* intento,
> quant'ei n'udi col guardo in quel momento].

De nuevo puede observarse esa elegante fidelidad de pensamiento y forma que logra nuestro traductor mientras hace suya la poesía de Tansillo no sólo sin empobrecerla, sino en algún caso hasta enriqueciéndola. La imagen de la bella joven mirándose al espejo en el italiano suscita por su misma carga tradicional connotaciones varias: belleza narcisista, vanidad, lujuria, ninguna de las cuales resultan apropiadas para evocar emocionalmente la situación del avergonzado viejo que ve claramente la fealdad de su traición en los ojos de Cristo. Lo que importa en el fallido símil del original es la claridad de la imagen reflejada en el cristal de ojos y espejo. Dávalos sabiamente elimina todos los elementos adventicios que, nublándolo, distraen de lo esencial; y a su vez lo poetiza poniendo en relieve todo aquello que más importa: el cristal luciente ahora sí trasunta su imagen con absoluta pureza. Nótese también la feliz sustitución del adjetivo *miserabil* por *ardiente* para definir a San Pedro. Mientras la connotación de miserable es prácticamente un clisé, la de ardiente es un hallazgo. Pedro se está mirando en los ojos del amado y, doblemente ardiente, arde a la vez de amor y de vergüenza.

Para calibrar la calidad del quehacer de Dávalos en el traslado de esta octava comparémosla con la de Gregorio Hernández de Velasco, otro traductor de *Le lagrime* ..., que González Miguel considera feliz logro: fiel dentro de una relativa libertad, que le permite "dar una expresión más castellana y personal a los versos" (252-253). He aquí la estrofa en cuestión:

> Jamás doncella el rostro vio en espejo
> de terso acero o de cristal lucido
> tan claro como al punto el triste viejo
> su culpa en el mirar de Cristo vido.
> Nunca hombre al mundo amigo de consejo
> percibió tanto en cubdicioso oído
> aunque años oyese ciento y ciento
> cuánto oyó Pedro sólo aquel momento[7].

Tras lo dicho de los aciertos de Dávalos en el traslado de los cuatro primeros versos de esta octava, me parece innecesario insistir en lo que ya será evidente al lector sobre el valor relativo de ambos empeños, mientras acaso se pregunte como yo si quizá este "terso acero" destila algún personal y más castellano acento que misteriosamente impregne estos modestos endecasílabos. Vayamos pues al oído deseante de Tansillo que en un momento aprehende plenitudes, oyendo con la mirada. (Verso que sin duda adoró Quevedo). Este es el punto vital de la imagen, perfectamente captada por el indiano en su verso de cierre: "oyó San Pedro con mirar atento". Por lo que respecta a Gregorio Hernández, dejando de lado los bastante literales y muy ramplones endecasílabos que lo preceden, veremos que el último traiciona de lleno el concepto del original, rebajando un estupendo hallazgo poé-

---

[7] Tomo el texto de Gregorio Hernández de Velasco de González Miguel, p. 253.

tico a miserable nonada: "cuánto oyó Pedro sólo aquel momento". Tal es el ejemplo por el cual González Miguel dice que hemos de apreciar cómo éste admirable traductor "respeta en todo el pensamiento de Tansillo" (252). Puesto que de inmediato nos informa que los logros de Hernández en esta octava se repiten en las demás estrofas de su traducción, me temo que de ser cierto éstas han de ser unas de las más infelices lágrimas tansilianas que jamás se hayan pergeñado en nuestra lengua.

Avancemos algo más en el texto de Dávalos, hasta la décima y oncena estrofa:

<table>
<tr><td>Como la fría nieve congelada
en lugar que del sol no fue herida,
y con la primavera desseada
en agua clara queda convertida,
assí el temor de Pedro que en nevada
parte fue puesto, fría y ascondida,
siempre fue nieve, mas Jesús mirando
sacóla por los ojos destilando.
Y no fue su mirar menos que río
que en verano corre mas pujante,
por lo qual el Señor con amor pío
lo reduxo a su gracia en un instante;
mas para siempre, quando a su alvedrío
cantava el gallo, luego en abundante
vena mostrava –para su disculpa–
lágrimas nuevas por la vieja culpa.</td><td>Come falda di neve che agghiacciata
il verno in chiusa valle ascosa giacque,
a primavera poi dal sol scaldata
tutta si sface e si discoglie in acque,
cossi la tema che entro al cor gelata
era di Pietro allhor, che'l vero tacque,
quando Christo ver lui gli occhi rivolse
tutta si sface, e in pianto si risolse.
E non fu il pianto suo rivo o torrente
che per calda stagion giamai seccasse,
che ben che il Re del Cielo, immannente
a la perduta gratia il ritornasse;
della sua vita tutto il rimanente
non fu mai notte ch'ei non si destasse,
udendo il gallo a dir quanto fu iniquo
dando lagrime nove al fallo antiquo.</td></tr>
</table>

La misma controlada libertad que observamos en las primeras estrofas nos espera en éstas. ¿Cómo no admirar, por ejemplo, los endecasílabos que cierran espléndidamente ambas octavas? Uno totalmente libre del modelo, el otro su armonioso calco, los dos de idéntica eficacia poética. Tal vez se pueda pensar que entromete algún adjetivo innecesario, como el "fría" del primer verso, y aún así bien pudiera ser que cumpla aquí una función intensificadora justamente de lo helado, porque el punto fundamental del símil es la frialdad de ese temor que esconde el alma de Pedro. Nótese que con este fin repite el mismo adjetivo en la segunda mitad de la octava (v. 6), donde acumula las más frígidas connotaciones del símil de la primera parte, tomadas tanto de su estrofa como de la de Tansillo: "nevada parte", "fría", "siempre fue nieve", mientras el "ascondida" (donde no la toca el sol) proviene naturalmente de la "valle ascosa" del original. Insistencia elegida, para con ella fabricar poéticamente una carga emocional mucho más fuerte que la ligera "cor gelata" de Tansillo.

Por lo general, en materias de adjetivación, Dávalos sabe muy bien lo que hace. Ya he aludido al "viejo ardiente" de la quinta estrofa, de tanta eficaz sencillez. Caso más complejo se da en la segunda, donde como acertadamente nota González Miguel se cambian varios adjetivos[8]:

Y los arcos que a Pedro le flecharon
las agudas saetas *presurosas*,
son los ojos de Christo que enviaron
a los de Pedro flechas *amorosas*;

y el corazón passando no pararon
hasta llegar al alma, tan *furiosas*
que las heridas del negar causadas
jamás fueran sin lágrimas curadas.

Ma gli archi, che nel petto gli avventaro
le saette più acute e *più mortali,*
fur gli occhi del Signor, quando il miraro:
*gli occhi fur gli archi, e i guardi fur gli
    strali*
che del cor non contenti, sen' passaro
fin dentro all'alma, e vi fer piaghe tali
che bisognò, mentre ch'ei visse poi,
ungerle col liquor degli occhi suoi.

Por su parte Gregorio Hernández cambia totalmente la primera parte, eliminando las metáforas tansilianas:

Fijó los ojos el Señor clemente
con tierno afecto en Pedro, su querido,
que al vil temor de la enemiga gente
olvidado a su Dios se había rendido:
tal fue la llaga, el golpe tan vehemente
con que su corazón quedó herido,
que forzado le fue para sanarle
con lágrimas de llanto eterno untarle[9].

---

[8] Subrayo tanto en el texto de Dávalos como en el de Tansillo los elementos que he de analizar de seguido, como haré también en otras comparaciones más abajo.

[9] *Apud* González Miguel, p. 253.

Según González Miguel así la estrofa "resulta más llana y clara en la traducción que en el original ... respeta el pensamiento, pero lo traduce al español y para autores españoles" (253). Sobre esto hay mucho que decir. Español o no, el lector de estos versos puede muy bien preguntarse cómo la mirada clemente y tierna de la primera parte viene a producir en la segunda golpe tan vehemente y llaga tan grave. Esto no es traducir el pensamiento del original sino mutilarlo. Lo que parece haber pasado aquí es que, por un lado, González Miguel no ha comprendido la metáfora de Tansillo, o por lo menos el alcance de la misma; por el otro lado, Gregorio Hernández probablemente la suprimió por no parecerle adecuada en un contexto sagrado metáfora tan propia de la erótica profana. Por el contrario, Dávalos y Figueroa, precisamente por conocer los símbolos de sobra se permitió variar la adjetivación para acercarla aun más a su contexto amoroso. Y tiene razón, porque al fin y al cabo, la historia de Jesús y Pedro es una historia de amor.

En la iconografía petrarquista uno de los lugares comunes más frecuentes dentro del retrato de la amada es que sus cejas sean los arcos de Cupido que despiden por los ojos las saetas del amor. Tansillo repite en Jesús el ícono de la dama petrarquista: "gli occhi fur gli archi, e i guardi fur gli strali", verso que por su innecesario peso explicativo, acertadamente Dávalos elimina. De aquí pasamos a la bien conocida fisiología de la mirada, que Fernando de Herrera explica con detalle en sus comentarios al soneto VIII de Garcilaso, "De aquella vista pura y ecelente". La rapidez de estos rayos visuales es mucho mayor que la de cualquier flecha material, de ahí el "presurosas" de Dávalos y, por supuesto, el "amorosas"[10].

---

10 El adjetivo "furiosas" probablemente anuncia el mensaje de Cristo que recibe Pedro en la siguiente estrofa: "Amico disleal, discepol fiero", y debe entenderse en ese contexto.

Herrera nos ilustra el normal curso de la saeta visual, con una traducción suya de unos versos "del Marmita en la par. 1":

> Los espíritus vuestros encendidos
> que pasaron, Señora, de las bellas
> lumbres claras, entonces cuando fija
> tuve la vista en el amado viso;
> al corazón pasaron por los ojos,
> dulces y amargos[11].

Como todavía hoy nos lo recuerdan garabateados corazones flechados, normalmente la saeta erótica llega hasta allí. En el caso del poema de Tansillo, los rayos visuales de Cristo alcanzan más hondo, de donde la herida es tanto más profunda: "el corazón passando no pararon hasta llegar al alma". Por todo lo dicho podrá juzgarse cómo detalles de adjetivación en la traducción de Dávalos pueden encerrar más ciencia y discreto pensamiento que de necesidad han de escapar a juicios críticos apresurados.

Por fin llegamos a esas últimas estrofas donde ya debe haberse asentado el supuesto decaimiento detectado por la crítica:

Al mal hechor la cara noche obscura	La cara ai malfattori ombra notturna
quitava el cielo; y en el diestro lado	sgombrava il'mondo, e del suo latto destro
del mar la aurora sale, *la verdura*	uscia del mar l'Aurora candid'urna
de lágrimas bañando por el prado;.	*di lagrime versando, et un canestro*
no precia flores por su hermosura,	*di lieti fior con la sua man eburna,*
antes el rostro de vapor manchado	macchiato il volto di vapor terrestro,
muestra, y las clines con que dora el cielo,	e i'l biondo crine ond'ella indora il cielo
cubiertas salen de nubloso velo.	envolta d'atre e nubiloso velo.
El sol paresce que detras venía	Il Sol venia appò lei, come persona
de voluntad agena compelido,	che và dove altri a forza la sospinge;
y aquel flagelo que afligir solía	e quanto i fianchi l'altre volte sprona
a sus cavallos pone en olvido;	a suoi destrier, tanto hora il fren lo stringe
obscuro el rostro, falto de alegría,	torbido gli occhi e senza la corona

---

[11] *Garcilaso de la Vega y sus comentaristas.* ed. Antonio Gallego Morell, 2ª. ed. Madrid: Ed. Gredos, 1972, p. 337.

<table>
<tr><td>

en su belleza mal apercibido
porque corona y luz á despreciado

viendo a su Dios de espinas coronado.
l'ayre y cielo, todo obscurescido;
la blanca nieve negra fue tornada;
y la calandria que del dulce nido
anuncia leda siempre la alvorada
silencio triste tiene ya escogido;
y tambien Filomena estar callada
quiso y en su lugar, por las praderas,
gritavan lobos y otras bestias fieras.

</td><td>

di chiari rai che l'aure chiome stringe,
sdegnando haver di raggi il cappo
avvinto
quando di spine il suo fattor l'ha cinto.
L'aere di nebbia grave, e gli occhi infesto
sembrava d'ogn'intorno oscuro ed egro;
ogni augeletto che in quel punto detto
saluta il giorno a la campagna allegre
stavasi al nido suo tacito e mesto,
odiando sì il bianco come il negro,
e in vece sua per gli antri e per le rupi
s'udian pianger buboni, ulular lupi.

</td></tr>
</table>

Hasta González Miguel reconoce la elegancia con que Dávalos ha torneado el primer verso de la estrofa 38; en cambio el que cierra la 40 me parece innecesariamente pobre, cuando como lo hiciera en tantas otras ocasiones le hubiese sido muy fácil mantener la bimembración del original (por ejemplo, 'gritaban lobos y ululaban fieras'). Los cambios más notables se dan en la estrofa 38 y en la 40. En estas tres octavas el modelo pinta un paisaje sombrío: Aurora nublada, Sol oscurecido, y un mundo donde aire y tierra, nieve, pájaros y bestias están de luto. Teniendo esto en cuenta, notemos que lo único importante que Dávalos ha cambiado en la estrofa 38 es la imagen de la Aurora con un cestillo de alegres flores en su blanca mano. No me asombra que lo haya hecho si estas *lieti fior* le parecieron tan incongruentes en este ambiente luctuoso como me lo parecen a mí. No es ésta la caprichosa eliminación de un elemento con una función intrínseca dentro del sentido de la estrofa, como la de Gregorio Hernández con las figuras metafóricas de la segunda octava. Por el contrario, se trata de evitar la introducción de una imagen que puede perturbar por completo todo un contexto simbólico; por lo cual, lejos de ser una decisión nacida del cansancio mental de un traductor, revela una inteligencia lúcidamente alerta al auténtico, es decir, al más profundo sentido del texto que traslada. Dávalos no se limita a saltearse la imagen perturbadora lo que pudiera ser entendido como mera falta de atención sino que dice exactamente lo contrario del original, o sea, lo refuta: "et un canestro / di lieti fior con la sua man eburna", se niega en "no precia flores por su hermosura". La Aurora de Dávalos rechaza las alegres flores que le ofrecía la de Tansillo. La razón poética es sobrada.

La octava siguiente no ofrece ningún cambio significativo que difiera de los considerados en las primeras estrofas al tratar de su método general o su práctica usual de traducción. Quizá valga la pena mencionar cómo perfecciona el segundo verso, bastante pobre, de Tansillo: "che và dove altri a forza la sospinge" vuelto en más armonioso "de voluntad agena compelido".

Es en la estrofa 40 donde Dávalos abandona claramente el rigor de la *translatio* y pasa al ejercicio de la *paraphrasis*, dándo más que un traslado una interpretación del modelo, cuyo sentido respeta en todo punto. En realidad lo raro es que solamente lo haya hecho a lo largo de poema tan largo en tan poquísimas ocasiones, cuando la práctica general al uso era lo contrario.

l'ayre y cielo, todo obscurescido;	L'aere di nebbia grave, e gli occhi infesto
la blanca nieve negra fue tornada;	sembrava d'ogn'intorno oscuro ed egro;
y la calandria que del dulce nido	ogni augeletto che in quel punto detto
anuncia leda siempre la alvorada	saluta il giorno a la campagna allegre
silencio triste tiene ya escogido;	stavasi al nido suo tacito e mesto,
y tambien Filomena estar callada	odiando sì il bianco come il negro,
quiso y en su lugar, por las praderas,	e in vece sua per gli antri e per le rupi
gritavan lobos y otras bestias fieras.	s'udian pianger buboni, ulular lupi.

El único verso donde Dávalos sigue más de cerca la dicción del modelo es el endecasílabo final, precisamente el peor trasladado de toda la estrofa. Por lo demás nuestro poeta habrá notado que el italiano ha construido su penúltima octava con un núcleo central que contiene una sola imagen –los pájaros que callan al llegar la alborada– flanqueado de dos versos introductorios, que presentan la oscuridad general del ambiente, y dos finales que sustituyen el canto ausente por sonidos de mal agüero. Ahora bien, ese núcleo central finaliza con un verso pobrísimo (¿cansancio mental de Tansillo?) el cual Dávalos salva, tomando del mismo solamente la antítesis cromática para con ella completar los dos versos introductorios en su propia estrofa; entonces "odiando sì il bianco come il negro", pasa a sugerir la metamorfosis de un mundo donde hasta lo más blanco se viste de luto "la blanca nieve negra fue tornada".

Respecto a la imagen nuclear, si bien la mantiene en cuatro versos (más el verbo encabalgado), la desdobla al caracterizar la abstracción del modelo —*ogni augeletto*— en dos aves sonoras en particular. Y casi me atrevo a decir que lo hace muy a la española, con binomio de romancero, "cuando canta la calandria y responde el ruiseñor". Claro que el ruiseñor del "Romance del prisionero" recibe su bautismo en la tradición de la Filomena de Garcilaso. Juzgue el lector si donde más se aparta Dávalos del modelo puede decirse que "decae su ritmo, [sus octavas] se hacen más duras, más retorcidas, más retóricas":

y la calandria que del dulce nido	ogni augeletto che in quel punto detto
anuncia leda siempre la alvorada	saluta il giorno a la campagna allegre
silencio triste tiene ya escogido;	stavasi al nido suo tacito e mesto,

La última octava de Dávalos presenta una traducción fiel, sin mayores cambios de un original poco inspirado:

Crece el pesar y la vergüenza crece	Crebbe il dolore, crebbe la vergogna
en Pedro cuando vio venir el dia,	nel cor di Pietro al apparir del giorno,
y aunque en el campo gente no aparece	e benchè non vegg'altri, si vergogna
de verse y que ha negado se corria;	di sè medesmo, e di ciò c'ha d'intorno;
que el valeroso pecho siempre ofresce	Ch'a magnanimo volto non bisogna
pesar de lo mal hecho en cualquier via,	la vista altrui per arrosir di scorno;
y asi Pedro vive en esta guerra,	Ma di sè vergogna talor, ch'erra,
aunque solos le acusan cielo y tierra.	Se ben no'l vede altro che cielo e terra.

De entrada es obvio el acierto de Dávalos al hacer simétrico el bimembre inicial de Tansillo, dándole a su octava muy airoso arranque, a diferencia de todos los de-

tava muy airoso arranque, a diferencia de todos los demás traductores. Curiosamente solamente tres de ellos mantienen la bimembración inicial: Jerónimo de los Cobos que luego cambia toda la estrofa, "Creció la confusión, creció el gemido"; Pedro Gaytán en uno de los muchos defectuosos versos que caracterizan su versión "Creció el dolor, la vergüenza crecía"; Cervantes, que la traduce en el Capítulo xxxiii del *Quijote*, es el más cercano a Dávalos, pero sin la elegancia de su simetría, "Crece el dolor y crece la vergüenza"[12].

Debió notar Dávalos la poca afortunada repetición nominal y verbal de "vergogna" en el primero, tercero y séptimo versos de Tansillo, y así la evita al suplir el castellanísimo "se corría" en el cuarto verso, y en el séptimo" y así Pedro vive en esta guerra", una apropiada interpretación del tormento de esa vergüenza pertinaz. No es éste el caso con la gran mayoría de los otros traductores; así tanto en la de Damián Alvarez, cuya traducción fue una de las más conocidas y elogiadas de *Le lagrime* ..., como en la octava cervantina se escucha esa multiplicada "vergüenza" malsonante

Cervantes

Crece el dolor y crece la vergüenza
en Pedro cuando el día se ha mostrado,
y aunque allí no ve a nadie se avergüenza
de sí mismo por ver que había pecado:
que a un magnánimo pecho a haber vergüenza
no sólo ha de moverle el ser mirado,
que de sí se avergüenza cuando yerra
si bien otro no vee que cielo y tierra.

Damián Alvarez

La vergüenza y dolor juntos crecieron

---

[12] Para el estudio de la traducción de Cervantes, y el texto de los demás traductores que he citado de la última estrofa (y varios más que no he mencionado), ver González Miguel, pp. 306–313.

> nel corazón de Pedro con el día
> que aunque sus tristes ojos más no vieron
> de a [sic] sí mismo, de sí vergüenza había:
> que al corazón ilustre nunca dieron
> los otros más afrentas que él tenía
> mas de sí, se avergüenza cuando si hierra
> aunque solo lo sepan cielo y tierra

Supongo que por evidentes no ha de ser necesario subrayar los fallos poéticos del traslado de Cervantes, bien observados por González Miguel, incluyendo el malentendido del endecasílabo final. Tampoco vale la pena detenernos en el otro ejemplo, pues a pesar de los elogios que se han hecho de la obra de Damián, "inteligente versificador y paciente traductor, que son las mejores credenciales para hacer una buena traducción y ésta lo es", (291–292) es difícil percibir mérito alguno en estos versos donde amén del italianismo del segundo nos asedia abrupta una sintaxis lastimosa.

Si de calibrar relativos méritos se trata, tanto en esta estrofa como en todas a las que hemos atendido previamente, la traducción de Dávalos se destaca por su elegancia, perfección formal, claridad sintáctica, versificación fluida; y, como se ha visto en los ejemplos precedentes, no es menos meritoria su atención al sentido inmediato y contextual del modelo tanto como su inteligencia en las variantes, sean de una sola palabra o de varios versos, y particularmente en aquéllas que eliminan imágenes poéticamente incongruentes para, a menudo, reemplazarlas con auténticos hallazgos poéticos.

Al escribir su traducción de *Le lagrime di San Pietro* Dávalos había leído en el *Tesoro de divina poesía* (Esteban de Villalobos, Toledo, 1587) la de Luis Gálvez de Montalvo en quintillas dobles (201r). Dice Dávalos no recordar el nombre del autor, pero se acuerda bien que su obra está compuesta en coplas castellanas, y duda que "se pueda restringir una octava de verso de once sílabas a diez *de a siete* [verso agudo] y a ocho *como tienen los castellanos*". Nótese que no critica en la obra de Gálvez de Montalvo el uso del verso agudo –como piensa González Miguel (262)–, pues como bien dice Dávalos éste es propio del octosílabo español, y él mismo los usa en unas glosas: "da tiempo de conseguir / esta conquista y jornada / y al fin la viene a pedir. / Ved cuán cierto es el morir / pues nuestra vida es prestada" (XXV, 105v). Lo que comenta, y no sin sensatez, es la dificultad de trasladar sin pérdida todo el contenido de una octava italiana a la breve quintilla castellana.

Independientemente de la obra de Gálvez de Montalvo, la cuestión del verso agudo se presenta –siempre dentro del contexto del endecasílabo– a propósito de otra traducción de Dávalos, la del "Capítulo de la Aurora" de Serafino Aquilano (que precede a la de *Le lagrime* ... de Tansillo), oportunidad en la cual Cilena, su culta interlocutora, lamenta la ofensiva presencia de varios versos agudos. Delio-Dávalos también los condena por disonantes, pero le parece que pudieran tener disculpa en el precedente de los que usaron Hurtado de Mendoza y Garcilaso. Dicho lo cual entra en el meollo del problema en lo que se refiere a su uso en el quehacer de traductor:

> Y aunque esto bastaba para mi descargo [los precedentes nombrados], me quiero valer de que cómo la traducción sea de dificultad notoria, no se puede todas vezes huir de todo; y como la lengua toscana tenga las licencias que avemos dicho [o sea, muchas más que la española] pone algunas dicciones en términos que sin poderlo evitar es forçoso dezirlo como en ella [la lengua del original] se halla y dize, y no de otra manera, para no mudar la razón y la sentencia, como se ve en aquel soneto de Garcilaso: Amor, Amor un hábito vestí, cuyas razones son de Ausias, gran poeta catalán, que por dezir [Garcilaso] lo mesmo que el dixo, lo sacó a luz tal que no es el que más meresce el nombre de suyo, a

quien fue forçoso formar los mesmos versos agudos que en su lengua tiene, y a mí me sucedió lo mesmo en unas octavas que traduxe del elegante Tansilo a las lágrimas de Sant Pedro. (XLII, 201 v.)

En efecto, dentro de los 328 versos de sus octavas se dan cinco agudos. Los primeros, vv. 94 y 95 de la estrofa 12 ("porque saliendo el miedo, en su lugar / entraron la vergüenza y el pesar") no son muy indicativos, pero en la 16 se halla la perfecta ilustración de las razones de Dávalos. En este caso es su mismo rigor en el traslado que lo precipita de lleno en el endecasílabo agudo.

Oh vida crudelisima y falaz,	O vita troppo rea, troppo falace,
que por temor a tan liviana guerra	che per fuggir qua giù sì breve guerra
perderme has hecho la celeste paz.	perder m'hai fatto in Cielo eterna pace.
	(vv. 121-123)

Afortunadamente Cilena se los perdona, "aunque senti los agudos en algunas dellas [las octavas] no con ofensa". Como he hecho notar en otra oportunidad[13], aunque la condena del verso agudo era ya cosa hecha en la Península hacia 1575, Dávalos vivía demasiado lejos para tales purismos, tanto más cuánto sus preceptivas italianas daban ejemplos de sonetos agudos, cuando se hallaban algunos hasta en Petrarca y Ariosto, y sobre todo en la tríada bienamada y para él paradigmática de Garcilaso, Boscán y Don Diego Hurtado de Mendoza. En fin, a juzgar por los poquísimos endecasílabos agudos en la *Miscelánea Austral*, es muy posible que su autor pensara como Rengifo que "dado el caso que la lengua italiana careciera de vocablos agudos, la nuestra tiene abundancia de ellos, con que puede acabar muchos versos. Los quales, aunque no sean tan elegantes y sonoros como los de once sílabas puédense usar algunas veces sin escrúpulos"[14]. De ahí su presencia en sus "Lágrimas de

---

13 *Petrarquismo peruano: Diego Dávalos y Figueroa y la poesía de la Miscelánea Austral*, London: Tamesis, 1985, pp. 131–133.
14 Juan Díaz Rengifo (Diego García Rengifo), *Arte poética española* con una

San Pedro", donde sería injusto fuésemos nosotros más puristas que la escrupulosa Cilena.

También conoció Dávalos la lírica de Tansillo, y su admiración lo llevó a traducir uno de los sonetos más célebres que escribiera el italiano, que Cilena alaba oportunamente: "Gallardo concepto fue el de Tansilo, donde de más de explicarse por tan buen modo, toca la historia de Icaro bien a propósito" (XIX, 78v). El momento seminal en la tradición lírica europea en que el Icaro ovidiano pasa de *exemplum ex contrario* a símbolo del deseo heroico de alcanzar el sublime imposible se da en dos sonetos de Tansillo, otrora celebérrimos y hoy a veces tan olvidados que a menudo se atribuyen a Giordano Bruno, que no hizo otra cosa que incorporar a su *Eroici Furori* los versos de un poeta que admiraba y al que presenta como interlocutor de sus coloquios. Se trata de "Amor m'impenna l'ale, e tanto in alto" y "Poi che spiegat' ho l'ale al bel desio". La *Miscelánea Austral* nos ofrece la primera versión del primero en tierra americana[15]:

> Alas me pone Amor y tanto en alto
> me levanta mi honroso pensamiento
> que por horas espero y aun intento
> a las puertas del cielo dar assalto,
>
> Miro la tierra y temo de lo alto,
> mas quien me esfuerza dize tan contento
> que si falta el efecto en tal intento
> da gloria eterna ser mortal el salto.

---

fertilíssima sylva de consonantes ... Salamanca: Miguel Serrano de Vargas, 1592, p. 17.

[15] *Delle Rime Scelte da diversi eccellenti autori, nuovamente mandato in luce*. Vinegia: Gabriel Giolito de Ferrari, 1564, I, 518v. Esta es seguramente la versión del soneto de Tansillo que conoció Dávalos, lo que explica la traducción del v. 12 "cantará de ti el mundo por trofeo" que proviene de "il mondo ancor di te potra ben dire", versión diferente de la que usó Gutierre de Cetina, donde el original se lee "ancor di me le genti potran dire".

> Porque si aquél que igual tuvo el desseo
> dio tal renombre al mar do fue su muerte,
> manifestando el sol su desvarío,
>
> cantará de ti el mundo por trofeo:
> -Este ha querido levantar su suerte
> y faltóle la vida mas no el brío.

> Amor m'impenna l'ale, e tanto in alto
> le spiega l'animoso mio pensiero
> che d'hora in hora sormontando io spero
> a le porte del ciel far nuovo assalto.
>
> Temo, qual'hor giù guardo, il vol troppo alto,
> ond'ei mi grida e mi promette altero,
> che, se dal nobil corso io cado e pèro
> l'onor sia eterno, se mortal il salto.
>
> Ché s'altri, cui desio simil compunse,
> diè nome eterno al mar col suo morire,
> ove l'ardite penne il sol disgiunse,
>
> il mondo ancor di te potra ben dire:
> Quest' aspirò a le stelle, e s'ei non giunse,
> la vita venne ma non l'ardire.

En la poesía de Tansillo se ofició la alianza entre Icaro y el pensamiento humano con tanta fortuna que con sus sonetos entra en la lírica occidental lo que sería justo llamar el pensamiento icario[16], y con él una nueva y seminal valoración del mismo. El antiguo clásico oprobio que en el mismo Ovidio condenaba toda desmesura, junto al de su moralizadora prole medieval y buena parte de la barroca, no cae ya sobre el pensamiento en elegido vuelo. Los adjetivos lo denotan: *animoso* en Tansillo, "honroso" en la traducción de Dávalos, "gallardo" en un bello soneto de Góngora[17]. Precisamente porque el cam-

---

[16] El motivo Icaro-pensamiento humano se da aún antes en un soneto de Ariosto: "Nel mio pensier che così veggio audace", pero a pesar del prestigio internacional de su autor, fueron los sonetos de Tansillo los que diseminaron el motivo por la lírica europea, y tuvieron particular fortuna en la hispánica.
[17] Luis de Góngora. *Sonetos Completos*, ed. Biruté Ciplijauskaité, Madrid:

bio adjetival es significativo de la mutación ética, asombra leer que la traducción del segundo verso tansiliano "no tiene correspondencia conceptual con 'mi honroso pensamiento', y destruye el impulso de atrevimiento que el adjetivo 'animoso' contiene, para perderse en ese débil honroso" que no tiene nada que ver con todo lo demás".

(98-99) Lejos de ser ajeno al pensamiento del modelo, lo que hace Dávalos –y hará Góngora– es calificar el intento icario, al contrario de la condena tradicional, como algo altamente positivo y digno de ser imitado. La mutación ética es absoluta, lo que fuera el error icario es ahora percibido como noble deseo de elevación, y por lo tanto, honroso.

Dentro de las letras coloniales éste es el primer paso hacia el Faetón de Sor Juana[18], y como ocurre en *Primero Sueño,* el poeta sabe que en la grandeza de la hazaña mítica que intenta imitar, acecha la demesura. De ahí que Dávalos traduzca

dio tal renombre al mar do fue su muerte,	diè nome eterno al mar col suo morire,
manifestando el sol su desvarío,	ove l'ardite penne il sol disgiunse,

Nuevamente para González Miguel se trata de otro fallo, pues el poeta "que había pasado la connotación de lugar al verso anterior sintetizando muy bien las dos ideas de la muerte de Icaro y el lugar al que dio nombre ..., no sabe qué hacer con el verso 11 e introduce aquí un verso que no está en el soneto de Tansillo ... y que en realidad nada dice" (99). Pues bien, lo que sí sabe hacer Dávalos con el verso 11 es interpretar el del modelo, donde el sol –al deshacer la cera de las alas– desata las plumas, calificadas de *ardite*, adjetivo estupendamente ambiguo

---

Clásicos Castalia, 1969, p. 131: "No enfrene tu gallardo pensamiento / del animoso joven mal logrado / el loco fin".

[18] Sobre esta relación ver mi artículo "Poética en Clave de Sol: el saber omnicomprensivo en la poesía colonial". *Esta de nuestra América pupila. Estudios de poesía colonial,* ed. Georgina Sabat de Rivers, Houston: 1999, 40–56.

para el caso: plumas ardidas por el fuego solar, y plumas ardidas, en exceso atrevidas, locamente osadas por el mismo afán de altura que las precipitan a la muerte. De ahí la traducción de Dávalos, el sol al deshacer las alas de Icaro pone en manifiesto su desvarío, ese atrevimiento que lo precipita "al mar do fue su muerte".

El soneto de la *Miscelánea* tiene versos admirables, dos sin pena ni gloria (el tercero y el séptimo), y uno auténticamente infeliz, el sexto. De ahí que quien lo lea coincidirá con González Miguel que "se trata de una traducción que ... ha sabido con naturalidad y habilidad mantener los versos italianos en su contenido fundamental"; pero quedará perplejo al llegar a la siguiente evaluación, según la cual Dávalos "ha cambiado totalmente la perfección formal y rítmica y ha traicionado, sobre todo en la adjetivación, la fuerza que Tansillo había puesto en sus versos" (99). Si el crítico se refiere, como creo, al "honroso pensamiento", simplemente yerra; y si se tratase del desgraciado "tan contento", es imposible que segundo verso del segundo cuarteto no ocupando ninguna posición de preminencia en el poema, su debilidad pueda contaminar todo el resto.

En lo que respecta a la supuesta alteración de la perfección formal y rítmica en el soneto de nuestro encomendero, me parece que será revelador de los criterios de tal juicio el compararlo con el de Gutierre de Cetina, que González Miguel considera digno de todo aprecio, ya que "conserva unidad y gran sentido de ritmo, lo que hace que sea la mejor traducción de cuantas se hicieron de este gran soneto de Tansillo" (177). He aquí la traducción del sevillano:

> Amor mueve mis alas y tan alto
> las lleva el amoroso pensamiento
> que de hora en hora así subiendo siento
> quedar mi parecer más corto y falto.

> Temo tal vez mientras mi vuelo exalto,
> mas llega luego a mí el conocimiento,
> y pruébase que es poco en tal tormento
> por inmortal honor mi mortal salto.
>
> Que si otro puso al mar perpetuo nombre
> do el soberbio valor le dio la muerte,
> presumiendo de sí más que podía,
>
> de mi dirán: "Aquí fue muerto un hombre
> que si al cielo llegar negó su suerte,
> la vida le faltó, no la osadía".

Para empezar, el adjetivo en el "amoroso pensamiento" de Cetina, aunque ni agrega ni quita nada al soneto, no merece reproche alguno de quien juzgara el significativo "honroso" de Dávalos tan digno de reproche. Tampoco parece notar que Cetina cierra su primer cuarteto con un verso que traiciona por completo el del modelo. ¿Cómo quien declara "quedar mi parecer más corto y falto" puede trasladar quien espera "a le porte del ciel far nuovo assalto"? El sexto verso, aunque menos errado que el cuarto, cambia el concepto de Tansillo al no mencionar que quien habla al amante es el mismo Amor. El "tormento" del séptimo nada puede tener que ver con la exaltación del vuelo y menos con el temor ya paliado por el recién venido conocimiento, de modo que, ante su ausencia conceptual, su única función ha de ser la de cumplir la rima en "ento" .... Exactamente lo que hiciera el "tan contento" de la *Miscelánea*. El verso onceno, "presumiendo de sí más que podía", es otra interpretación del correspondiente de Tansillo, sólo que en Cetina queda bastante más alejada del original que el injustamente reprochado verso de Dávalos.

Como tanto el autor de la *Miscelánea* como el sevillano conservan la estructura del soneto de Tansillo, sin perturbar su perfección formal, no veo en qué si uno la mantiene el otro la altera. Sobre la supuesta alteración del ritmo de modelo por parte de Dávalos, y el "gran sentido rítmico" elogiado en Cetina queda algo por decir. La acentuación de los endecasílabos del encomendero es perfectamente canónica; en todos menos uno el acento medio cae naturalmente en la sexta sílaba, y en el 13 en no menos recomendable cuarta y octava. Cetina es otra cosa. Por cierto su primer verso carece de la fuerza del estupendo endecasílabo inicial de Dávalos, pero eso es lo de menos; lo de más es la defectuosa acentuación de varios versos: el cuarto, "quedar mi parecer más corto y falto", y el doce, "de mi dirán: Aquí fue muerto un hombre", con acentos en sexta, séptima y octava. Aun peor, el totalmente impermisible acento en quinta que sigue al de cuarta, "Temo tal vez mientras mi vuelo exalto", en el lamentable arranque del segundo cuarteto.

Ante este panorama, ¿qué decir de los juicios negativos sobre la obra de Dávalos? Cierto que Gutierre de Cetina es nombre con justicia respetado en nuestras letras, y el de Dávalos casi desconocido hacia la época en que se hicieron tales evaluaciones. En ese caso la primera lección al juzgar relativos logros poéticos en una traducción, será la necesidad de estudiar con todo cuidado el original, la tradición poética de su temática, y cada traslado, independientemente del *a priori* de la fama del traductor. La segunda es que antes de emitir un juicio definitivo sobre el valor de cualquier obra es necesario analizarla a fondo y punto por punto dentro del corpus poético al que pertenece. Todo cuanto estoy diciendo monta, claro está, a una perogrullada; pero quizá me lo exijan más íntimas razones ...

El único autor de muy evidentes méritos a quien se le termina negando genuino valor poético, mientras se exalta el de versos muy inferiores a los suyos, es un poeta que escribió en América, marginado, si no cultural, geográficamente. Es triste que en nuestros días el exilio y correspondiente menosprecio de los autores virreinales siga aun vigente en la crítica peninsular. Querría yo, en cambio, que a través de estas páginas se vislumbrara a un hombre, tan alejado de su Andalucía natal, tan fuera de los círculos culturales europeos, tan aislado y tan solo en su encomienda andina, y allí, en la más lejana lejanía, se empeña en crear un mundo y en él se recrea una patria. La humanista. Los otros traductores de Tansillo, muchos escribiendo en la misma Italia, otros como Cetina contemporáneos del amigo de Garcilaso, ¿qué hacian de extraordinario? El tiempo, el lugar, la familiaridad cultural, todo en fin los llevaba a hacerlo. En los Charcas nada podía hacer esperar semejante peripecia literaria. Lo que en la Península o en el Reino de Nápoles era de esperar, en los Charcas monta casi a milagro. Entre las tan ambiguas glorias de la conquista castellana, la España de hoy debería reconocer la improbable hazaña de este patriota de las letras. En la traducción de Tansillo, allí y entonces, crece ante nuestro asombro otro insólito triunfo del humanismo español.

CAPÍTULO SEIS

VERBA SIGNIFICANS, RES SIGNIFICANTUR:
LIBROS DE EMPRESAS EN EL PERÚ VIRREINAL

A la memoria de Juan Lope Blanch,
caballero y sabio sin tacha

En su huerto de naranjos un caballero petrarquista dialoga con su amada erudita, traduce a Poliziano y a Tansillo, parafrasea a Equícola, recuerda a Castiglione y hojea con admirada atención los libros de estampas, emblemas y empresas que su ferviente humanismo siente tan suyos. El diálogo es curioso por la abigarrada acumulación de asociaciones que nuestro afán clasificatorio puede entender quizá como nebulosa serie de términos en confusión eslabonada.

La sabia señora está diciendo que ha visto cierta pintura del Deseo: "Es un mancebo que aspira y pretende de subir por un alto y liso árbol a coger su fruto, en lo qual se fatiga con eccesiva ansia, y su mote dize: más se dessea lo más dificultoso". Para su enamorado la pintura es "Essa hieroglíphica". De ésta la dama pasa a hablar "de la curiosidad de las estampas que en estos tiempos con tanta perfección se hazen, pues representan al vivo lo que quieren demostrar donde se entretiene el ánimo y se espacia y alegra la vista". El caballero agrega que en su opinión las "de mayor elegancia" que ha "visto en esta tierra son las que pone en sus empresas Gerónimo Rusceli", para agregar más adelante que "no es justo olvidar las de Micael Angel, particularmente la del Juyzio universal".

QUE HE VISTO EN ESTA TIERRA

Este pasaje (que no ha vuelto a ser impreso desde 1602) es uno de los más acabados documentos que nos ha dejado el temprano humanismo de América sobre materia emblemática. En efecto, ese vergel que el traductor de Poliziano comparaba con el de los feacios, donde jugaba con sus perritos —Tirseo, Dalinda y Criseida— de tan sabios nombres, ese *hortus deliciarum* en fin, quedaba en la Ciudad de La Paz, fundada hacía menos de medio siglo. Y quien así hablaba con su esposa era un encomendero de indios, probablemente en los últimos años del siglo XVI.

El perulero, venido de su Écija natal en tiempos del Virrey Toledo, se había rodeado de una biblioteca, que si no hubiese asombrado en Sevilla, era deslumbrante en aquella casi última frontera de la civilización occidental. Y, sin embargo, Don Diego Dávalos y Figueroa hizo florecer allí esa arquetípica síntesis renacentista de petrarquismo, platonismo y emblemática que definió el espíritu mismo de las letras del *Cinquecento* italiano para fecundar una Europa ávida y entusiasta, y al fin llegar a las páginas de su *Miscelánea Austral*, publicada por la primera prensa del Virreinato del Perú en 1603[1].

---

[1] He usado para los textos de la *Miscelánea Austral*, publicada por Antonio Ricardo en Lima, una reproducción fotográfica del ejemplar que se halla en la British Library. El diálogo aludido se encuentra en el Coloquio XXII, fols. 92r-v. En adelante el número del Coloquio y el de fol. se citarán en el texto; la gran mayoría de los textos estudiados en este artículo no han vuelto a ser impresos desde 1602.

ESSA HIEROCLÍPHICA

Cuando la mujer de Dávalos describe lo que sin duda es un emblema –con su figura (*pictura, icon, imago*) y su mote (*inscriptio, titulus, motto, lemma*)–, lo llama pintura, y su marido se refiere al mismo como jeroglífico. Pintura, claro, es con toda propiedad el "Juicio Final" de Miguel Angel, que estos peruleros sólo podían conocer en esas tierras por algún grabado, y de ahí proviene en parte lo que hoy se puede pensar peregrina confusión. Pero no es de asombrar que se relacionasen tan estrechamente emblemas con artes visuales, porque no ha de ser esto pura ignorancia indiana cuando en la siempre civilizada Francia, en 1547, decía el traductor de Alciato: *il aura en ce petit livre (comme en ung cabinet tresbien garny) tout ce qu'il pourra et vouldra inscripre ou pindre aux murailles de la maison, aux verrieres, aux tapis, couvertures, tableaux ... affin que l'essence des choses appartenantes au commun usage soit en tout et par tout vivement palante et au regard plaisante*[2]. Si Doña Francisca encontraba que el efecto de tales estampas era entretener el ánimo y alegrar los ojos –y esa vista placentera de que habla Le Fèvre no la desmiente– una dama francesa, Georgette de Montenay, había publicado en 1571 sus *100 Emblèmes ou devises chrétiennes* diciendo:

> Le simple et doux plaisir de voir et regarder,
> voire en notant d'esprit gentil et fin
> de chaque Emblème et le but e la fin[3].

La asociación de Dávalos entre jeroglífico, empresa y emblema, aunque más fácil de entender, será más largo

---

[2] Jean Le Fèvre, trad. del *Emblematum Liber* publicada en Lyon en 1549; de los preliminares sin paginar.
[3] Georgette de Montenay, *100 Emblèmes ou dévises chrétiennes*, Lyon: 1571; de la dedicatoria al lector, s.p.

de explicar, porque esta relación nos lleva a la génesis misma de la emblemática.

Cierto, en el principio fue Alciato. Pero el propio Alciato había declarado el parentesco de los jeroglíficos con su *Emblematum liber*: *Verba significant, res significantur: tametsi et res quandoque significent, et hieroglyphica apud Orum et Chœremonem, cujus argumenti et nos carmine libellum composuimus cui titulus est Emblemata.* [Las palabras significan; las cosas son significadas; si bien algunas veces las cosas también son significantes, como en los jeroglíficos de Horus y Ceremón, sobre cuyas materias nosotros también compusimos un pequeño libro de versos cuyo título es Los Emblemas][4]. Así Andrea Alciato creó –posiblemente sin darse cuenta de la novedad– un éxito fulminante al unir los epigramas griegos (*"epigrammata sive emblemata"*)[5] con el modelo de los jeroglíficos de Horapolo, manuscrito greco-egipcio del siglo IV o de la primera mitad del siglo V de nuestra era[6], redes-

---

[4] Andrea Alciato, *De rerum et verborum significatione*, Lyon: 1530.

[5] El éxito de sus Emblemas fue extraordinario; como dice Peter Daly: "Alciatus himself has gone over 170 editions" (*The European emblem. Towards an Index Emblematicus*, ed. Peter Daly, Wilfried Laurier University Press, Waterloo, 1980, 1). Sobre epigrama y emblema: el mismo Alciato al anunciar su libro se había referido a sus emblemas como epigramas: "Epigrammata, sive emblemata"; véase *Le lettere di A. Alciato*, ed. G. L. Barni, Firenze, 1953, 46: "His saturnalibus ut illustri Ambrosio Vicecomiti morem gererem, libellum composui epigrammaton cui titulum feci Emblemata". Alciato había traducido la *Anthologia palatina cum planudeis*, y como dice Mario Praz, en *Studies in Seventeenth Century Imagery*, 2a ed., Roma, 1964, 22–23: "Emblems are ... things (representations of objects) which illustrate a conceit; epigrams are words (a conceit) which illustrate objects (such as a work of art, a votive offering, a tomb). The two are therefore complementary, so much so that many epigrams in the Greek Anthology written for statues are emblems in all but name"; y aún más categóricamente: "between an Emblem of Alciati and an epigram of the [Paludean] *Anthology* there is a difference only in name". Véase también H. Mledema. "The term emblema in Alciati", *JWC*, I (1968), 234–250.

[6] Para Erik Iversen, *The Myth of Egypt and its Hieroglyphs in European Tradition*, Copenhagen, 1961, 47, la obra data del siglo IV; para Albrecht Schöne. *Emblematik und Drama im Zeitalter des Barock*, 2a

cubierto en 1419 y llevado a Florencia para encender el entusiasmo del humanismo europeo desde Ficino y Alberti hasta Durero y el Padre Kircher[7].

En un libro casi contemporáneo con la *Miscelánea Austral*, el *Cisne de Apolo*, decía Luis Alfonso Carballo:

> Quiero darte cuenta Zoylo del principio que tuvieron las fictiones, y el fin para que se inventaron, que con esto quedarás persuadido de la verdad. Las primeras letras que tuvieron los Egypcios muy común cosa es que fueran figuras y señales con que declaravan sus intenciones como agora lo son las insignias, empresas y emblemas. Y a estas figuras con que declaran sus doctrinas y theologías llamavan Hieroglíphicos, que es lo mismo que escripturas sagradas[8].

Tanto en la mente de Carballo como en la de Dávalos jeroglífico, empresa y emblema eran términos más o menos intercambiables; obviamente los dos últimos también lo eran para Georgette de Montenay a juzgar por el título del libro, *Emblèmes ou devises*, no siendo las divisas otra cosa que empresas[9]. No es de maravillar esta

---

ed., Munich: 1968, p. 35, es de la segunda mitad del siglo V. Para la obra en cuestión véase G. Boas, *The Hieroglyphics of Horapollo*, New York: 1950; R. Wilttkower. "Hieroglyphics in the Early Renaissance", en *Developments in the Early Renaissance*, ed. Bernard Levy, Albany, 1972; Claude-François Brunon, 'Signe, figure, langage: les hieroglyphica d'Horapollon", en C. Balavolne, E. Balmas et al., *L'Emblème de la Renaissance*, Paris: 1982, pp. 29-47.

[7] Horapolo: Horus Apolo. Nada se sabe de cierto sobre el autor; en una breve introducción se declara que la obra fue escrita en egipcio por Horapolo de Nilopolis y traducida al griego por un cierto Filipo. La fantasía del Renacimiento atribuyó los *Jeroglíficos* a Horus, hijo de Osiris, rey de Egipto, y hasta al mismo dios Horus de ahí la mención a Horus en la cita de Alciato. Sobre las diferentes atribuciones véase Brunon, art. cit., 31.

[8] Luis Alfonso De Carballo, *Cisne de Apolo*, ed. Alberto Porqueras Mayo, C.S.I.C., Madrid: 1958, p. 107

[9] La falta de distinción continuó por mucho tiempo y ocurrió en toda Europa, por ejemplo, en Colonia. Gabriel Rollenhagen sin duda debió considerar ambos términos sinónimos al titular su libro *Nucleus Emblematum selectissimorum, quae Itali vulgo Impresas vocant* (1611-1613).

falta de distinción entre unos y otras cuando aun en nuestros días hay estudiosos que no vacilan en afirmar que el emblema no es más que un tipo de empresa[10]. La estructura del emblema es tripartita (está formada por *inscriptio, pictura y subscriptio o epigramma*) mientras que la de la empresa sólo consta de las dos primeras partes. Sin embargo tal diferencia no debió parecer cosa notable, pues era costumbre hacer seguir la empresa de un comentario en prosa, por lo cual no fue difícil que los lectores del *Cinquecento* equipararan el epigrama del emblema al comentario, sólo que en verso. Por otro lado podían notar claramente la frecuencia con que los mismos motivos reaparecían tanto en empresas como en emblemas.

En realidad la única diferencia básica se halla en su distinto propósito u objetivo. La misma palabra "empresa" indica su carácter personal, individual. Sin necesidad de ir más lejos el *Diccionario de la Real Academia* lo demuestra en sus tres primeras acepciones: 1. "Acción ardua y dificultosa que valerosamente se comienza. 2. Cierto símbolo o figura enigmática, que alude a lo que se intenta conseguir o denota alguna prenda de que se hace alarde, para cuya mayor inteligencia se añade comúnmente alguna letra o mote. 3. Intento o designio de hacer una cosa". Naturalmente *impresa* en italiano significa lo mismo que *empresa* en español. Yves Giraud, en busca de clarificaciones entre *emblème et devise* (empresa), acude con fortuna al traductor francés de Cesare Ripa, Jean Baudoin:

> La devise traduit un "programme" individuel, caractérise une personne par les actions qu'elle se propose, alors que l'Emblème est "une peinture servant a instruire et qui sous

---

[10] Dieter Sulzer, "Zu einer Geschichte der Emblemtheorien", *Euphorion*, 64 (1970), 40.

une figure ou sous plusieurs comprend des avis utiles a toute sorte de personnes"[11].

El texto del Coloquio XXII de la *Miscelánea* es acabado ejemplo para entender cómo la aparente confusión de términos en materia de emblemática se debe más a la mucha familiaridad con su vario material en sus múltiples relaciones de génesis, motivos y forma que a ningún tipo de ingenua ignorancia. En la altiplanicie Diego Dávalos habla de jeroglíficos, emblemas y empresas con la misma propiedad, o impropiedad, que los autores de la ilustrada Europa; y el incipiente humanismo de los Charcas entiende y aplaude la elegancia de las finas empresas de Ruscelli con un buen gusto no enturbiado por las arduas latitudes coyas.

PAOLO GIOVIO: LA PUNA Y EL PAPA

Si en gran parte de su obra el ecijano pone entre paréntesis la realidad de unas Indias que le dieron hogar y fortuna, en muchas ocasiones dialoga con su Cilena sobre la geografía, la fauna y flora, y las varias curiosidades americanas que le llamaron la atención en los largos años de su exilio. Entre estos textos ninguno revela el alma del encomendero humanista tanto como las extraordinarias razones que da del clima de la puna. En el Coloquio XXXV Cilena se queda muy contenta de la explicación que acaba de oír del sabio Delio en respuesta a su pregunta de por qué "en la puna muestra tanto calor el sol, que se tiene ya por dicho vulgar". ('Quema como sol de puna' (159v). Según Dávalos la causa "es rescivir la puna los rayos del Sol luego que salen de la media

---

[11] Yves Giraud, "Prépositions", en *L 'Emblème à la Renaissance*, 8, Giraud cita a Baudoin sin mencionar la obra, pero debe tratarse de su traducción moralizada de Cesare Ripa, *Iconologie ou Explication nouvelle de plusieurs images, emblèmes, et autres figures hiérogliphiques des Vertus* (1637).

región [muy fría] donde se fortificaron, pues si la yesca que enciende el Sol passando por la redoma de agua no estuviese en conveniente distancia, cierto es que no se encendería" (160r). La comparación implícita entre la puna y la yesca no resulta forzada justamente por ser ambas tan ardientes, pero la alusión a la redoma de agua (algo cristalino y redondo) lo sería si de inmediato no nos informara el mismo Delio del indudable origen de su imagen:

> Del effecto que los rayos del Sol hazen passando por lugares estrechos y fríos se valió para una empressa el Papa Clemente Séptimo poniendo una Bola de Cristal con muestra de los rayos del Sol que passavan por ella, y de la otra parte yesca encendida, mas haze de advertir que estos rayos encienden fuego en todas las materias aptas para recibirlo, mas no en las cosas puramente blancas, por lo qual dezia la letra [el lema o mote de la empresa] "Lo blanco no se ofende". De esta empressa hazen memoria Hierónimo Ruscelli y Paulo Iovio, y ambos la declaran assí, que aquel Pontífice quiso mostrar con esta empressa que la sinzeridad y cándida pureza de su ánimo no podía ser ofendida de maliciosos intentos, y afirman averla fabricado quando sus enemigos (en el tiempo del Papa Adriano Sexto) se conjuraron contra él para quitarle la vida. Y últimamente dize el Iovio que esta empressa fue inventada por Dominico Buoninsegni, Florentino, Thesorero del mesmo Papa Clemente, el qual philosophando sobre las cosas de naturaleza alcançó que los rayos de el Sol, passando por una bola de cristal se fortifican y unen de tal manera que queman qualquiera materia apta para encender se, fuera de las cosas perfectamente blancas, como lo declara el mote, del qual se infiere que se hallava libre de las culpas que sus enemigos le ponían y podían poner, y assí no temía ser offendido dellos (xxxv, 160r).

Dávalos ha usado, para explicar el clima de la puna, información de los comentarios de dos libros de empresas célebres, el de Ruscelli y el de Giovio. Semejante tipo de asociación –hoy impensable– indica muy a las claras una *forma mentis* moldeada por el contacto habitual con la literatura emblemática que cundió en la sociedad letrada de la época en toda Europa. La *Miscelánea* es prueba de que también llegó a este último confín de la cultura de Occidente. La originalidad de tal asociación cobra hoy valor excepcional por lo nuevo de una visión que en un solo párrafo logra sintetizar la realidad cotidiana del ardiente sol del altiplano con una empresa del más acendrado calibre humanista, preñada de necesarias connotaciones simbólicas e históricas que, además, Dávalos no deja de lado en absoluto. Si el ecijano hubiese hecho este tipo de comparación en referencia a alguna región, como la Arcadia, de vetusta prosapia en las letras occidentales, nadie se asombraría. Pero la puna era territorio virgen, ajeno a cualquier asociación simbólica en el *mundus significans* del humanismo europeo. Por eso la visión de Dávalos crea, sin saberlo, este pequeño milagro. Sus ojos, entrenados en la contemplación emblemática, al considerar la puna visualizan una empresa y superponen sobre la geografía virgen la divisa simbólica. Entonces el encomendero extrae de los magros contenidos científicos del comentario una hipótesis que le explique un fenómeno natural de la realidad americana. Así, en el alambique de su mente se destiló esta síntesis inédita del humanismo renacentista con la ardiente desolación puneña; esta conjunción única de dos realidades que para unirse exigían la rara circunstancia de una mirada que pudiera abarcar a ambas con idéntica familiaridad y, por ello, sin asombro.

Los libros de emblemas y de empresas, además de conformar su visión general de un fenómeno dado, ofrecieron a Dávalos abundantísimos materiales para enriquecer tanto su prosa como su verso. Considerando por ahora solamente este pasaje sobre la empresa de Clemente VII notará el lector su casi total dependencia del texto de Giovio:

L'impresa di papa Clemente, che si vede dipinta in ogni luogo e fu trovata da Domenico Buoninsegni, fiorentino, suo tesoriere, il quale volontiere ghiribizzava sopra i secreti della natura e ritrovò che i raggi del sole trapassando per una palla di cristallo si fortificano talmente e uniscono secondo la natura della prospettiva, che bruciano ogni oggetto, eccetto le cose candidissime. E volendo papa Clemente mostrare al mondo che'l candore dell'animo suo non si poteva offendere dai maligni, né dalla forza, usò questa impresa quando i nemici suoi al tempo d'Adriano gli congiurarono contra per torgli la vita e lo stato e non ebbero allegrezza di condurre a fine la congiura ... e l'impresa riusciva magnifica e ornatissima perché v'entravano quasi tutte le cose c'hanno illustre apparenza e la fanno bella, come fu detto da principio, cioè la palla di cristallo e il sole, i raggi trapassanti, la fiamma eccitata da essi in un cartoccio bianco col motto *Candor illaesus*[12].

La *Miscelánea* sigue el texto de Giovio muy de cerca, pero el hecho es índice de la aprobación de Dávalos más que de su docilidad. El ecijano pone en boca de Cilena su juicio sobre la divisa del Papa: "Curiosa y elegante empresa fue esa". Cosa muy distinta se podía leer en Giovio, quien después de mencionar el lema declaraba de inmediato que la tal empresa "sempre fu oscura a chi non sa la propietà sudetta, di sorte che bisognava che noi altri servitori suoi l'esponessimo ad ognuno e rendessimo conto di quel che aveva voluto dire Buoninsegni e di quel che Sua Santità disegnasse d'esprimere, il che si deve fuggire in ogni impressa". Dávalos, que ha traducido casi íntegro el pasaje de Giovio, no sólo pasa por alto estas razones, sino que añade la nota laudatoria en el mismo punto donde el italiano había hecho su crítica bien explícita.

La alusión a la empresa de Clemente VII nos agrega el libro de empresas de Giovio a las muchas fuentes ita-

---

[12] Paolo Giovio, *Dialogo dell'imprese militari e amorose*, ed. Maria Luisa Doglio, Roma: 1978, pp. 66–67. La obra de Giovio fue publicada póstumamente en 1555, en Roma.

lianas que fueron formando la taracea textual de la *Miscelánea*. Pero de este tipo de libros ninguno alcanzó en la obra la importancia de aquél que su autor juzgó entre todos el más elegante: *Le Imprese Illustri con espositioni et discorsi del S. Ieronimo Ruscelli*[13]. Razón sobrada tenía Dávalos, pues es éste un libro de impresión pulcra, hermosamente ilustrado con cada divisa en el más fino diseño, y donde cada empresa de personalidades célebres está explícita en detalle, símbolo por símbolo, tanto en relación con la empresa particular cuanto por sí mismo, todo con derroche de citas e incluyendo poemas de autores famosos y hasta recónditos. Dávalos supo explotar una mina semejante a las mil maravillas, tanto en prosa como en verso.

LE IMPRESE ILLUSTRI: LA TRADUCCIÓN LITERAL

Puesto que en otra oportunidad he atendido a la deuda de la prosa de la *Miscelánea Austral* con la obra de Ruscelli[14], ahora me limitaré a señalar su impronta en la producción poética del perulero. Baste aquí decir que hasta el Coloquio XXIII Dávalos había escrito un diálogo de amor; en ese punto se introducen los textos de las *Imprese Illustri* y éstos transforman el coloquio platónico en *Miscelánea*, dándole así a la obra su carácter definitivo.

Aunque Dávalos y Figueroa a veces, como en el caso de Giovio, declara sus fuentes sin ambages, son sobradas las ocasiones en que las escamotea, seguramente para alardear de una erudición que le exigía su inseguridad de indiano. Tal ocurre cuando decide admirar a Cilena

---

[13] He consultado dos ediciones de las *Imprese* de Ruscelli, ambas publicadas en Venecia, la de 1572 y la de 1584; la paginación de las citas corresponde en este caso a esta última.

[14] Alicia de Colombí-Monguió, *Petrarquismo peruano: Diego Dávalos y Figueroa y la poesía de la "Miscelánea Austral"*, Tamesis Books, London, 1985, pp. 112–113.

–y a los lectores del libro– con su dominio del difícil latín de las *Metamorfosis*. Después de una larga disquisición sobre las propiedades del ave fénix (tomada de las *Imprese Illustri*, aunque ocultando la fuente) declara muy al desgaire: "Bolviendo a nuestro intento, digo que assí mesmo se prueva no quemarse la Fénix en unos versos de Ovidio ... Ellos son pocos, con lo qual y con ser verso suelto los podré yr traduziendo con facilidad". Dávalos nos engaña, porque no está traduciendo directamente del texto latino (*Metamorfosis* XV, 391–407), como sus palabras sugieren, sino de versos "molto felicemente tradotti in lingua italiana da Celio Magno", como nos informa Ruscelli (II, ii, 142v). De ahí la facilidad de nuestro ecijano, cuyo deseo de aparentar erudición –tan propio de la época– lo ha llevado una vez más a esconder su verdadera fuente, para fingir un dominio de la prestigiosa lengua clásica que no creo poseyese. Manejaba el italiano en verdad admirablemente, y su traducción de la traducción de Celio Magno es a la vez elegante y literal:

Sola una ave se ve que se renueva	Un augel solo v'e che si rinova
y reproduce de su fuerça propria,	e riproduce del suo proprio seme,
Phénix se llama, en Siria se alimenta	Fenice in Siria detto, a cui dan cibo
no de yerva o semillas, mas de encienso,	non biada o erbe, ma di puro incenso,
licor o xugo de oloroso ammomo.	lacrime e succo d'odorato amomo.
Esta en el fin de los quinientos años	Questa, poi che cent'anni ha cinque volte
bolando sube sobre un elce umbroso	vivendo corsi sopra un'elce ombrosa
o de la tremolante y alta palma,	o d'una palma tremolante in cima;
donde con uñas y con pico fuerte	con l'unghie e'l duro rostro à se compone,
fabrica y traça el venturoso nido.	gia vecchia e stanca il fortunato nido
Añade nardo, cinammomo y mirra;	di nardo ad un con cinammomo e mirra
assí lo acaba, sobre el qual se pone,	costrutto un rogo, a qual sopra si pone,
y en la dulce fragancia da la vida.	e fra gli odor sua lunga età finisce.
Es fama que de allí para otros tantos	Quindi è fama che eletto ad altretanti
años vivir, de los paternos miembros	anni varcar, de le paterne membra
nasce y se cría el noveçuelo pollo.	nasca di nuovo un pergoletto augello,
Pues ya como en robusta edad se sienta	il quale come in robusta età si sente
para poder llevar el grave peso	atto a peso portar del grave nido
de los compuestos ramos, pio y grato,	disgrava gli alti rami, e grato e pio
o del sepulchro haze dulce carga;	de la natia sua culla e del paterno sepolcro insieme a se fa dolce soma,

y por el ayre a la ciudad de Apolo	che poi per l'aere a la Cittá del Sole
lo lleva, y junto a las sagradas puertas	giunto davanti a le sacrate porte
del riquísimo templo allí lo pone.	del gran tempio di lui depone e lascia.

Es ésta la única oportunidad en que Dávalos usa el verso suelto, aunque naturalmente sabía que se había usado en nuestra lengua desde Garcilaso y Boscán; el suyo –muy bien tornado, por cierto–, le fue dictado como es obvio por los versos de Celio Magno. Como puede verse en la confrontación textual Dávalos en este caso ha seguido rigurosamente el modelo, como Fray Luis exigía de la traducción justa, "sin añadir ni quitar sentencia y guardar cuanto es posible las figuras del original y su donaire"[15].

Otra traducción no menos ajustada es la que ofrece de un poema que también encontró entre las páginas de las *Imprese Illustri*[16].

Se trata de un soneto bilingüe en italiano y latín de carácter claramente emblemático:

Amigo, mira bien esta figura	Amico, mira ben questa figura
cuyo ser en tu mente esté guardado	et in arcano mentis reponatur,
y serás de gran fruto aprovechado	ut magnus inde fructus extrahatur
mirando el beloz buelo y su echura.	considerando ben la sua natura.
Esta es la rueda instable de ventura	Amico, questa è ruota di ventura,
que jamás en un punto se a afirmado	quae in eodem statu non firmatur,
mas siempre muda sin cessar su estado	sed casibus diversis variatur
baxando al alto, al baxo dando altura.	e quale abassa, e quale pon in altura.
Mira en lo excelso el uno ya subido	Mira che l'uno in cima è già montato,
y al otro que baxando le arruyna,	et alter est expositus ruinae;
otro en lo baxo ya del bien privado;	e'l terzo è in fondo, d'ognio ben privato;
el quarto que a la cumbre se avezina	Quartu ascendit iam. Nec quisquam sine
y subirle sus obras an podido	ragion di quel ch'oprando ha meritato
según orden, razón y ley divina.	secundum legis ordinem divinae.
	(Xll, 45r-v).

---

[15] *Poesías de Fray Luis de León*, S.A.E.T.A., Madrid: 1955, p. 435. Dávalos ha dejado de traducir sólo un verso de Celio Magno (XXIII, 94v).
[16] En la ed. de 1572, pp. 102–103.

En este caso Dávalos ha sido escrupuloso en detallar sus fuentes, creo que debido a que la prosa del Coloquio XII no depende en absoluto de las *Imprese*. "En las empresas de Hierónimo Rusceli (entre las demás elegantíssimas que tiene) está una de una rueda con quatro hombres figurados en ella –uno en lo supremo, otro en lo ynfimo, otro que camina para lo alto, y otro que se va precipitando– al pie de la qual está un soneto en lengua latina y en la toscana, hecho por Lorenço de Medicis[17], elegante i poeta, que significa y muestra ser aquélla la rueda de la fortuna y su natural inconstancia, y dize assí ..." (XII, 45r). Da en este punto –cosa excepcional en la *Miscelánea*– el texto original del poema que de seguido traduce. Lo hace nuevamente con la literal escrupulosidad que exigía Fray Luis y que demanda lo que John Dryden llamó *metaphrase*, es decir, seguir el modelo "word for word and line by line"[18]. Sin duda Dávalos se acogía al rigor de este tipo de traducción al declarar que "el traduzir es pelear en lugar estrecho y peligroso, que no permite echar paso atrás ni adelante, aunque sea para mejorarse, lo que no tiene el componer" (v. 17r).

El carácter emblemático del poema es indudable. No porque Dávalos hable del mismo como parte de una empresa, porque en realidad, no lo es. En el Libro II, Parte III de las *Imprese Illustri* al comentar la de "Carlo, Arciduca d'Austria"[19], Ruscelli discute el motivo de la rueda de la Fortuna, y para ilustrarlo agrega "sopra qual ruota

---

[17] Joseph Fucilla en sus *Estudios sobre el petrarquismo en España*, Madrid: 1960, p. 226, aclara que el autor del soneto es Lorenzino de Médicis.
[18] En su "Preface to the translation of Ovid's Epistles", *Essays of John F. Dryden*, ed. W. B. Ker, Oxford, 1900, Tomo 1, pp. 237–43.
[19] La figura de la empresa del Archiduque es una mujer desnuda sobre una esfera (la Fortuna), con el *títulus* "*Audaces juvo*". Puesto que la figura está de pie entre ambas palabras el lema debe entenderse como *Audaces Fortuna juvat*, mote muy frecuente en la heráldica medieval y renacentista. Es una empresa en alabanza de la audacia en la iniciativa personal, y muy distinta a la temática que discute Dávalos.

ritrovandomi un sonetto fatto da Lorenzo de Medici"... con la *pictura* que describe Dávalos. El soneto en cuestión funciona como epigrama de un emblema cuyo mote sería naturalmente *Fortunae rota*[20]. La *imago* tiene larga tradición medieval, siendo idéntica a las representaciones de la rueda emblemática con cuatro figuras humanas sobre ella en los cuatro momentos de su fatídico giro: *Regnabo, Regno, Regnavi, Sum sine regno*[21].

Aunque Ruscelli le ofrecía dos motivos –ambos importantes– del tema de la Fortuna, Dávalos prefirió quizá el más tradicional, y de seguro el más pesimista, si bien él había sido hombre afortunado gracias a la feliz comunión de Fortuna y Venus[22]. Es muy probable que esta preferencia –subrayada por el absoluto silencio en que pasa por alto la empresa del Archiduque– se deba a circunstancias históricas bien definidas, que en el hogar de Dávalos debieron tener siempre candente actualidad. En Perú, después de la suerte que corrió Gonzalo Pizarro y otros con pretensiones semejantes, *Audaces Fortuna juvat* tenía que ser de necesidad lema tanto desprestigiado cuanto peligroso.

---

[20] Por ejemplo en Jean Cousin, *Liber Fortunae*, 1568, C X VII: "*Fortunae rota*".

[21] Para la rueda de la Fortuna como rueda de la Vida véase Mary-Ivonne Perrot, *Le symbolisme de la roue*, Paris: 1980. Aún es útil Howard Patch, *The goddess Fortuna in medieval literature*, Cambridge, MA: 1927. Sobre *Fortuna en la emblemática*, véase Lucie Galactéros de Boissier, "Images Emblématiques de la Fortune. Éléments d'une typologie", en *L'Emblème à la Renaissance*, pp. 79–125.

[22] Véase Cap. 3 de mi *Petrarquismo peruano*, donde se explica cómo, gracias al matrimonio con Doña Francisca, Dávalos consiguió llegar a la cima de la sociedad colonial, es decir, ser encomendero, o como se llamaba en el Perú, "feudatario" de indios. En el mismo capítulo véanse las noticias sobre la vida del primer marido de Doña Francisca, Juan Remón, gallardo campeón de la Corona en las varias rebeliones de los encomenderos peruanos. Sus luchas en contra de los rebeldes quedaron bien documentadas en las crónicas de la época.

Si tal preferencia de Dávalos puede ser sintomática de un momento histórico peruano, su elección de este soneto en particular ilustra su inclinación hacia el pensamiento emblemático. La Fortuna, uno de los grandes temas de Occidente, lo es, naturalmente, también de la emblemática. El poema, sin embargo, no es simplemente emblemático por su tema, puesto que éste, siendo de inmenso alcance, no puede reducirse exclusivamente a ningún género. Es emblemático por su característica demanda de visualización: "Amigo, mira bien esta figura". Tal es el comienzo típico de estos sonetos que son o funcionan como epigramas de un emblema. Por ejemplo, en la *Emblematum centuria* de Julius Zincgref (Heidelberg 1616) bajo el emblema XCIV *Rota volvitur aevi*, puede leerse la *subscriptio* que comienza: *Contemplant icy haut la roue de Fortune*. Sigue, en este caso y en el de Medici-Dávalos, una imagen que traslada en palabras la figura del emblema.

Cuando se trata de un emblema propiamente dicho, o sea, cuando tanto el elemento plástico como el verbal están presentes ante el lector, éste percibe antes la *pictura*. Este fenómeno, que Schöne llamó "la prioridad de la pintura"[23], se confirma una vez más en el pasaje en que Delio describe primero el dibujo de la rueda "al pie de la qual" se encuentra el soneto que traducirá, demostrando así la prioridad del elemento visual en la secuencia de su propia percepción.

El poema emblemático, cualquiera sea su temática, tiene que contener una imagen verbal que potencialmente pueda ser transformada en la *pictura* de un emblema o que, como en este caso, describa una ya existente. Es decir, la característica *sine qua non* de este tipo de

---

[23] A. Schöne, *op. cit.*, p. 26.

poema radica en su capacidad de ser traducido de ícono verbal en ícono visual[24]; poemas que deben ser leídos "literal y visualmente, e interpretados según la tradición emblemática"[25].

EL ÁGUILA O LA TRANSFORMACIÓN DEL SUBTEXTO

Hemos visto cómo Dávalos ha usado el material que en tanta abundancia le ofrecían las *Imprese Illustri* para traducirlo literalmente, ya ocultando, ya indicando su fuente. Pero no fue éste el único modo en que la obra de Ruscelli fecundó la poesía de la *Miscelánea*. En el Coloquio XXV puede leerse una discusión sobre el águila, donde Dávalos finalmente nombra las empresas a las que tanto debe en ocasión de "un soneto que hizo Unico Aretino, Señor de Nepe, a una señora casada a quien él llamava ingrata ... [a quien] Hierónimo Ruscelli alaba de honesta, hermosa, sabia y otras muchas partes. Cilena: ¿Y qué intento muestran esos versos? Delio: Dize que assí como el águila no admite por hijos los que no miran al sol, él no creía que esta señora le amasse si no condecendiesse en todo con su desseo, sin eceptar parte alguna" (101v). El soneto que Dávalos compuso basado en el texto que le ofrecían las *Imprese* es el siguiente:

> Los hijos mira el águila en su nido
> y aunque a su ser los halla semejantes
> haze que miren a los rutilantes
> rayos de Phebo cuando más luzidos;

---

[24] W. K. Wimsatt en un libro dedicado a la imagen romántica, *The Verbal Icon*. Univ. of Kentucky Press, Lexington: 1954, da una definición útil de ícono verbal que puede ayudar a la comprensión de la naturaleza del poema emblemático: "The therm icon ... in its more usual meaning refers to a visual image ... The verbal image which most fully realizes its verbal capacities is that which is not merely a bright picture ... but also an interpretation of reality in its metaphoric and symbolic dimensions", x.
[25] Peter Daly, *Literature in the Light of the Emblem*, Toronto-Buffalo: University of Toronto Press, 1979, p. 68.

> y al que conosce menos atrevido
> por flaca vista, luego penetrantes
> picadas echa de entre los constantes:
> justa razón de ser aborrescido.
>
> El mesmo examen hago yo, cuytado,
> acá en el pecho de mis pensamientos,
> en esta ausencia do viviendo muero;
>
> pues al que siempre en voz no está ocupado
> para aliviar mis ásperos tormentos,
> lo aborrezco, desprecio, y no lo quiero.

El soneto italiano a que Dávalos se refiere aparece también en las *Rime Diverse* de Giolito (1545), antología que el perulero conocía sobradamente. Allí se encuentra con muy pocas variantes, pero atribuido a Ariosto. Ruscelli comenta tal atribución, para dar la autoría a Unico Accolti Aretino, Signor de Nepe, "il quale sonetto fu poi da alcuni tolto in falo, come soul farsi molto spesso, & atribuito a Ludovico Ariosto"[26], por lo cual no pueden caber dudas de que Dávalos toma de Ruscelli este subtexto:

> Ben che simile sieno e de gli artigli
> e del capo, e del petto e de le piume,
> se manca lor la perfettion di lume
> riconoscer non vuol l'aquila i figli.
>
> Perche una parte che non gli simigli
> fa che non esser sue l'altre presume,
> magnanima natura, alto costume,
> degno onde essempio un saggio amante pigli.
>
> Che la sua Donna sua creder che sia
> non dè, s'à pensier suoi, s'à desir suoi,
> s'à tutte voglie sue, non l'ha conforme.
>
> Pero non siate in un da me difforme
> benche mi si confaccia il più di voi,
> ò nulla ò vi convien tutta esser mia.

---

[26] *Imprese Illustri*, 1584, II, ii, 191r.

En este caso el ecijano transforma el modelo completamente. Es de entender, sin embargo, que declare su fuente, pues de oírse el soneto de Unico Aretino por debajo de la voz de Dávalos ésta cobra su auténtico sentido, justamente por el modo en que altera el subtexto. Ya en los cuartetos, que encierran el ícono verbal, Dávalos se aparta de la traducción rigurosa que observamos en el apartado anterior. Si esto fuese una traducción se trataría más de la *paraphrase* de Dryden, cuyo intento es trasladar el sentido más que cada una de las palabras. Pero al llegar a los tercetos se puede comprender claramente que lejos de traducir el subtexto, subvierte su significado. El poema del italiano exige una total entrega de la dama a todo lo que el amante sea, piense o desee, y de no ser así el amante-águila (e implícito Sol donde debe estar fijada siempre cada mirada de la amada) rechazaría como suya a la dama-polluelo: *ò nulla ò vi convien tutta esser mia*. Al feminista encomendero –autor de la *Defensa de Damas*, recordémoslo– debieron repugnar tales sentimientos; y entonces cierra su imitación transformadora invirtiendo admirablemente el significado del subtexto: el amante-águila aleja de su pecho, como hijo extraño, todo pensamiento suyo que pueda distraerlo de la pena amorosa, o sea, todo pensamiento que no trate de su señora (el Sol a donde deben dirigir la mirada todos sus pensamientos-polluelos).

Este motivo del águila y sus crías fue también muy popular entre los emblematistas. Así en los *Emblemas* de Hernando de Soto encontramos uno con la *pictura* del águila con su cría, el lema *Te ipsum, de te ipso / A ti mesmo, de ti mesmo* y el siguiente epigrama:

> Al sol que apunta a salir
> saca el Águila a sus hijos,
> a ver si con ojos fixos
> pueden su luz resistir.

Luego al que la ha resistido,
por hijo suyo conoze,
mas al otro desconoce,
y le arroja de su nido.
Tal en el profundo abismo
del humano pensamiento,
ha de hallar conocimiento
cada uno de sí mismo[27].

Como se verá, con el mismo motivo el emblematista podía construir muy distintos argumentos. Lo que los tres poemas tienen en común es esa fundamental característica emblemática de contener al comienzo una imagen claramente visualizable, o para decirlo en otras palabras, un emblema verbal. Las cuartetas de de Soto son en efecto el epigrama de un emblema completo, con su figura correspondiente. El soneto italiano y el español no son emblemas propiamente dichos, careciendo ambos de representación plástica pero, de tenerla, ambos hubieran podido usar una lámina idéntica a la que ilustra el emblema de Hernando de Soto: es decir, ambos sonetos son claros ejemplos de emblema verbal, construidos como tales, con una imagen fácilmente visualizable al comienzo –que funciona a modo de *pictura*– y una explicación final, propia del epigrama.

POEMA EMPRESA: EL SANTO COMO HALCÓN

Dávalos escribió solamente tres poemas religiosos: dos al Padre Francisco de Borja, y el tercero una muy afortunada traducción de *Las lágrimas de San Pedro*, de Tansillo. El Duque de Gandía aún no había sido canonizado cuando Dávalos compone sus sonetos, pero su santidad era bien conocida a través de *La Vida del Padre Francisco de Borja, tercer General de la Compañía de*

---

[27] *Emblemas moralizados* de Hernando de Soto, Madrid: 1599, ed. facs. Carmen Bravo-Villasante, Madrid: 1983, 77r.

Jesús, del Padre Ribadeneyra, publicada en 1592. De 1594 a 1596 aparecen además tres ediciones de su *Trilogía de Vidas, Loyola-Laínez-Borja*. Con esto dicho puede entenderse fácilmente el contexto del diálogo que sostuvieron Cilena y Delio sobre el tema:

> Cilena: Grandes muestras de santidad se quenta de la [vida] del Duque, y basta para calificarlas todas el aver dexado sus estados, hijos y familia, y sacrificándose a la estrecheza de la religiosa Compañía, dél escogida para conseguir su intento ... Delio: Muy discretamente lo consideráis, y aun según esso en su Vida he leydo, fue inspiración divina el tomar el Duque este hábito ... Y pues gustáis de saber sus estatutos [los de la Orden], fácil será conseguirlo leyéndolos en la Vida del Padre Ignacio, su fundador y patrón. Cilena: A cada punto conozco de nuebo que del Cielo fue la elección que el buen Duque y Padre Francisco de Borja hizo, donde se consiguieron dos efectos maravillosos, el uno de su exemplar y maravillosa vida, y el otro levantar, adornar y calificar esta Orden tan en su principio. Delio: Yo leí su Vida, escrita con dulces y elegantes discursos por el Padre Ribadeneyra de su propia Orden, de que quedé tan afficionado que lo quise mostrar en dos sonetos que en su alabança hize" (XXXIV, 152v-153r).

De los dos sonetos aquí hemos de atender solamente al segundo, un poema emblemático según las características que acabo de señalar:

> El sacre illustre, que del alto buelo
> do libre estava puesto y colocado,
> del grande Caçador siendo llamado
> a pocos gritos acudió al señuelo.
>
> Era del aire, y abatióse al suelo,
> cudicioso de verse descargado
> del peso que lo tiene remontado,
> y que le impide la subida al Cielo.
>
> Y para levantarse con presteza
> puntas tomó de ayuno y disciplina,
> cortando el viento de sus vanidades;

y en premio de esta cruz y la riqueza
que en el siglo dexó, de la divina
goza y ha de gozar eternidades.

La imagen verbal, presentada como de costumbre al principio del poema, es la de San Francisco como halcón de Dios que se abate ante la llamada de su dueño, el Gran Cazador. La comparación proviene, de seguro, de la *Vida* del Padre Ribadeneyra, donde en el capítulo V se habla de la mucha afición que tenía por la caza el Marqués de Lombay y Duque de Gandía:

> La recreación de que gustaba era la caza de halcones, y era tanta su habilidad y buen ingenio en hacer los halcones de su propia mano, que pudiera muy bien ganar de comer por sola esta habilidad ... Pero andando el tiempo, como Dios iba labrando al Marqués y comunicándole más su espíritu, y amaba la caza para aprovechamiento espiritual, y para gozar más de la soledad y libertad del campo, y tener más ocasión de contemplar y conocer al Criador en sus criaturas, y por las cosas visibles subir a las invisibles y eternas ... Porque unas veces consideraba la sabiduría y poder de Dios que, por una parte, había dado tal naturaleza a aquellas aves que vuelan tan alto, y con la libertad y ligereza que el mismo Señor les dio se pierden de vista; y por otra ha dado tanto señorío sobre ellas al hombre que las trae a su mano y las priva de su natural libertad, y siendo tan bravas las domestica y las envía sueltas por esos aires, como soldados suyos, para que le prendan u maten otras aves bravas y mayores, y se las den cautivas en sus manos, y alcanzada la victoria ellas mismas se le vuelvan a la prisión. Y de aquí sacaba el señorío que tenía el hombre sobre todos los animales antes que pecase, y con cuánta razón le perdió por el pecado ... Pero en lo que más se ejercitaba era en su propia confusión; porque cuando consideraba que un ave indómita por su naturaleza, con un poco de regalo que el hombre le hace, se amansa y se le viene a la mano, y le sirve y le recrea, aunque la ate y prenda, con capirote le quite la vista de los ojos, humillábase y confundíase considerando que siendo el hombre criado de Dios, manso y tratable, y sin alas para volar ni pies para podérsele escapar,

todavía se le huía, sin que tantos regalos y beneficios fuesen parte para domesticarle y volverla a su mano[28].

Sin duda este pasaje hizo recordar a Dávalos la empresa de Ricardo Scellei, "Prior de Inghilterra", en las *Imprese Illustri*, donde contra un fondo de montañas se ve un árbol con un halcón, y otro volando, diciendo el lema en español: "Fe y Fidalguía" (Libro III, 274v). Dice Ruscelli en el comentario: "Di maniera che conosciendosi questo genero fi Falconi esser naturalmente osservatori d'ordine, di tanto rispetto a la sua specie & così generoso ... è cosa che viene molto a proposito ch'un cavaliero ... essendo masimamente tale che le sue opere lo fan conoscere al mondo per così gran mantenitore della disciplina Catolica ... e di così magnanima fedeltà che per non abbandonar la Chiesa ha voluto lasciar le sue possessioni et quello che avea di vivere" (274v-275r). El pasaje de la *Vida* de Francisco de Borja no establece un claro símil entre el santo y el halcón. Creo que el salto simbólico que le permitió a Dávalos construir su soneto como una empresa verbal del Duque de Gandía fue impulsado por esta divisa de Ricardo Scellei, ya que cuanto de él dice Ruscelli puede aplicarse a Borja, haciendo del Duque cazador halcón de Dios. Es muy posible que también las *Imprese* hayan influido para que Dávalos favoreciera el *sacre* sobre otros tipos de halcón, pues Ruscelli declara que "gli Antichi celebrano il Falcone per ucello sacro ... il nostro Virgilio [lo llamó] Sacer Ales", palabras que seguramente hicieron que Dávalos relacionara *sacre* con *sacro-sacer*. Y aún hay más; Ruscelli continúa su comentario de la empresa de Scellei con un soneto, sin autor declarado, en cuyo segundo cuarteto se lee:

> E quando vien dal sou Signor lasciato
> sciolto volar per qual voglia Emispero,

---

[28] Pedro De Ribadeneyra, *Historias de la Contrarreforma*, BAC, 1945, p. 640.

per sou honor quantunque sia altero
non manca di tornar al pugno usato.

Sería imposible para Dávalos, y de hecho para cualquiera que conociese la vida del Duque de Gandía, no relacionar la empresa de Scellei tanto como este soneto con el santo jesuita. De hecho, el soneto de la *Miscelánea* es una perfecta divisa verbal, que los jesuitas hubiesen, sin duda alguna, aplaudido.

El poema emblemático con su exigencia de visualización no podía ser ajeno a la Orden que como ninguna otra supo asimilar para sus fines el arte emblemático. Tanto esa visualización que aconsejaban los ejercicios ignacianos (la "composición de lugar") como el concepto del mundo al que brevemente alude Ribadeneyra ("conocer el Criador por sus criaturas, y por las cosas visibles subir a las invisibles"), todo llevó a que la Compañía de Jesús hallara en los emblemas un medio a la medida de sus fines y de sus necesidades de expresión espiritual[29].

Al fin y al cabo, todo este mundo de la emblemática, desde los jeroglíficos de Horapolo a los emblemas jesuitas, respondía a una visión del mundo que los humanistas del siglo XVI y los hombres del barroco habían heredado del simbolismo medieval. Es esta larga tradición de pensamiento analógico la que permitió a Dávalos ver en las empresas italianas una red de relaciones y significados múltiples para ser trasladados, transformados y recreados en su palabra poética. La rueda de la fortuna, el fénix, el águila y el halcón eran signos y figuras de una realidad trascendente, polifacética y universal, que en ellas podía ser contemplada como en un espejo. El en-

---

[29] No creo que los jesuitas se hayan servido de la emblemática por puro afán propagandista, como parece sugerir Mario Praz, *op cit.*, 169. Claro que también usaron emblemas de ese modo, pero era una propaganda que respondía a una auténtica necesidad espiritual y cuyo medio reflejaba perfectamente el espíritu de la Orden.

comendero de La Paz, sin saberlo, repetía las viejas verdades de Alain de Lille:

> Omnis mundi creatura
> quasi liber et pictura
> nobis est et speculum[30].

La *Miscelánea Austral*, este extraño libro donde por una vez confluyeron en América el diálogo platónico, el Cancionero petrarquista, los libros de empresas italianos, los de emblemas españoles, las Vidas de Santos jesuitas y la corografía americana, a su modo también ha de ser para nosotros signo y pintura de un mundo que en la síntesis humanista creyó encontrar su mejor espejo, y donde el encomendero de indios quizá nos heredó sus espejismos.

---

[30] Apud Ernst Robert Curtius, *Literatura europea y Edad Media latina*, trad. Margit Frenk Alatorre y Antonio Alatorre, F.C.E., México-Buenos Aires: 1955, 448.

SEGUNDA PARTE

DON LUIS DE RIBERA
(1612)

En este claro, excelso monumento,
de abundantes olivas coronado
el cristalino Betis sosegado
visite de su Cisne el sacro aliento.

CAPÍTULO UNO

DON LUIS DE RIBERA, UN CLÁSICO OLVIDADO

*Para Josep Barnadas,
persuasivo acicate de estos desvelos*

Peregrina suerte la de Luis de Ribera: elogiada su obra por cuantos de él han escrito a la par que olvidada, salvo por unos poquísimos sonetos, cuando sus *Sagradas poesías*, publicadas en Sevilla en 1612, cuentan más de cien poemas. En su siglo debieron tener mejor acogida que en el nuestro, pues fueron reeditadas en Madrid en 1626. No conozco mejor ejemplo de esta paradoja de altísima alabanza y postergación textual que el de Don Marcelino Menéndez y Pelayo, quien en su *Antología de poetas hispanoamericanos*, III, considera que "quien verdaderamente enriqueció aquel cerro con venas de poesía más preciosa que la plata de sus entrañas, fue el sevillano Luis de Ribera, uno de los más excelentes y olvidados ingenios de nuestro siglo de oro"[1]. Y sin embargo, de este poeta, a su juicio más valioso que todos los tesoros de Potosí, Don Marcelino no incluye en su antología un solo verso.

---

[1] Marcelino Menéndez y Pelayo, *Antología de poetas hispanoamericanos, III, Colombia-Ecuador-Perú-Bolivia*, (Madrid: Real Academia Española, 1894), p. cclxxxv.

Así como en su breve comentario Menéndez y Pelayo cita *in extenso* el elogioso juicio de Gallardo[2], en el futuro los críticos literarios bolivianos citarán las alabanzas del eximio santanderino, apenas remediando su postergación textual. Para Teresa Gisbert en su *Esquema de Literatura Virreinal en Bolivia,* a la zaga de Don Marcelino, Ribera "es uno de los mejores, si no el mejor poeta que pisó el Alto Perú", mejorando el largo descuido con la muestra de un soneto[3]. Adolfo Cáceres Romero, en cuya *Nueva Historia de la literatura boliviana II. Literatura Colonial*, se halla el más extenso estudio crítico de las *Sagradas poesías,* sólo puede basarse en "los pocos poemas" de Ribera que se conocen en Bolivia fueron recopilados por Augusto Guzmán en su *Antología Colonial de Bolivia* (1956)[4]. Es hora, pues, de unir el elogio al corpus

---

[2] *Ibidem:* "Libro precioso y de lo mejor que se ha escrito en su línea (dice con razón D. Bartolomé J. Gallardo R. es castizo y elegante poeta; su dicción y estilo saben más al siglo XVI que al XVII; sus versos tienen el sabor dulce y suave de los de M. León y la lozanía de los de Herrera y demás de la escuela sevillana. El gusto del autor es muy severo y clásico; nada de oropel ni argentería: oro macizo").

[3] Teresa Gisbert en colaboración con José de Mesa, *Esquema de Literatura Virreinal en Bolivia,* 2ª ed. (La Paz, Univ. Mayor de San Andrés, 1968), pp. 19–20. A su juicio Ribera "es uno de los mejores, si no el mejor poeta que pisó el Alto Perú. Siendo aun muy joven se embarca para México, más tarde pasa al Perú, concretamente a Chuquisaca, donde desempeña el cargo de Teniente Mayor". Da el texto del soneto "De la muerte horrible al pecador, agradable al justo". Cita valoraciones de Menéndez Pelayo y de Sáinz de Robles. Luis Ramiro Beltrán S., *Panorama de la poesía boliviana. Reseña y Antología* (Bogotá: SECAB, 1982). Cita a Gisbert, a Menéndez Pelayo y a Sainz de Robles: "uno de los mejores poetas religiosos que ha tenido España, en ocasiones comparable al mismo Fray Luis de León".

[4] Adolfo Cáceres Romero, *Nueva Historia de la literatura boliviana II. Literatura Colonial.* (La Paz - Cochabamba: Ed. Los amigos del libro, 1990), pp, 47-55. P 47: "es, sin duda alguna, el más grande poeta de la Colonia en la Audiencia de Charcas, residiendo primero en Chuquisaca y luego en Potosí, ciudad esta última donde compuso casi toda su producción poética. Ribera es uno de los pocos poetas místicos que se identifica con la Escuela Sevillana, y con su maestro Fernando de Herrera (1534-1597)". P. 48: Cita a Menéndez Pelayo y a Gallardo. "Los pocos

poético, y en vez de la loa casi a ciegas, hacer que –si merecida– nuestra admiración llegue a ser evidente. La edición más moderna de la poesía de Luis de Ribera, muy incompleta por cierto, es la que nos ha dejado el benemérito Don Justo de Sancha, publicada en Madrid en 1872. Por mi parte me basaré en la primera edición de 1612[5].

De la vida de Luis de Ribera se sabe muy poco. Este "cisne del Betis" como se llamará a sí mismo en más de una ocasión había nacido en Sevilla, posiblemente alrededor de 1555[6], en cuya universidad se licenció, según noticia de Beristáin, que lamentablemente no nos informa de en qué lo hizo. En 1587, ya en Indias, decidió proseguir sus estudios en el Virreinato de Nueva España, pero la Universidad de México se habría negado a otorgarle el doctorado, lo cual debe haber sido golpe considerablemente doloroso para hombre que bastantes años después mostrará intenso orgullo en sus empeños eruditos. Es probable que haya sido la humillación infligida por la universidad mexicana lo que lo ha habrá hecho abandonar Nueva España por los Charcas, donde eventualmente se lo halla en La Plata con el cargo de Teniente Mayor[7], y por fin en 1610 ya en Potosí, donde firma un memorial para el Virrey Mendoza y Luna[8]. Tam-

---

poemas de Ribera que se conocen en Bolivia fueron recopilados por Augusto Guzmán en su *Antología Colonial de Bolivia* (1956) donde dice: 'Glorioso y olvidado poeta del siglo de Oro español, pertenece también al movimiento colonial de nuestra literatura, porque su canto tierno, espiritual y devoto, surgió en medio del naciente esplendor material de Potosí, como una de las primeras manifestaciones de la cultura altoperuana'".

5 En BAE, XXXV, por Don Justo de Sancha, (Madrid, 1872), pp. 56–67. Yo he usado las *Sagradas poesías* de don Luis de Rivera (Sevilla: Clemente Hidalgo, 1612).

6 T. Gisbert, *Esquema*, fecha la vida de Ribera de 1555-1620.

7 *Ibidem*, *Esquema*, "más tarde pasa al Perú, concretamente a Chuquisaca, donde desempeña el cargo de Teniente Mayor".

8 Además de la noticia de Beristáin, debo al Dr. Josep Barnadas la siguien-

bién la dedicatoria de sus *Poesías* viene firmada "en Potosí, primero de Março de 1611".

El libro está dedicado "a la S. Co[n]stança María de Ribera"[9], su hermana, "monja profesa en el ábito de la Conceción", como se indica en la portada, a cuyo pedido dice haber publicado sus poesías:

> El amor que tengo a V. m., junto con el vínculo de la sangre, y acrecentado en la estimación de su virtud y aviso, ha podido, en cumplimiento de sus ruegos, apagar los colores que me salen al rostro de osar publicar los exercicios poéticos que, entre mayores estudios, tuvieron cerca de mí algún lugar.

Contienen estos ejercicios poéticos cientoveintiséis poemas, la mayor parte de los cuales la ocupan sus cientosiete sonetos, entre los que se intercalan siete traducciones de "*hi[m]nos, cánticos* [y] *salmos*", seis elegías (poemas largos en tercetos encadenados) y seis canciones. Los temas de la gran mayoría se basan directamente en las Sagradas Escrituras. Del Antiguo Testamento abundan los sonetos inspirados por el Génesis, más una media docena en el Segundo Libro de Samuel y en el de Daniel, además de cuatro estupendos sonetos sobre el Cantar de los Cantares, y unos pocos en contemplación de los Salmos y del libro de Job, en relación con el cual aparecen varios sonetos sobre la muerte. Los poemas sobre el

---

te información: "sólo queda documentada su presencia en Potosí en 1610, cuando suscribió un memorial (sin que sepamos que cargo ejercía) para el Virrey Mendoza y Luna sobre el debatido tema de la reducción de los *mit'ayuqkuna* en los alrededores de la Villa, parecer en el que separándose de la opinión de los jesuitas abogó por la restauración del sistema original de F. de Toledo. Los años posteriores permanecen en la oscuridad, agravada por la incertidumbre de si es la misma persona de L. de Ribera y Colindres que en 1620-1621 también suscribió dos memoriales (hablaría en favor de la identidad el que uno de ellos vuelva a tocar el tema de la reducción de los indios de *mit'a*)".

[9] En la dedicatoria, quizá por error de imprenta, el nombre aparece como *Costança*, pero en la portada se lee *Constança*.

Nuevo Testamento están centrados naturalmente en la vida de Jesús y, por tanto, en los Evangelios, si bien uno de ellos ilustra las Epístolas. Conectados con ellos se halla una serie de sonetos sacramentales, así como poemas a la Encarnación del Verbo, a los nombres de Jesús, a los de María y a la Cruz. Hay unas pocas poesías que parecen inspiradas en la intimidad de la vida religiosa del poeta, mientras otras están claramente dirigidas a la vocación monástica de su hermana.

Por su parte Don Luis, en la ya mencionada dedicatoria, nos da su propia estimación de la temática del libro:

> Las poesías de sujetos divinos y sentimientos espirituales son campo muy propio de V. m. y de orejas pías y devotas, para recrear en leción tierna y encendida el ánimo travajado, y aun para aprovecharse della, despertando la fantasía. Con la dulçura y suavidad de essa música, en altas meditaciones, V. m. onre mi desseo, y si le pareciere tesoro, hará bien de tenello por de Indias, más ricas que las que sabemos y yo e peregrinado.

Poesía de temas sagrados trasuntada de espiritualidad, adecuada para ser oída (mientras se la lee en voz alta y con emoción) por almas devotas, y para que su lectura encienda la imaginativa, recreando de ese modo en la mente las escenas bíblicas poetizadas. Probablemente Ribera se refiere al ejercicio de la composición de lugar, practicado en las meditaciones ignacianas, de las cuales me ha parecido notar alguna huella en varios poemas. Muchos de ellos posiblemente serían de provecho para las "altas meditaciones" que desea el poeta, pero en este punto –aunque adelante asunto que trataré por extenso en otro capítulo– no puedo menos que señalar ahora que varias de sus composiciones están impregnadas de intenso erotismo. En la clausura conventual, sea en lectura silenciosa o tras oírlos a viva voz, algunos de estos versos podrían inflamar fantasías muy ajenas a los ánimos píos y las castas orejas monacales. Pregúntese el lector qué tipo de "altas meditaciones" propiciaría este fino retrato de Betsabé desnuda:

> Loçana se bañava y luego ungía
> con suäve licor el blanco pecho,
> de marfil y cristal en partes hecho,
> y el puro velo en rosas encendía.

Ante sonetos como éste, y aun más el que describe el baño de la casta Susana, uno no puede menos que preguntarse si la censura leyó con atención todos estos poemas o apenas sus títulos en la pormenorizada tabla de contenidos al final del libro, pues dudo que de haberlo hecho el Fray Hortensio[10] que firma la aprobación no sintiese nada ofensivo ni perjudicial, ya que no a la fe (Ribera es siempre ortodoxo) por lo menos a la imaginación de los futuros lectores. Para el censor los atrevimientos de esta obra radican en que hubiese sido un laico quien haya tratado de temas escriturarios, y con una decencia que considera ejemplar:

> está escrito con gentil spíritu, los asumptos todos dél (como sagrados en fin) son loables ... tendrán en esto atrevimientos dichosos de una pluma lega exemplo todas las de España para no ocuparse sino en materias tan decentes, pues en tales, mejor que en otras se logran los ingenios.

Cierto es que los asuntos en cuestión son bíblicos, pero la viva imaginación de Ribera los conduce por senderos harto escabrosos, hasta sugerir y a veces detallar materias que me sería difícil calificar como el buen fraile de

---

[10] La censura viene fechada "en nuestra casa de Madrid, a 24 de Mayo de 1612", sin indicar la orden, pero tratándose del Santo Oficio es probable que fuese la dominica, ilustrada a la sazón por el insigne orador sagrado Fray Hortensio Félix de Paravicino, que querría yo pensar fuese quien firmara la censura, con el único elogio verdadero que leyera nuestro poeta. Elogio del que por cierto el poeta hubo de aprovechar la alusión a los españoles para transformarla en despechado denuesto. No me parece Hortensio nombre común, ni me imagino que hubiese por Madrid más Fray Hortensio ducho en letras sagradas que el ilustre dominico.

decentes. Tenía nuestro poeta particular afición por aquellos pasajes bíblicos donde puede entender y en ocasión imaginar escenas voluptuosas cuando no lascivas. Tomemos por caso los tercetos del soneto sobre Lot y sus hijas:

> Cayó rendido al delicado cuello,
> entre virgíneos miembros afeados,
> con paternal ardor y propia mengua;
> porque cuelgan de mísero cabello
> los naturales lazos apretados
> cerca de mujeril contacto y lengua.

No es el momento de detenernos en estos versos, pero creo oportuno preguntar qué elevados pensamientos y espirituales fantasías esperaría Ribera que suscitara este "mujeril contacto y lengua". Aun más inconcebible me parece que el poeta y su censor esperaran inspiración edificante de versos tan explícitamente eróticos como los que presentan esta imagen de las piernas de Susana desnuda:

> Las colunas de mármol, convidando
> del claro fuego, no se ven seguras.

Mi única explicación es que Fray Hortensio no leyó el libro poema tras poema, pero esto no ayuda a comprender por qué Ribera incluyó semejantes sonetos en una obra que anunciaba y calificaba de provechosa para *"despertar la fantasía"* de almas *"pías y devotas"*. Quien escribe versos como éstos no es un alma inocente, ni podía pensar que la vida espiritual de su hermana había de enriquecerse con contemplaciones e imaginaciones de este tipo. Si los incluyó es porque a fuer de poeta estaba orgulloso, con sobrada razón, de estos sonetos, cuya profana belleza supo contrabandear entre cientos de versos a veces menos logrados, muchos excelentes, y por lo general impecablemente inofensivos.

Por otra parte, quiere hacer creer que pensaba que la gran mayoría de sus lectores no lograría captar el verdadero sentido de lo que él consideraba la oscuridad de su poesía. Al final de la tabla de materias Ribera añade un largo comentario parafrástico de una canción, "*De Cristo puesto en el sepulcro*". En el preámbulo del mismo nos dice que la oscuridad se reduce a tres principios; el primero la "*locución figurada y alegórica*", el segundo la "*alteza*" y "*dificultad*" de las materias teológicas y metafísicas de las Sagradas Escrituras, y el tercero radica en el adorno poético

> de tal elegancia y nervios de oración, lumbres y figuras, conato y afetos de un ferviente y generoso espíritu, nacido de una superior naturaleza y genio, y fomentando de los admirables precetos de la arte que entonces embaraçados los oídos de la gente vulgar con la armonía, y azidos sus ánimos de la fuerça del dezir, no les queda libre la mente para poder aprehender la sustancia de lo que oyen o leen, lo qual pide orejas enseñadas y versadas en copiosa erudición y eloquencia. De estos tres principios referidos, en que consiste toda oscuridad contienen mucha parte nuestras Sagradas poesías.

De todo lo cual se puede colegir cuánta ambigüedad encierran esas palabras que en la dedicatoria aluden a la melíflua cualidad de sus versos, "*la dulçura y suavidad de essa música*". Musicalidad que en su deleite vela y hasta emboza "la sustancia de lo que oyen o leen" la inmensa mayoría de quienes "se aproximen" a su poesía, carente de los doctos estudios del erudito y sin duda elocuente poeta. Salvo en el caso de la canción mencionada, Ribera debe esperar que su público quede tan arrebatado (¿o embobado?) por su sonoroso canto de sirena, que no logre entender el sentido de tanta armoniosa rima. Sin duda hay mucho de insultante en todo esto, y ya se verá que la ofensa puede ser adrede.

No fue Menéndez Pelayo el primero en pensar que la poesía de Ribera valía más que toda la riqueza de Potosí;

de seguro hubiera quedado estupefacto de saber que en esto lo había precedido nada menos que el mismísimo poeta cuando le pide a su hermana que "si [su obra] le pareciere tesoro, hará bien de tenello por de Indias, más ricas que las que sabemos y yo e peregrinado". Don Luis no se quedaba en minucias: su poesía atesoraba más riquezas que todo lo que podía acaudalar la opulencia americana. Opinión que en elogio ajeno sería intrascendente alabanza hiperbólica, en palabras del propio autor nos depara nada menos que el autorretrato del poeta ante su obra:

> De estos tres principios referidos, en que consiste toda oscuridad contienen mucha parte nuestras Sagradas poesías porque concurren en ellas estilo figurado y sinbólico ... infinitas figuras de la Sagrada Escritura, sentencias y lugares escondidos della, misterios y motivos divinos con frases tan graves y dulces, sinificativas y de conocida magestad, que si dezirse puede, se a estirado la habla común, y sacándola de la mediana en que estava, haziéndola dina de soberano resplandor en el asunto de materias sagradas, tratadas poéticamente.

Así se ve Don Luis. Ese "ferviente y generoso espíritu, nacido de una superior naturaleza y genio, y fomentado de los admirables precetos de la arte" siente ser el suyo. Su inmensa erudición e inefable don poético ha alzado la lengua española sumida en triste medianía hasta la majestad digna de la poesía sagrada. Del remoto Potosí ha llegado la obra que este singular paladín de la andrajosa Musa hispánica ha creado en titánico esfuerzo para salvarla de su vergonzosa mediocridad. Entre tantos estudios ¿no habría llegado hasta sus doctos oídos noticia de Fray Luis, de su coterráneo Herrera –cuyos admirables *Comentarios a la poesía de Garcilaso* incluye versos del Maestro León? ¿Ningún trasterrado carmelita le habrá mencionado a San Juan de la Cruz? O acaso sólo se refiere a sus contemporáneos, en cuyo caso, viviendo en

Potosí ¿no sabría del espléndido esfuerzo de Diego de Hojeda que en 1611 publicará sinpar triunfo de poesía sagrada en su *Cristíada*, gloria de docta espiritualidad virreinal? En 1605 Pedro de Espinosa había ya impreso la colección de las *Flores de poetas ilustres de España*, con primicias de los Argensola, Lope, Góngora, el joven Quevedo ... ¿Todos a su sentir despreciables? Parece increíble tener que decirlo, pero sí, en un determinado momento para Luis de Ribera casi de seguro los poetas, como los españoles todos, habían demostrado ser esencialmente despreciables, por ignorantes. Él sí ha hecho lo que ninguno de ellos, gracias a su obra ha elevado la lengua materna del inferior estado en que se hallaba

> para que se persuadan nuestros españoles que cuando no entendieren lo que se escribe en su propia lengua, conoscan la falta en sí mismos y se avergüencen, que la leche que mamaron se les aya por su inorancia y flaqueza azedado, deviendo mostralla sazonada y entera en el buen juizio y conocimiento de las que son verdaderas riquezas. Sintiendo de esta escritura lo que el grande Platón de un epigrama que pusieron en sus manos, que leido, dixo: "Lo que entiendo es bueno, y lo que no entiendo deve ser mejor".

A primera vista tanto insultante desprecio con tanta empinada soberbia casi sobresalta. Con más detenida consideración el autorretrato de Luis de Ribera entristece. Tras la defensa denodada del propio genio, tras la arrogante loa de los propios versos, tras el gesto iracundo en salida desaforada creo visumbrar, oculto, el rostro del rechazado.

Bien puede ser que me equivoque, pero daré mis razones para que el lector las sopese, calibre y juzgue y, si mi argumento no alcanza a persuadirle, pueda con estos datos y los que por su parte logre descubrir, enmendar mis errores y prestar nueva luz a este penoso retrato. Don Luis envió su amado libro, el resultado de innúmeras y arduas labores, engendrado en el inhóspito clima del siempre belicoso Potosí, a su Sevilla natal. Con el libro fueron todas las esperanzas del indiano, tanto insomne sueño de fama, de gloria, al menos de reconocimiento allí, en la única tierra donde realmente importaba, porque era el último recinto de su elegida identidad: Luis de Ribera, el cisne del Betis. Antes de su publicación, habrá hecho –seguramente por intermedias personas, las mismas que negociarían la impresión– que algunos letrados leyesen su obra, pero en vez de la admiración y los elogios que esperaba, debió ser criticado, o peor, ignorado. Ni uno solo de los muchos ingenios sevillanos escribió un soneto, una copla, un mísero pareado que prestase a su obra el casi obligado ornato de los preliminares. De ahí que al final del libro, Ribera agregue dos sonetos, en el último de los cuales él mismo hace el elogio de sus *Sagradas poesías*, que ya sabía iban a publicarse huérfanas de ningún otro. Es más que probable que en ese momento decidiera agregar también el comentario parafrástico del poema "De Cristo puesto en el sepulcro", donde la justificación de la oscuridad de su poesía culmina en insulto a sus compatriotas. Dos caras de una misma moneda, tanto el autoelogio como el denuesto a los españoles que no saben comprender su poesía y, por tanto, admirarla: ambas son su respuesta al imprevisto desprecio.

Si ellos no entienden, por cierto no puede ser culpa del poeta, sino de la mucha ignorancia de sus coterráneos, "conoscan la falta en sí mismos y se avergüencen". Esto debió ser para él mucho más humillante que la frustración mexicana. Su Sevilla había rechazado al cisne del Betis, al poeta filial. Pobre indiano iluso. Este último lance de su despecho debió valerle de reto a duelo para vengar su honra, casi herida de muerte. Hay algo de enternecedor en el desafuero mismo del gesto, porque él sabía de sobra que era inútil. Desoladamente inútil. Nadie iba a recoger el guante. Nadie nunca le iba a responder.

Bien sabía todo esto nuestro poeta cuando se cree obligado a remediar algo de su honor herido pergeñando por cuenta propia, en cierto modo postliminarmente, lo que debió ser preliminar y de pluma ajena:

> En loor destas Sagradas poesías
> En este claro, ecelso monumento,
> de abundantes olivas coronado
> el cristalino Betis sosegado
> visite de su Cisne el sacro aliento.
>
> De las Ninfas, con ledo movimiento
> y cendal de zafiros variädo,
> tres vezes, para siempre, rodeädo
> al día sea el venerable asiento.
>
> Y ofreciendo a las láminas de oro,
> do se eterniza la Divina Musa,
> y al lauro con la lira consagrada
>
> flores y hi[m]nos del Napeo coro,
> oídos de Lanpecie y Faetusa[11],
> dejen también esta Ribera onrada.
> (f. 221)

Por lo menos el río sabrá hacerlo: honrar al poeta, su Ribera y cisne, cuya sagrada inspiración (v. 4) ha levantado el *claro ecelso monumento* del libro, en cuyas

---

[11] Es decir, oídos de los álamos del río. Las Helíades, hermanas del desventurado Faetón, fueron transformadas en álamos tras su largo duelo por la muerte del joven. Ovidio en sus *Metamorfosis* II, 346–349 narra la transformación, dándonos el nombre de dos de las hermanas, Faetusa, la mayor, y Lampecie: "e quid Phaetusa, sororum / maxima, cum vellet terra procumbere, questa est / deriguisse pedes; ad quam conata venire / candida Lampecie subita radice retenta est". Aunque Ribera debió recordar el pasaje de la Elegía I de Garcilaso: "que cerca del Erídano aquejada / lloró y llamó Lampecie el nombre en vano / con la fraterna muerte lastimada" (vv. 46-48), no fue Garcilaso de quien pudo tomar el nombre de Faetusa, lo que nos revela su familiaridad con Ovidio.

páginas –áureo testimonio del apolíneo laurel y la fébica lira de su poeta– ha de residir *la Divina Musa* por los siglos de los siglos. Ribera nos ha ilustrado aquí lo que para él representan sus *Sagradas poesías:* gloria y *sacro aliento*, coronas de lauro del triunfo que garantiza la Musa para siempre, todo ello concebido como nobilísimo monumento. Los lectores de la obra, sin necesidad de haber llegado hasta el soneto final, y posiblemente sin darse cuenta de ello, ya habían pasado por su puerta monumental no más abierto el libro.

En efecto, en la página titular de las *Sagradas poesías*, se alza el grabado de un arco triunfal, sostenido por dos pilares rectangulares, en cuya parte media, entre dos medias columnas, se ve, en el de la izquierda, la estatua de un joven con todas las características físicas de Apolo, también coronado de laurel, pero en vez de la lira, sostiene un gran yugo en el cual se enreda una cuerda: es *Virtus,* cuya rara iconología sugiere la unión de la virtud poética y la cristiana. En la base, un bajorrelieve circular muestra de medio cuerpo a un muchacho que lleva una columna al hombro, y representa *Labor*. En lo alto del pilar otro mancebo, apenas cubierto por un manto, sostiene en las manos en alto, respectivamente, una corona de laurel y la llama sagrada de eterna gloria: *Æternitas*. En el otro pilar se alza *Scientia*, matrona con una inmensa cornucopia frutal y un libro; debajo suyo el bajorrelieve circular de *Eruditio* como una joven leyendo, y en lo alto, una doncella en diáfana túnica sostiene dos instrumentos musicales, una especie de laúd y un cuerno: es *Laus*. En el arco que une ambos pilares, en un frontón semicircular, Melpómene, la Divina Musa, tiene en las manos alzadas sendas coronas de laurel, mientras a cada costado suyo dos querubines le ofrecen más coronas, ilustrando la proliferación de los victoriosos lauros que promete la inscripción que rodea la parte superior del arco: *Inter victrices baderam tibi sepere lauros*[12]. Inmediatamente debajo del frontón con el relieve de la Musa se lee *Gloria et Inmortalitate Sacrum*, irradiando su majestad sobre el título de la obra y el nombre de su autor, sobre quienes –por la misma disposición tipográfica– cae la promesa de gloria e inmortalidad.

Bajo el título se inscribe la mención a la hermana monja y, por fin, ocupando en el tercio inferior de la página todo el espacio entre los pilares, un escudo de seis bandas aparece rodeado de una guirnalda entrelazada de laureles que sostiene el pico de un gran cisne, cuyas alas deplegadas parecen proteger el blasón. Es naturalmente el cisne del Betis que ha reemplazado la corona o cimera heráldicas en un escudo que ha de ser otra creación más de la deseante imaginativa de nuestro poeta. En el lema se lee *Magna parant Superi,* y ojalá así fuera, ojalá su magna obra complaciera a los Cielos, ya que no a los españoles de su tierra[13].

De atenderse al grabado encontramos en él todos los conceptos del soneto en loor de sus poesías: el "sacro aliento" en el Apolo con cristiano yugo, el cisne del Betis en el escudo, la "Divina Musa" en la del frontón, eternizada (v. 10) en el libro: *Æternitas* con la poética corona de laurel y

---

[12] La otra mitad de la inscripción promete palmas siempre verdes –que nunca conocerán el polvo a quienes sean de dulce temperamento: *cui spes cui sit conditio dulcis sine pulvere palmae.* Ya vimos que en la dedicatoria Ribera decía de la *conditio dulcis* de su poesía "la dulçura y suavidad de essa música". Solemos pensar en Melpómene exclusivamente como la Musa de la Tragedia, lo cual no nos explicaría porque la eligió Ribera. En esto Fernando de Herrera, en su nota al verso 14 de la Elegía I de Garcilaso, nos ofrece suficiente aclaración: "Melpómene, de cantar", Antonio Gallego Morell. *Garcilaso y sus comentaristas* Madrid: Gredos, 1972, p. 274.

[13] Por *superi* se puede entender tanto dioses como hombres: Virgilio lo usa con ambos significados. Acaso el lema podría entenderse como *"los hombres se aprestan a hacer grandes cosas"*, pero las circunstancias de Ribera me llevan a pensar que prefiriera el consolador pensamiento de que al menos los dioses se complacen en magnas empresas.

la llama sagrada; las "flores y hi[m]nos del Napeo coro", ofrecidos al libro (las "láminas de oro") y a su autor ("el lauro con la lira consagrada") en la musical *Laus*; verso e imagen que nos dicen de sus inflamadas ansias de elogio público, que una suerte esquiva quiso negarle y que, patéticamente, él se inventó. Tal su monumento[14].

Además de los expresados en el soneto, el frontispicio incluye varios conceptos más, *Labor, Scientia* y *Eruditio*, de indudable importancia en la imagen que Don Luis se había creado de sí mismo. En la licencia real[15], se lee:

> Por quanto por parte de vos, Don Luys d Ribera, nos fue fecha relación que aviádes compuesto un libro intitulado Sagradas poesías, el qual os avía costado mucho estudio y trabajo, y era útil y necessario, nos pedistes y suplicastes os mandássemos dar licencia para poder imprimir.

Las *Sagradas poesías*, en el sentir de su autor, son pues el fruto de *Labor*, de mucho trabajo, así como de mucho estudio, *Scientia* y *Eruditio*, cosa que Ribera se complace señalar en lo que respecta a sus rimas: "por qual la canción de Cristo puesto en el sepulcro pide para su inteligencia muchas noticias de las ciencias"; "para poder aprehender la sustancia de lo que oyen o leen, lo qual pide orejas enseñadas y versadas en copiosa erudición y eloquencia".

No sabemos el campo de estudios específico de nuestro autor pero, aunque laico, entre ellos deben haberse contado algunos teológicos, a juzgar, por un lado, en el

---

[14] No se me escapa que "*monumento*" puede ser funerario, y que el arco triunfal podría ser también la fachada de una tumba monumental. Podría divagarse bastante sobre la cuestión, pero no creo que valga la pena forzar la metáfora. Sin embargo me parece oportuno anotar que el grabado está firmado: "*fran. beylan. sculp*"., lo cual viene a sugerir que Ribera concibió su "monumento" no sólo en términos verbales sino en dimensiones plásticas.

[15] Fechado el 9 de diciembre de 1611, firmado "Yo, el Rey". "Por mandato del Rey nuestro señor, Jorge de Tovar".

orgullo con que declara que en su poesía se encuentran "infinitas figuras de la Sagrada Escritura, sentencias y lugares escondidos della, misterios y motivos divinos". Por el otro, cosa significativa por lo osada, es el título que se atrevió a darle al libro, el cual no parece haber sido en un principio 'Poesías sagradas' sino *Poesías Theológicas*, como pone en evidencia la primera aprobación de la obra, firmada por el Doctor Cetina:

> Por comissión e mandado de los señores del Consejo e hecho ver este libro, intitulado Poesías Theológicas, no contiene cosa contra la fee y buenas costumbres, antes cosas curiosas y dignas de ser impresas: puédesele dar licencia para ello. En Madrid, en 21 de Mayo de 1611.

De modo que en mayo de 1611 el que debió ser el título primigenio se atrevía a definir las Poesías como Teológicas, pero ya hacia principios de diciembre cuando el rey aprueba la licencia el adjetivo ha sido cambiado a *Sagradas*, seguramente por sabio consejo de alguien más al tanto del clima inquisitorial de la España de los Habsburgos que la arrogante inocencia del indiano en las lejanías de Potosí. Con todo el hecho es significativo. Ribera había querido que la obra de tantos empeños, la hija de tantos estudios, el preclaro fruto de su *Scientia* y *Eruditio* fuese bautizada *Poesías Theológicas*. Don Luis se quería poeta teólogo. Al fin, claro, las cosas tuvieron que cambiar.

Si lo primero que cambió fue el título, no fue por cierto lo último. Ya había dicho que detrás del índice la tabla de materias Ribera agregó el comentario a su poema "*De Cristo en el sepulcro*", que aparece sin paginar. Es obvio por su misma ubicación que esto es un agregado muy fuera de los planes del autor cuando confiadamente mandó el libro a que se publicara en Sevilla. Luego habrán llegado las noticias infaustas: no habrá elogios. Ni una sola alabanza preliminar. Entre la casi infinita poetambre de las Españas no se halló pluma que ofreciera el mendrugo de cuatro versos. Por supuesto Ribera sabía que en los preliminares, junto a la alabanza del libro y al hiperbólico ensalce del genio de su autor, se unía el encomio poético de su nombre. En el soneto "En loor dellas Sagradas poesías" así lo hace en lo que respecta a su apellido: "*dejen también esta Ribera onrada*" (v. 14). Pero eso no le bastaba. Para honrar su nombre de pila agrega el otro soneto: "Del glorioso San Luis Rey, a devoción de su nombre". El título no puede ser más claro. A devoción de Luis, su propio nombre:

> Del Secuana cantad por la ribera
> al santo, ínclito rey, Cisnes hermosos,
> y por los vados fríos y espumosos
> suene vuestra armonía plazentera.
>
> Cantad al Rey que traspasar pudiera
> la ley, y la guardó; y los preciosos
> tesoros de la tierra, peligrosos,
> despreciando, mayores enprendiera.
>
> Cantad al tiempo que el ecelso nonbre
> del gloriöso Luis por las orillas
> de Betis otro cisne lo levanta;
>
> juntos cantad para que junta asonbre
> su piedad con las grandes maravillas
> de un ánima real guerrera y santa.
> (f. 220)

Mientras los cisnes del Sena alaban al santo rey, el del Betis levanta en Sevilla el excelso nombre de Luis. Con qué fina ambigüedad el poeta, celebrando a Luis Rey, se celebra.

Entre las colecciones de lírica postridentina nada es tan frecuente como encontrar una abundancia de poemas a los santos más variados, en especial cuando se trata de un conjunto de composiciones religiosas (piénsese, por ejemplo, en las *Rimas sacras* de Lope de Vega). Tanto más notable, pues, el hecho que en las *Sagradas poesías*

—salvo el soneto a San Luis— los poemas a los santos brillan por su ausencia. Quería Ribera que su obra fuese escrituraria, lo cual queda bien explícito cuando, tras el soneto dedicatorio, la página segunda encabeza el resto del libro con el título ahora ampliado significativamente: *SAGRADAS POESIAS del viejo y nuevo Testamento*. Es muy probable que Don Luis haya preferido no diluir el deseado carácter bíblico de su obra con devociones no escriturarias.

Ribera escribió poemas a la Iglesia y a los ángeles, pero no a los santos. El de la Virgen María es un caso especial y único de santidad, y la devoción marial en Ribera es profundamente cristocéntrica, y marcadamente novotestamentaria. Me parece claro que originariamente el libro se cerraba con una larga canción *"De los nonbres sinbólicos de María Virgen, nuestra Señora"*. Tenía sobrada razón para así hacerlo. No podía menos que conocer el insigne ejemplo de Petrarca que termina su *Canzoniere* de amor profano con su famosísima y tantas veces imitada canción a la *"Vergine bella"*. Además debía tener muy presente que la hermana a la que dedicaba el libro llevaba el hábito de la Inmaculada Concepción. Finalizar su obra con el poema a la Virgen era lo apropiado. Lo que resultaría, amén de inapropiado, anticlimático y hasta indecoroso sería postergar a María para colocar el soneto a San Luis en la privilegiada posición de cierre. A la postre, Ribera tampoco hizo exactamente esto.

Cuando Don Luis decidió cambiar su bien elaborado plan primigenio, debió pensar que su honor lo requería. La Canción a la Virgen que ahora queda en antepenúltimo lugar ya no sería el broche de oro de sus *Sagradas poesías*, pero tampoco lo habría de ser el soneto donde a través de San Luis exalta su propio nombre. No, en este conjunto de rimas sagradas el privilegiado puesto final vino a ocuparlo un poema profundamente profano: un canto a sí mismo. No otra cosa es el soneto en loor de su obra, aquél donde las ninfas del Guadalquivir "dejarán también esta Ribera onrada". Estas son –triste paradoja– las últimas palabras de estas *Sagradas poesías*. No era lo que el poeta hubiese querido. No lo que antes eligiera. Pero ya no se trataba de preferencias estéticas ni espirituales. Esto lo requería su negra honra. Así su canto de cisne, su último canto, no será ya *ad maior Dei gloriam;* será a su honra.

CAPÍTULO DOS

SONETOS ESCRITURARIOS DE LUIS DE RIBERA: EL LIBRO DEL GÉNESIS

*Para Margit Frenk,
espejo de la crítica hispánica*

Una de las características más notables del corpus poético de Ribera es el asombroso número de sonetos que dedica a diferentes libros del Antiguo Testamento, muy particularmente al Génesis. La poesía de nuestro siglo áureo goza de muy felices versiones de los Salmos, de poemas inspirados por el Cantar de los Cantares y, aunque con menos frecuencia, por el Libro de Job. Por eso no es de asombrar que Ribera dedique varias traducciones y unos ocho sonetos a estas mismas Escrituras. Lo que sí resulta sorprendente es la muy extensiva poetización del Génesis, desde la creación de la mujer hasta la historia de José. Se trata de unos veintisiete sonetos, creados en asidua meditación sobre la Vulgata, y concebidos en una serie ilustrativa de los que el autor consideraba los episodios más significativos. Si bien en la poesía hispánica no faltan poemas de similar inspiración, se trata de ejemplos esporádicos, y no de un esfuerzo sostenido a lo largo de todo un ciclo de sonetos. Sólo por tal hecho la obra de Luis de Ribera sería significativa en lo que respecta a la temática de nuestra lírica religiosa.

PARA COMPONER TAN GRAN FIGURA

Es curioso que habiendo decidido poetizar el Génesis Ribera haya omitido la creación del mundo y del hombre, para concentrarse en el último acto creador, el de la mujer. Cuando Lope de Vega trata el mismo tema lo inserta al final de una larga composición de 284 octosílabos en la segunda parte de sus *Rimas* (1604), "A la Creación del mundo", dedicada como el título indica a la "fábrica del orbe" (v. 2), que viene a culminar en la de Eva y en la divina institución del matrimonio. Para Ribera esto es lo que importa. Ha dejado de lado todo Génesis I –y lo que antecede a II, 21– para centrarse en el misterio sacramental:

De la formación de Eva y de la Iglesia

Dar quiso Dios al onbre compañía
igual en dinidad y hermosura,
y para componer tan gran figura
sueño y saber a un tiempo le infundía.

De su costilla la muger hazía
sabia, linda y onesta criatura;
y el onbre arrebatado en su dulçura
"mi carne eres y ueso" le dezía.

Mas el misterio de tan alto efeto
en Cristo y en la Iglesia, aventajado
al sacramento hizo y atadura,

que en la Cruz, descubriendo este secreto,
al penetrar el hierro su costado
sacó otra esposa, eterna, santa y pura.
(f. 6)

Es admirable la concentración conceptual del poeta ya desde los primeros dos versos. En la Biblia Ribera leyó que el primer intento divino de darle compañía a Adán fue entre los animales recién creados, entre los cuales naturalmente "no encontró una ayuda adecuada" (Gn II, 20), pero comprendió que tales detalles no tenían más que alcance anecdótico, y decidió omitirlos, porque lo que importaba era la "compañia / igual en dinidad y hermosura", palabras que definen el verdadero sentido de la creación de la mujer, y que sugieren un feminismo bastante poco corriente en el pensamiento cristiano desde los Padres de la Iglesia. Creo que se nos hará más evidente el logro poético de estos versos si lo comparamos con lo que hace Lope de Vega llegado a similar ocasión:

> Trújole las fieras y aves
> para que les diese nombre;
> dióse le Adán, y no halló
> su igual, su ayuda conforme[1].

Lope sigue muy de cerca el texto bíblico, pero su literalismo no alcanza a sugerir el profundo sentido que encierra en sólo dos versos el soneto de Ribera. Ambos poetas dicen de la igualdad, pero sólo Ribera de la dignidad de Eva. Es de recordar que ni la tradición agustina ni la tomista consideraban a la mujer un ser ontológicamente condigno respecto al varón.

Poéticamente hablando, mientras en Lope se discierne cierto prosaísmo algo pedestre, Ribera abre con apretada si solemne gravedad la escena de un acto que de inmediato viene a definir como magno: "para componer tan gran figura". Dios duerme a Adán, y nuestro poeta siente que justo en el momento de la creación de la mujer es cuando el Señor otorga ciencia infusa al primer hombre. Pensamiento tan original como profundo: la sabiduría es concomitante con la formación de la mujer es decir, del primer núcleo social. Sólo cuando va a desaparecer el

---

[1] Lope de Vega, *Obras poéticas*, ed. José Manuel Blecua, Barcelona: Planeta, 1983, p. 220.

primigenio androcentrismo adánico se infunde la ciencia: simultáneamente sabiduría y heterosexualidad. Adán será desde ahora sabio junto a su sabia Eva (v. 6).

Nuestro poeta dedica apenas un verso a la operación divina en la consabida costilla (v. 5), a la que, por el contrario, atiende Lope con detalle:

> Pero el Criador increado
> echóle sueño y durmióse
> y entonces de sus espaldas
> una costilla sacóle.
>
> Cubrióla de carne, y luego
> en la mujer transformóse
> más hermosa qu vio el sol
> como a Nazaret no toque.

Ribera había aludido a la hermosura de Eva en ese crucial segundo verso; ahora la define con tres adjetivos "sabia, linda y honesta criatura". Ya hemos atendido al primero; el último declara su virtud, que en ningún momento a lo largo del poema va a ensombrecer con presagios de la caída (cosa rarísima al tratarse de Eva, por lo común presentada como la tentadora, y desde antiguo contrapuesta a María en el infaltable binomio Ave-Eva, sugerido tácitamente por el último verso citado del poema de Lope). El adjetivo "linda" resulta particularmente interesante; por un lado connota belleza; por otro se debía tener aún presente el viejo significado de una palabra usada en libro tan leído como el *Laberinto de la Fortuna* con toda su carga etimológica. En breve, que linda significa legítima y, en un poema de claro contexto matrimonial, el uso del adjetivo en toda su ambigüedad resulta verdadero hallazgo poético: Eva, la bella esposa legítima.

Ambos poetas citan casi *verbatim* el texto bíblico: "Esta sí que es hueso de mis huesos y carne de mi carne" (Gn II, 23). Aun así la excelencia de Ribera es a todas luces indiscutible. Lope cierra las palabras escriturarias con una exclamación de una ramplonería indigna aun de sus momentos menos inspirados:

> Vióla Adán y dijo a Eva
> (que así quiso que se nombre):
> "Carne de mi carne y hueso
> de mis huesos". ¡Ved qué amores!

La sobriedad expresiva de los versos de Ribera, en la yuxtaposicion de palabras casi antitéticas –"arrebatado" y "dulçura"– transmite lúcidamente la intensidad del momento sagrado en que nace el amor: "y el onbre arrebatado en su dulçura / 'mi carne eres y ueso' le decía".

En su poema Lope también se extiende en la divina institución del matrimonio:

> Mas por ella ha de dejar
> que han de ser dos y una carne;
> su madre y su padre el hombre
> bodas de Dios, rico dote.

Tras versificar bastante literalmente Gn 2, 24, Lope de Vega concluye con la alusión al origen divino del sacramento matrimonial, dejando caer su octosílabo por el precipicio de un ripio, este "rico dote" que no es más que relleno pobre. Luis de Ribera lejos de despeñarse se eleva en consideración figural, acudiendo a otro texto bíblico, la Epístola a los Efesios 5, 25-32: "Maridos, amad a vuestras mujeres como Cristo amó a la Iglesia y se entregó a sí mismo por ella, para santificarla, purificándola mediante el baño de agua, en virtud de la palabra, y presentársela resplandesciente a sí mismo; sin que tenga mancha ni arruga ni cosa parecida, sino que sea santa inmaculada ... *Por eso dejará el hombre a su padre y a su madre y se unirá a su mujer, y los dos se harán una sola carne*". Gran misterio es éste, lo digo respecto a Cristo y la Iglesia". El mismo texto del Génesis que usó Lope inspiró en Ribera no su uso, sino el de su contexto novotestamentario. Las últimas palabras de mi cita del Apóstol sirven de subtexto al primer terceto: "Mas el misterio de tan alto efeto / en Cristo y en la iglesia, aventajado / al sacramento hizo y atadura".

Para el segundo terceto las palabras "Cristo amó a la Iglesia y se entregó a sí mismo por ella" suscitan espontáneamente la imagen de la muerte en la cruz, y de allí la lanzada en el costado, que relaciona muy eficazmente a la costilla sacada del costado adánico, de donde el Nuevo Adán "sacó otra esposa, eterna, santa y pura", la Iglesia definida con adjetivos derivados de la misma Epístola, "purificándola ... que sea santa inmaculada". Tal el broche de oro de este soneto auténticamente áureo, donde la unión sexual de los esposos humanos puede descubrirse en hermosura, y revelarse en pureza por ser genuina figura de la del divino Esposo con la Esposa por Él creada y redimida.

Así como las *Sagradas poesías* no contienen ninguna dedicada a la creación del mundo, aun más asombrosamente tampoco se halla una sola específicamente sobre el momento de la caída. Cuando Adán y Eva vuelven a aparecer ya han sido expulsados del Paraíso:

De la salida del Paraíso de los primeros Padres

Padres tristes, mesquinos, miserables,
cubiertos de dos pieles salvaginas,
provando en nobles plantas las espinas,
caidos los sus rostros venerables,

el cielo, sol y luna lamentables,
de a su felice estado las ruinas
echados por justicia a peregrinas
tierras no conocidas ni tratables.

Paráronse a mirar a poco trecho
el lugar de su antigua gloria muerta,
y apena alzaron los llorosos ojos

cuando dixo el varón con sabio pecho:
"Para que buelva a ser tu entrada abierta
sangre ha de quebrantar esos cerrojos".
(f. 7)

Desde el verso inicial hasta el fin del primer terceto el poema ofrece una imagen de marcadas características visuales. No me asombraría que se tratase de una *ekphrasis* –la descripción verbal de una obra de las artes plásticas– probablemente de algún grabado, pues sabemos que así ocurrió con la Segunda Parte del *Parnaso Antártico* publicado apenas cinco años después, en 1617, por Diego Mexía de Fernangil, otro sevillano avecindado en Potosí, cuyos sonetos religiosos, siguiendo pautas jesuitas, se basaron en grabados devotos. Naturalmente no puedo afirmar de cierto que tal fuese el caso con estos versos de Ribera, pero parecería imposible pensar que estos dos coterráneos viviendo en la misma ciudad, y ambos dedicados a la poesía sacra no compartieran rasgos fundamentales de un común contexto cultural, tal cual fue la estética jesuita con su insistencia en lo visualizable, derivada de la práctica en los Ejercicios Espirituales de la composición de lugar[2].

La adjetivación del primer verso diestramente va intensificando sus calificativos al definir la condición postlapsaria; de ahí pasa a entretejer dos subtextos escriturarios: Gn 3, 17-18: "Maldito sea el suelo por tu causa ... espinas y abrojos te producirá"; y Gn 3, 21: "Dios hizo para el hombre y para la mujer túnicas de piel y los vistió". Notemos nuevamente el acierto adjetival en "pieles salvaginas", expresando en su ruda bestialidad la miseria de estos pecadores. Sin embargo, Ribera que los sabe caídos y avergonzados, preserva su dignidad, como

---

[2] La influencia jesuita era ya marcada: algunos años antes (1602), en Ciudad de la Paz, Diego Dávalos y Figueroa dedica dos de sus poquísimos poemas religiosos al tercer general de los jesuitas, el futuro San Francisco de Borja.

bien lo declaran dos adjetivos más, "nobles plantas" y "rostros venerables". Pecadores pero nobles, de ahí la inmensidad de la tragedia. De ahí lo cósmicamente lamentable.

Los tercetos dramatizan el momento en que la pareja se vuelve para mirar por última vez el ya vedado paraíso, estupendamente caracterizado en un verso –"el lugar de su antigua gloria muerta"– y entre lágrimas Adán se alza en dignidad profética: "Para que buelva a ser tu entrada abierta / sangre ha de quebrantar esos cerrojos". Esto no pudo sacarlo Ribera de ningún grabado. He aquí que el Viejo Adán es el primer profeta del Nuevo. Fue para llegar convincentemente a esta insospechada apoteosis del primer pecador en primer profeta, que Ribera ha sabido preservar por todo el cuarteto la nobleza adánica. Ante las cerradas puertas del Edén, tácitamente se alza la promesa de la cruz, y en ella nuestra antigua gloria rediviva.

De Adán se pasa en una serie de sonetos a Noé, segundo padre de la humanidad:

> Del arco del cielo dado en señal de paz a Noé
>
>> Eterno pacto de inmortal concordia
>> con el segundo padre se establece,
>> y el justo Dios de la vengança ofrece
>> las aguas enfrenar de la discordia.
>>
>> En señal de su gran misericordia
>> la variada iris aparece,
>> y a ella para siempre pertenece
>> demandar que se cumpla esta concordia.
>>
>> Prosiguió la figura en la oservancia
>> de la movida paz, hasta que el mismo
>> Hijo de Dios en cruz puso los braços;
>>
>> humilló de los cielos la distancia,
>> y alzando en peso a sí el terreno abismo
>> confirmó la amistad con sus abraços.
>> (f. 52)

El texto subyacente bajo estos versos es Gn 9, 2-17: "Dijo Dios: 'Esta es la señal de la alianza que para las generaciones perpetuas pongo entre yo y vosotros, y toda alma viviente que os acompaña. Pongo mi arco en las nubes y servirá de señal de la alianza entre yo y la tierra ... Pues en cuanto esté el arco en las nubes, yo lo veré para recordar la alianza perpetua entre Dios y toda alma viviente, toda carne que existe sobre la tierra'. Y dijo Dios a Noé: 'Esta es la señal de la alianza que he establecido entre yo y toda carne que existe sobre la tierra'". Acaso el marcadísimo carácter repetitivo de este pasaje habrá llevado a nuestro poeta a repetir con idéntica función gramatical la misma palabra en rima perfecta (vv. 1 y 8).

En su Arcadia a lo divino, *Los pastores de Belén* (1612), Lope de Vega incluye un soneto de tema similar a éste, si bien los cuartetos hablan del diluvio al cual el indiano dedica una composición entera. Aquí atenderemos a los tercetos, en el primero de los cuales aparece el arcoiris:

> Para el arca en Armenia, el arco asoma
> de verde oliva, en que la paz venía,
> coronado de paz y de alegría;
>
> Noé de aquella cándida paloma,
> por la oriental ventana el ramo toma
> y el mundo de los labios de María[3].

Los dos poetas, en libros estrictamente coetáneos, comprenden las peripecias postdiluviales de acuerdo con la milenaria tradición tipológica, que entendía en acontecimientos, objetos y personas del Antiguo Testamento *typoi,* figuras, es decir prefiguraciones del Nuevo. La interpretación figural aparece ya en las Epístolas de San

---

[3] Lope de Vega Carpio, *Obras escogidas, II Poesías líricas. Poemas. Prosa. Novelas,* ed. Federico Carlos Sáinz de Robles, Madrid: Aguilar, 1964, p. 1280.

Pablo, eminentemente en I Corintios 10, 6 donde el Apóstol al hablar de los hebreos en el desierto tras la salida de Egipto dice: "Estas cosas sucedieron en figura para nosotros" y en 10, 11: "Todo esto les aconteció en figura, y fue escrito para aviso de los que hemos llegado a la plenitud de los tiempos". En I Corintios 15, 21-22 se presenta a Adán como *typos* de Cristo, el mismo que Ribera encierra en su soneto sobre la creación de Eva, –la cual por obvia extensión del *typos* adánico– prefigura a la Iglesia, su esposa. Sólo de tener en cuenta la lectura tipológica del Génesis cobra su acabado sentido el verso que al hablar de Dios en el momento de formar a Eva declara "y para componer tan gran figura". La gran figura abarca no solamente a la primera mujer, sino que en Eva comprehende a la Iglesia, tal como ya la había entendido Tertuliano en su *De anima*. Releamos el último terceto del poema:

> que en la cruz, descubriendo este secreto,
> al penetrar el hierro su costado
> sacó otra esposa, eterna, santa y pura.

No cabe duda que el pensamiento que alimenta estos endecasílabos, y en verdad todo el poema, es el del primer gran teólogo latino: "Pues si Adán presenta una figura de Cristo, el sueño de Adán fue la muerte de Cristo –dormido en su muerte– y precisamente de la herida de su costado fue formada en figura la Iglesia, verdadera madre de los vivientes"[4].

San Agustín, que adoptó y desarrolló la interpretación tipológica del Antiguo Testamento, en *La Ciudad de Dios* 15, 27 se detiene en el arca de Noé como

---

[4] *De anima*, 43. "Sic enim Adam de Christo figuram dabat, somnus Adae mors erat Christi dormituri in mortem, ut the iniuria perinde lateris eius vera mater viventium figuraretur ecclesia". La traducción es mía. La yuxtaposición de la herida del costado de Adán y la del costado de Cristo aparece en Dante, *Divina Comedia*, Paradiso 13, 37 ff.

prefiguración de la Iglesia. En este mismo capítulo se puede hallar una lúcida declaración sobre el método figural, cuando dice que "no se piense que estas cosas fueron escritas para contar meramente una verdad histórica sin ninguna referencia típica a ninguna otra cosa; o por el contrario que tales cosas no ocurrieron en realidad, y que todo es alegórico". Por lo cual se entiende claramente que la interpretación figural establece una conexión entre dos cosas, acontecimientos o personas, "el primero de los cuales no solo se significa a sí mismo sino también al segundo, mientras que el segundo abarca y lleva a su plenitud el primero"[5]. Como insiste Erich Auerbach en un seminal ensayo sobre la cuestión, no se trata aquí de conceptos ni abstracciones sino de ocurrencias o personas bien concretas, y aunque separadas en el tiempo, dentro del devenir histórico. En el mundo cristiano el arca de Noé, y cuanto a ella atañía, decía de Jesús, y a menudo –como en el caso del soneto de Lope– de la Virgen María, tabernáculo de Cristo. Así en su "Poema Heroico a Cristo Resucitado" (vv. 417-424) Quevedo acude una vez más a Noé y el arca como *figurae Christi*:

> Yo, en república corta y abreviada,
> salváis de pena inmensa y heredada
> salvé el mundo con arca de madera,
> los que osaba anegar culpa primera
> mas vos del Testamento arca sagrada,
> Yo salvé siete en el bajel primero:
> de la que sombra fue luz verdadera,
> Vos solo todo el mundo en un Madero[6].

Aquí tanto Noé como el arca son figuras de Cristo, aún más, el arca lo es de la Cruz. Nada tiene esto de ex-

---

[5] Erich Auerbach, "Figura," en *Scenes from the Drama of European Literature*, Minneapolis: Univ. of Minnesota Press, 1984, p. 53.
[6] Francisco de Quevedo, *Obra Poética* I, ed. José Manuel Blecua, Madrid: Castalia, 1969, pp. 358-359.

traordinario, pues el pensamiento tipológico es notablemente flexible; así la misma arca suele ser figura de la *Navis Ecclesiae* tanto como de María. El soneto de Ribera se escribe pues dentro de una milenaria y muy viva tradición de exégesis bíblica. Lo sorprendente no es en él lo figural, sino la suprema originalidad de su figura.

El arcoiris, por ser señal de paz, resulta perfecto símbolo del Príncipe de la Paz, pero la conexión debió parecerle a Ribera demasiado abstracta, de modo que no la desarrolla. En cambio visualizando el arcoiris como dos inmensos brazos lo yuxtapone a los brazos de una Cruz de magnitud cósmica, que como aquél abarca dos extremos de cielo, a la vez que el crucificado levanta la tierra desde su abismo de pecado, y al hacerlo sus dos brazos se unen y forman nuevo arco de paz, abrazando al mundo redimido:

> humilló de los cielos la distancia,
> y alzando en peso a sí el terreno abismo
> confirmó la amistad con sus abraços.

Cristo en la Cruz se transluce en arcoiris de amor. Al considerar esta figura ¿qué decir de las de Lope y Quevedo? Sus imágenes tipológicas son tan apropiadas cuanto comunes y corrientes. La figura del soneto de Ribera no es por inesperada y asombrosa menos adecuada. Esto sí es hallazgo poético estupendamente original y acabadamente hermoso.

AMÓ JACOB A RAQUEL TAN TIERNAMENTE

En las *Sagradas poesías* Jacob es el patriarca que ha merecido, con mucho, mayor número de composiciones[7]. Entre ellas se destacan las que poetizan su amor por Ra-

---

[7] El ciclo de Jacob (que incluye el de José) comprende además de los aquí estudiados trece sonetos más.

quel. Predilección semejante se revela en la poesía de Lope, especialmente en *Los pastores de Belén,* y en un cumplido soneto de las *Rimas sacras* (1614), de muy particular interés para nuestro propósito. Así como los pintores del Renacimiento hicieron múltiples versiones del martirio de San Sebastián en número bastante más alto que el dedicado a otros mártires igualmente meritorios, simplemente porque éste les ofrecía inmejorable ocasión para pintar en un contexto religioso el desnudo masculino, nuestro poetas debieron hallar en la historia de Jacob y Raquel bienvenida oportunidad para en medio de la poesía sacra cantar de amores. Ribera lo hace con tan delicada lozanía que lamento no nos haya dejado ninguna colección de rimas profanas:

> De Jacob, alzando la piedra del pozo por amores de Raquel.
>
> Raquel tras sus ovejas caminava
> de singular belleza, al onbro suelto
> el cabello en lazadas mal rebuelto,
> por quien el campo onor y luz cobrava.
>
> Con ellas hasta el pozo enderezava,
> cuando Jacob, a la pastora buelto
> como a vezino sol, quedó resuelto
> hacer della su alma y vida esclava.
>
> Partió derecho al pozo, a quien cubría
> grande y robusta piedra; suspendiendo
> el grave peso con gentil semblante,
>
> Que si los ojos de Raquel sentía
> vigor y fuego dellos recibiendo
> Ércules fuera al oprimido Atlante.
>   (f. 127)

Tanto Lope como Ribera habían leído el mismo pasaje del Génesis (29, 9-10): "Aun estaba Jacob hablando con ellos [pastores], cuando llegó Raquel con las ovejas de su padre, pues era pastora. En cuanto vio Jacob a Raquel, hija de Labán, hermano de su madre, acercóse Jacob y revolvió la piedra de sobre la boca [de un pozo], y abrevó las ovejas de Labán, el hermano de su madre. Jacob besó a Raquel y luego estalló en sollozos". Más adelante hubieron de leer que la joven "era de bella presencia y de buen ver", y que "Jacob estaba enamorado de Raquel" (Gn 29, 17-18). En una égloga en el Libro II de *Los pastores de Belén* Lope poetiza el texto de Génesis 29 desde el primer versículo, demorándose en detalladísima descripción de las vestiduras de los futuros amantes. Atendamos ahora a su Raquel, que aparece ya mediado un terceto:

> cuando el ganado
> Raquel hermosa al pozo conducía.
>
> En unas cintas de color rosado
> preso el cabello, y al ligero viento
> un velo verde y blanco encomendado.
>
> Un sayuelo de nácar, que el exento
> cuello le descubría, y en la mano
> un torcido bastón herrado el cuento;
>
> una faldilla del color del grano
> que al oro imita al madurar la espiga
> en medio de la furia del verano[8].

Y así continúa por dos tercetos más hasta llegar a los lazos de las sandalias. Siguen luego otros tres de poca monta para nuestro caso y, finalmente llegó Raquel:

> a amor no hay imposible.
> Apenas supo el gran Jacob quién era
> cuando la piedra levantó terrible.
>
> Bebió el ganado en la canal primera,
> hecha de un hueco tronco de un anciano
> olmo que ya dio sombra en la ribera.
>
> Llegó el pastor, y asiéndole la mano
> dióle el beso de paz, y tiernamente
> lloró con más que amor de primo hermano.

---

[8] Lope de Vega, *Obras escogidas*, pp. 12–30.

Esta visión difiere en mucho de la de Ribera. Lope intenta transmitir la hermosura de Raquel a través del vestido, siendo sus colores tan importantes que hasta elimina el de los cabellos –casi imprescindibles en la tradición de los *capei d'oro a l'aura sparsi*– y hace que el viento que revolvió tantas cabelleras a la zaga de Petrarca y Garcilaso, mueva ahora el verde y blanco de un velo. La Raquel de Ribera llega en cambio con unos cabellos sueltos tan brillantes que iluminan el campo. Si la doncella de Lope es impresión cromática, la del sevillano es pura luz. Luz solar, como la metaforiza en el séptimo verso; Raquel como el "vecino sol", pronto el sol íntimo del "alma y vida" de Jacob.

Lope, siguiendo de cerca el subtexto bíblico, hace que el enamorado le tome la mano, la bese, y llore; pero no hay nada de enternecedor en tales datos, que sentimos llegar a modo informativo. Los amantes de Ribera no se tocan. No se besan. Se miran. Es la tan medieval como neoplatónica mirada activa –esa "vista pura y excelente" de donde "salen espíritus bivos y encendidos" que cantó Garcilaso (Son. VIII)– la que ahora se enciende en los ojos de Raquel (vv. 12-13). Y su fuerza es tal que cual nuevo Hércules Jacob podría ya sostener un mundo; por eso puede mover "el grave peso" de la "grande y robusta piedra" que cubría el pozo sin mayor esfuerzo, y con una facilidad que transluce su "gentil semblante". Este contraste entre pétrea pesadumbre y delicada gentileza nos llega diestramente preparado por tres versos que comienzan insistiendo en la primera para culminar inesperadamente en la segunda. Lope en este punto no califica a la piedra; muchos tercetos antes lo había hecho aludiendo a "aquél mármol poderoso", pero el calificativo queda demasiado alejado de la acción central para mantener ninguna tensión expresiva. El momento crucial nos llega en un verso chato de emoción con el broche de un calificativo hiperbólico: "cuando la piedra levantó terrible". Poéticamente entre este verso y el de Ribera –"el grave peso con gentil semblante"– sin duda media un abismo.

Dos años después de *Los pastores de Belén* Lope publica sus *Rimas sacras*, y con ellas un soneto donde retoma el mismo tema:

> Bajaba con sus cándidas ovejas
> por el valle de Arán Raquel hermosa,
> el oro puro y la purpúrea rosa
> mezclando las mejillas y guedejas,
>
> ellas lamiendo a la canal las tejas,
> ella mirando el pozo cuidadosa,
> anticipóse a levantar la losa
> el que fue mayorazgo por lentejas.
>
> Bebió el ganado caluroso y luego
> dióla beso de paz, y por despojos
> lágrimas que lloró perdido y ciego
>
> Muy tierno sois, Jacob. ¿Tan presto enojos?
> Si que en llegando al corazón el fuego
> lo que tiene de humor sale a los ojos[9].

La superioridad poética de estos versos respecto a los de la égloga de *Los Pastores de Belén* es indudable, aunque en ellos puede leerse a las claras que Lope tenía la composición anterior muy presente. Es obvio que el quinto endecasílabo mantiene del detalle de "bebió el ganado en la canal"; el primer terceto repite los mismos conceptos, "dióle el beso de paz, y tiernamente / lloró" ... ". Pero la égloga, discursiva y detallista, no le prestó el airoso arranque del soneto, ya que allí la entrada de Raquel queda en muy secundaria posición, mediado el segundo verso de un terceto.

Muy otro poema fue su inspiración: toda la primera estrofa de Lope repite la estructura de la primera del so-

---

[9] Lope de Vega, *Obras poéticas*, pp. 3–66.

neto de Ribera. Ambas comienzan con la imagen de la doncella y sus ovejas (no el "ganado" de la égloga), la mención de su hermosura, y la descripción de la misma retomando una imagen garcilasiana. Imagen que Lope percibió sugerida en los versos de Ribera, y que en el suyo intensifica, amplificándola con la alusión a la rosa ("En tanto que de rosa y d'açucena", Son. XXXIII) mientras que Ribera se había centrado en la estrofa siguiente de Garcilaso – "el cabello qu'en la vena / del oro s'escogió ... / el viento mueve, esparze y desordena"– cuyo oro tampoco olvida Lope. Nótese cómo ahora se abandonan todos los pormenores indumentarios que habían proliferado en la égloga; en cambio (tras el desafortunado traspiés del verso 12) Lope cierra el último terceto con una alusión a los ojos, inexistente en la composición previa, pero que también se da en el último terceto de Ribera. Lope la varía, aludiendo a los ojos de Jacob en lugar de los de Raquel. De modo tal que la estrofa inicial y la final del soneto de Lope repiten la estructura del de Ribera (Raquel con ovejas –belleza garcilasiana– alusión a ojos). Estas cosas no pasan por casualidad. En mi opinión lo que media entre la égloga de *Los Pastores de Belén* y el soneto de las *Rimas sacras* es que Lope había leído entretanto las *Sagradas poesías* de Luis de Ribera.

En su segundo poema sobre tales amores, Ribera vuelve a la interpretación figural: de la "Contemplación de los servicios de Jacob por Raquel, y de Christo por la Iglesia, su Esposa":

> Amó a Raquel Jacob tan tiernamente
> que servir siete años por gozalla
> oras le parecieron y miralla;
> su grande amor hazía ser paciente.
>
> Hielos, estivo ardor, cielo inclemente
> contento sufre; si Raquel se halla
> cuando la noche en su silencio calla
> y el alva tras el día, ante él presente.

> Mas poco es esto a Cristo conparado;
> finísimo amador, no vido el cielo
> ni la tierra otro amor tan fuerte y vivo.
>
> Así se dio por pasto a su ganado,
> y por la Esposa que sirvió en el suelo
> aun no le fue el morir en cruz esquivo.
> (f. 128)

Se trata del servicio amoroso, prestigioso tema del amor cortés, redivivo en estos finos amantes, superlativamente fino en el caso de Jesús. La comparación tipológica, por cierto, es harto apropiada, pero no sorprendente. A mi juicio el carácter explicativo del segundo terceto, dado de quien se habla, tiene algo de relleno innecesario, especie de pasaje entre abstracto e incoloro cuya única función es conducir a las imágenes del último terceto, donde tampoco espera sorpresa alguna. Cristo como pastor y pasto es lugar bien conocido de la devoción cristiana, mientras en su muerte por amor en la cruz se basa la fe en nuestra redención. Si lo figural de este soneto no es de lo más inspirado de nuestro poeta, los cuartetos son muy otra cosa.

El verso inicial abre el poema con un adverbio definitorio, ceñidamente emotivo "–Amó Jacob a Raquel *tan tiernamente–*" al lado del cual su paralelo –la calificación del amor de Cristo como "tan fuerte y vivo–" suena remanido y enclenque. Amor ternísimo que de nuevo se concentra en la mirada y la presencia. Jacob todo lo sufre, por amor, con alegría; y al contrario de las abstracciones dedicadas a Cristo en el primer terceto, el poeta nos conduce por una enumeración, si sucinta, bien concreta de los trabajos que confrontara la paciencia de Jacob. Esta serie evocadora de contrariedades nos lleva con rápida eficacia a la obra maestra de un hipérbaton notable. Jacob todo lo sufre "si Raquel se halla / cuando la noche en su silencio calla / y el alva tras el día, ante él presente". Ribera posterga la alusión a la presencia amada, por más de un verso y medio, y cuando ésta nos llega, con toda la carga evocadora de esa noche callada y esta luz del alba, lo hace con una plenitud lograda en la magistral tensión poética del hipérbaton.

Estos son hallazgos de un poeta consumado. A través de los cinco sonetos que hemos visto puede entenderse el calibre de Luis de Ribera. Don Marcelino indudablemente acierta, ésta es "poesía más preciosa que la plata de [las] entrañas" del cerro de Potosí. Sin embargo sospecho que no había leído las *Sagradas poesías*, pues no cita un solo verso. Creo que en lo fundamental su juicio se basa en el de Gallardo; "nada de oropel ni argentería: oro macizo". Tiene razón. Son versos áureos. Lamentablemente el entusiasmo de Gallardo contagió con serios errores a los futuros críticos bolivianos, pues la poesía de Ribera nada tiene del estilo de Fray Luis, ni hay razón alguna para relacionarlo a Herrera y la escuela sevillana del siglo XVI. No es por casualidad que elegí compararlo con Lope de Vega. Ribera es un barroco. Un gran poeta barroco.

CAPÍTULO TRES

DE INCESTO Y ADULTERIO:
TODO INFERNAL LUJURIA LO PROFANA

> Para Paciencia Ontañón de Lope Blanch,
> *Mulier fortis:*
> *"una mujer fuerte ... es mucho más valiosa*
> *que las perlas"*
> *(Proverbios 31:10)*

En medio del fragor de aquel Potosí encendido en plata y sangre, Luis de Ribera leía las Escrituras. Rara vez con ojos de místico. Sin duda fue varón devotísimo, pero en modo alguno puede pensarse con Sáinz de Robles que se respira "en todas sus composiciones un ambiente de fervor místico y de pureza que recuerda los más bellos y delicados pasajes poéticos de la Biblia"[1]. Curioso juicio, tanto más si consideramos que Ribera muestra muy peculiar afición por aquellos pasajes de las Escrituras donde puede entender, presentir, y a veces imaginar lujuriosa corrupción y lasciva infamia. No menos de once sonetos, aproximadamente un tercio de los dedicados al Génesis y todos los que tocan al Segundo Libro de Samuel, ilustran este particular interés de nuestro poeta:

---

[1] *Apud.* Cáceres Romero, pp. 48–49. (Federico Carlos Sáinz de Robles. *Diccionario de la Literatura*, II, p. 104).

1) "Del diluvio por los pecados de los hombres".

2) "De Noé descubierto de Can [sic], tapado y reverenciado de Sen [sic] y Jafet: "De anciano padre rehusar la afrenta, / cubriéndola con propias vestiduras".

3) "De los sodomitas queriendo usar mal de los ángeles": "Contra maldad nefaria de Sodoma / llegaron los jueces soberanos".

4) "De Lot embriagado de sus hijas".

5) "De Dina, hija de Jacob, desflorada del Príncipe de Siquen": "Dina, extranjera, hermosa y libre dama, / de Siquen paseaba discurriendo".

6) "De Josef huyendo de la adúltera mujer de Putifar, en cuyas manos dejó la capa": "La egicia, por Josef en llama ardiendo / de adulterino amor, postrado el velo" (Gn 39, 7)

7) "De la maldición que echó Jacob a su hijo Rubén, por haber violado sus concubinas".

8) "De Amnón enamorado ciegamente de su hermana Tamar".

9) "De Absalón, pendiente de las ramas de una enzina y alanceado".

10) "De Betsabé bañandose, cuando se enamoró della David".

11) "De Susana acometida de los viejos para feo ayuntamiento".

Aunque el Génesis ofrece algún episodio más de abierta sexualidad Ribera se detiene en todos aquellos donde es condenable, y nunca donde resulta permisible como, por ejemplo, en la historia de Judá y Tamar. En este sentido, lejos de estar interesado en la pureza de los más delicados episodios de la historia sagrada, la imaginación de nuestro poeta nos pinta a menudo escenas impregnadas de lo que él considera ignominiosa lascivia. Muy probablemente algo de esto se deba a ese espíritu contrarreformista que desde Trento dictaminó que en lo que respecta a pecados de la carne no hay materia leve; pero en Ribera a la necesaria condena se une un exacerbado interés en lo lujurioso. Consideremos el soneto que en su obra abre tal temática. Se trata del exterminio de la humanidad por su ofendido Creador:

> Del diluvio por los pecados de los hombres
>
> Subió el hedor de la malicia humana
> por tanto sensual corrompimiento,
> y su abominación y encendimiento
> irritó [a] la justicia soberana.
>
> Todo infernal lujuria lo profana;
> ni acata sexo [o] edad su perdimiento;
> bestial era y nefando arrojamiento
> el que su carne a su apetito allana.
>
> Aquel vapor de fuego y niebla oscura
> al hondo mar abierto se sorbiera;
> mas Dios sopló las nubes y arrojado
>
> fue en agua su furor y mano dura,
> porque menor diluvio no pudiera
> apagar tanto incendio de pecado.
> (f. 29)

El castigo divino en Génesis 6, 5 se debe a que "viendo Yahveh que la maldad del hombre cundía en la tierra, y que todos los pensamientos que ideaba su corazón eran puro mal de continuo, le pesó a Yahveh de haber hecho el hombre en la tierra, y se indignó en su corazón". El primer verso del soneto es acertada expresión de la maldad cundiendo por la tierra: "Subió el hedor de la malicia humana". Pero, mientras el texto bíblico prefiere no calificarla más que en su universalidad, y subrayar el "puro mal" no sólo de obras, sino de corazón y pensamiento, para Luis de Ribera este extremo de maldad tiene razones bien precisas: "por tanto sensual corrompimiento"[2]

---

2 La creencia en la lujuria como causa del diluvio pudo ser favorecida por

El segundo cuarteto desarrolla aun más el concepto; se trata de la lujuria que, bestial y nefanda, se ha apoderado del apetito de todos, hombres y mujeres, mozos y viejos. Ribera cambia el pensamiento corrompido que le señalaba su subtexto, por el apetito de la carne. Para Ribera el crimen que desata el castigo, para con "justicia soberana" exterminar cuanto vive sobre la tierra, es el pecado de la carne.

Toda lectura, claro está, implica una interpretación. Lo que Ribera leyó en Génesis 6, 5 revela una presuposición de su entendimiento, cómo se relaciona el poeta-intérprete con lo que dice el texto sobre el cual construirá su obra. En él tal relación queda mediada por el temor o el terror a lo impuro, que en su poesía se

---

los versículos inmediatamente precedentes (6, 14) que hablan de la unión de "los hijos de Dios" con las "hijas de los hombres", cuyos "hijos fueron los héroes de la antigüedad, hombres famosos". La Biblia de Jerusalén anota que "el Judaísmo posterior y casi todos los primeros escritores eclesiásticos han visto ángeles culpables en estos "hijos de Dios". Mas a partir del siglo IV, en conformidad con una noción más espiritual de los ángeles, los Padres han interpretado comúnmente "los hijos de Dios" como el linaje de Set, y las "hijas de los hombres" como la descendencia de Caín. Esta es la interpretación de Lope de Vega en los *Pastores de Belén*. (Madrid: Renacimiento, 1930, p. 304): "Aquí los hombres degenerando de quien eran, poco a poco, se entregaron a todo deleyte y bestialidad. Viendo los hijos de Dios (esto se entiende los santos de la estirpe de Set) las bellas hijas de los hombres (esto es los malos de la estirpe de Caín) las tomaron por sus mugeres sin alguna diferencia, y hicieron sus matrimonios con el pueblo maldito, del qual nacieron los Gigantes, hombres poderosos y infames". Sin embargo Lope no relaciona esta mítica degeneración con el diluvio, "donde con horrible venganza purgó la divina justicia las corrompidas costumbres de los hombres", (p. 305), sin más especificaciones. En el capítulo anterior consideramos los tercetos del soneto de Lope sobre el diluvio; he aquí sus mediocres cuartetos:

Envuelto el cielo en confusion obscura
Lloviendo mares de su braço ayrado
Dios que basta decir Dios enojado,
Y que le ofende ya su misma hechura.

Dura el enojo, y el castigo dura,
la luz está escondida, el sol turbado,
y el hombre por los montes anegado
Aumenta con llorar su desventura.

descubre en una especie de hipertrofia de lo sexual como algo que oscurece, mancha, e infecta la virgen perfección primigenia. Se trata de la antiquísima complicidad entre contaminación y sexo de que habla tan acertadamente Paul Ricoeur[3]. Ahora bien, desde el punto de vista teológico el resultado de semejante interpretación de ese "puro mal" que le ofrecía el texto bíblico es un empobrecimiento del significado y alcance del diluvio, en el cual culmina la perversidad humana desde la culpa adánica a la violencia homicida de Caín, multiplicada en sus descendientes (Gn 4, 23). Pero Ribera está escribiendo poesía y, poéticamente hablando, su obsesión con la impureza lúbrica le enciende la imaginación para crear en metáforas y conceptos una debacle escatológica, original y sorprendente.

En los tercetos nuestro poeta pasa de la metáfora corriente de la lujuria como fuego, a una imagen apocalíptica del orbe oscurecido por los llameantes humos del pecado. Así Dios desata el diluvio porque era necesaria tanta agua para "apagar tanto incendio de pecado". Resulta a mi juicio admirable cómo partiendo del clisé del fuego lujurioso Ribera lo exacerba concibiéndolo tan ardiente y ávido que fuera capaz de sorberse océanos de no haber intervenido la acción divina, para de allí encumbrarse hasta esta extraordinaria escena de un incendio universal que reclama un diluvio universal. El mundo infecto por el apetito de la carne arde y humea, y las aguas que lo destruyen lo purifican.

El exterminio como rito de purificación: Dios destruye para restablecer. Aniquila para restaurar. El mismísimo castigo afirma la integridad primigenia de la creación. Y

---

[3] Paul Ricoeur, *The Symbolism of Evil*, Boston: Beacon Press, 1967, p. 28: "The inflation of the sexual is characteristic of the whole system of defilement, so that an indissoluble complicity between sexuality and defilement seems to have been formed from time immemorial."

entonces el segundo Adán que es Noé conocerá el arcoiris. El estupendo soneto sobre el diluvio abre con magnitud apocalíptica la serie de poemas dedicados a los crímenes carnales, dos de los cuales atienden a diferentes modos de incesto. El primero de éstos trata

> De Lot embriagado de sus hijas
>
> Ardía en llamas la ciudad y ardía
> por su embriaguez entre torpezas luego
> anciano Lot, tan olvidado y ciego
> que lascivos abrazos consentía.
>
> La cueva el feo incesto no encubría
> que de sus hijas al halago y ruego
> mientras se daba al vino, mas el fuego
> despertaba con ellas y encendía.
>
> Cayó rendido al delicado cuello,
> entre virgíneos miembros afeados,
> con paternal ardor y propia mengua;
>
> porque cuelgan de mísero cabello
> los naturales lazos apretados
> cerca de mujeril contacto y lengua.
> (f. 124)

En este caso el subtexto escriturario es Génesis 19, donde se menciona la cueva (19, 30) y la vejez de Lot (19, 31), pero sería en vano buscar este consentir del padre a "lascivos abrazos", o el "halago y ruego" de las hijas, quienes parecen tan poco interesadas en los aspectos lujuriosos de sus empeños cuanto decididas a tener hijos del único modo posible en aquella sociedad de tres a la que estaban restringidas tras la huida de la condenada Sodoma: "no hay ningún hombre en el país que se una a nosotras. Ven, vamos a propinarle vino a nuestro padre, nos acostaremos con él y así engendraremos descendencia" (19, 31-32, y paralelamente 19, 34). Al final del episodio se muestra muy claro que las muchachas tuvieron éxito pues "quedaron encinta de su padre", que será el ancestro de dos naciones, la moabita y la ammonita (Gn

19, 36-38). En ningún momento durante todo el episodio se encuentra una condena o se menciona un castigo de tal incesto. Ribera parece haber leído en una historia cuyo tema es evidentemente la necesidad de procreación en una situación límite, una suerte de episodio de las *Metamorfosis* ovidianas, de la especie de Mirra. Allí sí pudo hallar el consentimiento a "lascivos abrazos", y el fuego prohibido de una pasión incestuosa, pero las hijas de Lot no seducen a su padre; sin pasión alguna lo embriagan hasta el punto que éste pierde todo sentido de lo que pasa: "se acostó con su padre, sin que él se enterase de cuando ella se acostó ni cuando se levantó" (Gn 19, 33 y paralelamente 35). No pudo ser en la Biblia donde Ribera halló acicate para la intensa sensualidad de estos versos, sorprendentes en detalles de concretizada lujuria donde un anciano se entrega "rendido" a la pasión incestuosa en una mezcolanza de lúbricos cuerpos virginales (v. 10), "cerca de mujeril contacto y lengua".

Todo ello se desarrolla contra el fondo de la ardiente Sodoma, en cuyo incendio el poeta espeja el de Lot en fatídicas llamas paralelas. Una vez más la imaginación creadora de Luis de Ribera ha sexualizado el subtexto escriturario para describir otro incendio de la lascivia culpable, metaforizado una vez más en destructivo fuego, ahora duplicado en el de la ciudad infame y en el de la infamia incestuosa.

En el soneto "De la maldición que echó Jacob a su hijo mayor Rubén, por aver violado sus concubinas" encontramos de nuevo la temática del incesto:

> Cual agua derramada, consumido
> quedes, Rubén, ni crescas en la tierra;
> tus renuevos arrástrelos la guerra,
> sientas flaco y pequeño tu partido.
>
> Mengua contra tu padre as cometido.
> De ti la reverencia se destierra;

y en su lecho tu ardor lascivo encierra
aleve deshonor y amor perdido.

Tal maldad determina el blando pecho
de un mancebo que sigue su apetito
y trata sin ningún recato el fuego,

siendo de lazos y peligros hecho
en brazos de mujer tierno conflito,
para dejar [se] estar vencido y ciego[4].
(f. 195)

El primer cuarteto se basa en Génesis 49, 3-4:

Rubén, mi primogénito eres tú,
mi vigor y las primicias de mi virilidad,
plétora de pasión y de ímpetu,
espumas como el agua:

¡Cuidado, no te desbordes!
porque subiste al lecho de tu padre;
entonces violaste mi tálamo al subir.

La poetización de Ribera se centra en el símbolo del cuarto versículo vuelto en símil, y de allí arranca tajante, breve y feroz la maldición cuadruplicada. Nada hay de abstracto en estos versos, cada uno de ellos llega habitado por una imagen bien concreta, en rápida sucesión de notable eficacia poética.

El resto del soneto atiende a los dos últimos versículos, y otra vez nos encontramos con la metáfora del fuego de la lascivia (vv. 7 y 10). En realidad Rubén sólo difiere de Lot por su juventud, pues por lo demás se lo presenta en muy semejantes términos: "anciano Lot, tan olvidado y ciego / que lascivos abrazos consentía", y el hijo de Jacob con su "ardor lascivo" también está "vencido y ciego". Si para Lot se deshacen "los naturales lazos apretados / cerca de mujeril contacto y lengua", para Rubén es "de lazos y peligros hecho / en brazos de mujer tierno confli-

---

[4] Corrijo el *de* del último verso "para dejar *de* estar vencido y ciego" que en este contexto no tendría sentido.

to". Lot y Rubén en el fondo son iguales; como ya decía en el soneto sobre el diluvio "todo infernal lujuria lo profana; / ni acata sexo [o] edad su perdimiento". Ribera contempla un mundo donde la sexualidad penetra y contamina almas y cuerpos, destruyendo el natural amor filial, manchando la pureza de miembros virginales, afeando la belleza prelapsaria.

CON EL TORPE DESEO LA PROFANA

Del Libro de Samuel 2, que el poeta conoce por su Vulgata como Segundo Libro de Reyes, además de una traducción en la que no me he de detener, Ribera ha elegido tres episodios, dos de ellos de marcada sexualidad, y el tercero sexualizado por una imaginación siempre alerta a lúbricas sugestiones. En las *Sagradas poesías* la historia del rey David se abre con la escena del baño de Betsabé, prosigue con la violenta lujuria de Amnón y se cierra con la muerte de Absalón. En otras palabras, la gesta davídica se concentra en los preludios de un adulterio y la consumación de dos incestos.

La tragedia de la inocente Tamar violada por su hermano se poetiza en un soneto bastante fiel al texto bíblico:

De Amnón enamorado ciegamente de su hermana Tamar

Amnón, de amor herido, no reposa;
ama ciego a Tamar, su bella ermana,
y cuanto mal secreta llaga sana[5],
así desmaya y pena, emprende y osa.

Aquella luz de su mirar gloriosa
con el torpe deseo la profana;
ella inora el amor, mas él afana,
padece y muere en llama vergonçosa.

---

5 "y cuanto mal secreta llaga sana": posiblemente debe entenderse que mucho mal (los inicuos planes de Amnón) sana la secreta llaga, porque lo alivia, dándole segura esperanza de lograr lo que desea.

> Y porque el hecho a la fealdad iguale
> del lascivo dolor, cierto remedio
> pide en ver su Tamar, y al fuego vino;
> usó de fuerça, do el rogar no vale,
> poniendo del deleite y nudo en medio
> más odio que uvo amor, su desatino.
> (f. 203)

Los dos cuartetos se detienen en Amnón antes de cometer el delito, definiendo breve si claramente el importe ético de la situación, ya desde el título: amor ciego e incestuoso, que por serlo viola torpemente la hermosura de la amada (vv. 5-6) aún antes de que su violencia física de hecho la profane. El cierre del primer cuarteto expresa admirablemente en sendas enumeraciones verbales el estado de ánimo del príncipe que, doliente por insatisfecho ("desmaya y pena"), se prepara a la acción ("emprende y osa"). Lo mismo hace aun más hábilmente al terminar el segundo cuarteto, cuando intensifica la serie verbal, yendo del moderado afanar, al más intenso padecer, para culminar supremamente en un morir, a la vez metafórico y real, pues esa misma "llama vergonçosa" que con indudable acierto cierra definitoria los cuartetos será la causa última de su muerte (2S 13, 23-29).

En un soneto de los *Pastores de Belén* Lope dice del mismo crimen:

> Amón, que para Amor se diferencia
> en la postrera letra solamente,
> enfermó de un phrenético accidente,
> venció de la ocasión la resistencia.
>
> Perpetrada tan áspera violencia
> volvió a su imperio la razón ausente,
> y mirando en Thamar su error presente
> mandóla desterrar de su presencia.

Los tercetos se centran exclusivamente en la amarga queja de Tamar (que lamenta no su violación sino el rechazo y el engaño) por lo cual no cabe aquí su consideración⁶. Tras el traspiés de los dos primeros versos, cuya banalidad muy fuera de lugar para preludiar la tragedia opaca la justa caracterización del tema, sugiriendo en trivial juego de palabras la casi identidad del infame con el Amor. Por lo demás ha de ser notorio que Lope, quien acaba de narrar el episodio bíblico en detallada prosa, da por sentado que quien lo oye o lee sabe bien sus varias peripecias, de donde ha de entender sin dificultad en el "phrenético accidente" la pasión incestuosa, y en el eufemístico cuarto verso la violación brutal. Quien no conociera la historia puede colegir que aquí se trata del justo y racional arrepentimiento de quien sufriera una violenta *passio amoris*, pero ¿cómo vislumbrar también la afrenta incestuosa? El soneto de Lope discurre, en realidad, entre dos *exempla:* por un lado, el loco Amor, personificado en el frenesí de Amnón, conduce rápidamente a un avergonzado arrepentimiento; por el otro lado, las doncellas no deben dejarse engañar ... La dramática historia de Tamar y Amnón ha quedado reducida a la superficial ejemplaridad de este duplicado lugar común.

El poema de Ribera no está interesado en lecciones fáciles; lo que le importa es la tragedia, y así sus tercetos desarrollan la peripecia del crimen. Amnón, fingiéndose enfermo, pide a su padre que le envíe a Tamar, para que le prepare unas frituras. David así lo hace, de donde Tamar "al fuego vino" (v. 11) a la vez aquél donde freirá los manjares para su hermano, y la "llama vergonçosa" de la lujuria fraternal. El Libro de Samuel dice de los ruegos de la pobre doncella, pero "él no quiso escucharla, sino

---

6   Suelto el cabello de oro, las sutiles
hebras las perlas de los ojos bañan,
diciendo: 'No me afrentes y aniquiles,

que más los hombre que las obras dañan
y más parecen bárbaros y viles
en dejar de engañar, después que engañan'.
(p. 86)

que la sujetó y forzándola se acostó con ella" (2S 13, 12-14), todo lo cual Ribera resume en un verso: "usó de fuerça, do el rogar no vale" (v. 11). Consumado el incesto, el ciego amor se vuelve odio ciego: "Después Amnón la aborreció con tan gran aborrecimiento que fue mayor su aborrecimiento que el amor con que la había amado" (2S 13, 15). En su último verso Ribera ha seguido fielmente el texto escriturario: "mas odio que uvo amor". Su único desvío del mismo quizá sea significativo. Por supuesto el Libro de Samuel, al contar la violación de Tamar, no dice absolutamente nada del placer de Amnón en la unión sexual, pero reveladoramente la imaginación de Ribera viene a suplir información harto inapropiada para su destinataria inmediata, esa virginal monjita sevillana que no debía considerar ni por asomos este "deleite i nudo". Pero nuestro poeta, en contemplación (¿algo profana?) del episodio bíblico, poniendo de lado consideraciones semejantes, nos dejó este vislumbre erótico en su interés por temática tan ajena a la espiritualidad claustral.

El vengador de Tamar fue su hermano Absalón, que tras hacer matar al violento lujurioso, levanta en rebelión contra su padre al pueblo de Israel que lo elige rey ungido, hace huir a David de su Jerusalén, acepta consejos traidores y hasta asesinos contra su progenitor, y entrando en la ciudad se apodera del harén que había quedado en el palacio real:

De Absalón, pendiente de las ramas de una enzina y alanceado

> Aquesos tus soberbios pensamientos,
> ¡o mísero Absalón! si te llevaron
> a ser contra tu padre, y despertaron
> las armas y los ánimos esentos,
>
> y con abraços impíos y violentos
> en sus mugeres el su onor mancharon,
> mira, perdido joven, do pararon,
> pues fueron sepultados en los vientos.

> A tu error los cabellos semejantes
> enmarañados y elevados junto
> de lazo te sirvieron, y caíste.
>
> Tres lançadas te dio Joab, mas antes
> de las ramas colgando, en que mal punto
> tu afrenta, tu castigo y muerte viste.
> (f. 209)

En bien torneado soneto, Ribera abre en el primer verso una interpelación que deja suspensa hasta los dos versos finales del segundo cuarteto ("tus soberbios pensamientos" ... "mira, perdido joven, do pararon, pues fueron sepultados en los vientos") mientras casi parentéticamente enumera los crímenes del príncipe rebelde. Entre los muchos delitos que Absalón acumula inusitadamente, y que en el Libro de Samuel 2 ocupan desde 2S 13, 23 hasta su muerte en 18, 15, la cuestión de las concubinas no resulta en especial llamativa, pues las Escrituras apenas si le dedican dos versículos (2S 16, 21-22), presentando el caso como un acto político –por el cual afirmaba su derecho de sucesión– siguiendo lo recomendado, no por su lascivia, sino por su consejero. De esos dos versículos, Ribera atiende sólo a la mitad del segundo: "Absalón se unió a las concubinas de su padre". Nuestro poeta vuelve tan escueta información en esos "abrazos impíos y violentos" que deshonran al monarca ideal, y que ocupan justo la mitad (vv. 5-6) de los cuatro versos en que trata los delitos de Absalón. La brújula de su fantasía nunca pierde su norte. En la frialdad de esa razón de Estado que fue la unión con las concubinas de David, el perulero contempló violentos abrazos prohibidos. No escrituraria, pero sí poéticamente su imaginativa resultó eficaz. La traición de sublevarse y sublevar al pueblo contra su rey, descripta en versos de dudosa carga emotiva ("te llevaron / a ser contra tu padre, y despertaron / las armas y lo ánimos esentos") acaso sea menos repugnante que esta violación del tálamo paterno, expresada en una imagen mucho más impactante[7].

Para la inmensa mayoría de sus coetáneos, el nombre de Absalón suscitaría sobre todo una imagen, la de un hermoso joven colgando de un árbol, sus largos cabellos enredados entre las ramas. En 1602 Lope de Vega publica un soneto cuyo tema es precisamente el que promete el soneto de Ribera "De Absalón, pendiente de las ramas de una enzina..." en el cual el Fénix se limita a describir el ícono popular del bello muchacho de acelerada soberbia:

> De Absalón
> Suspenso está Absalón entre las ramas
> que entretejen sus hojas y cabellos,
> que los que tienen la soberbia en ellos,
> jamás expiran en bordadas camas[8].

El estupendo comienzo parece prometer una obra maestra semejante al maravilloso soneto del "Triunfo de Judit", donde el gran Montesinos vio con justicia un hallazgo parnasiano[9]; pero en este caso Lope nos deshace prematuras ilusiones cuando al llegar al tercer verso nos encontramos que tan sólo se trata de un *exemplum*, y para colmo vulgarmente rematado: el castigo del soberbio es no poder morir entre las holandas de su lecho o,

---

[7] El incesto de Absalón parece haber inspirado también una obra maestra del Lope maduro, *El castigo sin venganza*, ver la edición de A. David Kossoff. Madrid: Clásicos Castalia, 1970, Introducción, 30–32 y la nota a los vv. 28-90-28-91, pp. 361–62. He de agregar que el verso 2511 hace explícita la analogía entre el personaje de *El castigo* y el hijo de David: "y es Federico Absalón".

[8] El soneto aparece entre los doscientos que publica en 1602 en *La hermosura de Angélica con otras diversas Rimas*, luego en las *Rimas* de 1604 y de 1609. Lope de Vega, *Obras poéticas*, ed. José Manuel Blecua, Barcelona: Planeta, 1983, p. 84. José F. Montesinos, *Estudios sobre Lope de Vega*, Salamanca: Anaya, 1967, p. 152.

[9] José F. Montesinos, *Estudios sobre Lope de Vega*, Salamanca, Anaya, 1967, p. 152.

por decirlo más pedestremente, "en bordadas camas". El segundo cuarteto sigue la misma estructura, dos versos descriptivos seguidos del *exemplum*[10]. Para Lope no se trata más que del "bello Absalón, famoso ejemplo al suelo" (v. 11), y la imagen poética que más le importa es su cuerpo suspenso del árbol; el vanidoso, el "liviano" Absalón (v. 10):

> esperanza, ambición, cabellos diste
> al viento, al cielo, a la ocasión; tan vano
> que te quedaste entre la tierra y cielo.

El poema de Ribera, como hemos visto, es muy otra cosa. Sus cuartetos van evocando la miserable historia cuyo desenlace sabe postergar, para que la imagen de Absalón –no ya manoseado ícono ejemplar– aparezca plena de su inicua vida. Habiendo presentado al criminal en sus crímenes, ofrece en los tercetos la merecida consecuencia de tanta traidora rebeldía. Si bien por instrumento humano (v. 12), la muerte llega providencial: colgado de las ramas, Absalón contempla su pecado y su castigo en merecido morir (vv. 13-14). Aun antes, en el primer terceto, el poeta ya lo ha sugerido:

> A tu error los cabellos semejantes
> enmarañados y elevados junto
> de lazo te sirvieron, y caiste.

Con notable lucidez poética Ribera ha visto en los cabellos del príncipe, desordenados y levantados –como esos "soberbios pensamientos" que sepultaran vientos insustanciales– el emblema mismo de Absalón en su desorden y su soberbia. Largos cabellos semejantes a su error, error y cabellos que fueron lazo y caída. Cabellera emblemática de una vida y una muerte. Al desanudar los cuartetos Luis de Ribera nos ha conducido de la nómina de

---

[10] Cubre de nieve las hermosas llamas / al eclipsar de aquellos ojos bellos, / que así quebrantan los altivos cuellos / las ambiciones de mayores famas".

los pecados de un rebelde al sentido último de su desorden vital.

Y LA HERMOSA IMAGEN YA DESNUDA

En las *Sagradas poesías* la historia davídica comienza sintomáticamente con el baño de Betsabé, que aparece exento de toda edificante alusión al castigo y arrepentimiento del rey adúltero y asesino. El soneto de Ribera sólo se centra en la bella desnuda. El otro famoso baño del Antiguo Testamento es el de Susana en el libro de Daniel, donde se ilustra la clarividencia ética del joven profeta. Don Luis también aquí se desentiende del mensaje ético en que radica toda la anécdota, pero no va a perder tan alta ocasión contemplativa, que inspirará entre sus sacras poesías esta insólita audacia:

De Susana acometida de los viejos para feo ayuntamiento

> Susana, casta henbra, despojando
> en el jardín está sus vestiduras,
> a las tenpladas aguas, mansas, puras,
> que espera de afrentallas, provocando.
>
> Las colunas de mármol, convidando
> del claro fuego, no se ven seguras;
> las flores, variadas en pinturas
> si las tocan sus plantas, esmaltando.
>
> Aura suave y blanda la rodea,
> y la hermosa imagen, ya desnuda,
> alunbra, vençe, inflama fuente y flores,
>
> cuando así de improviso la saltea
> Amor con faz anciana, no sesuda,
> que no ay belleza libre de traidores.
> (f. 210)

¡Asombrosa aventura contemplativa! La devota composición de lugar debió adiestrarlo en el minucioso visualizar de escenas bíblicas, y en este caso lo llevó a contemplar con los ojos decrépitos de los lúbricos ancianos acechantes en el jardín babilónico. "Susana, casta henbra", curiosa yuxtaposición de tal adjetivo con semejante nombre. Ribera no podía evitar el primero, que se había vuelto ya epíteto obligado de 'la casta Susana'. Claro que de quererlo hubiese resaltado con facilidad la castidad emblemática de la virtuosa hebrea sin forzar el endecasílabo, escribiendo, por ejemplo 'Castísima Susana, despojando'. Si no lo hace es porque en su mente ve en ella la visión de los viejos deseantes: la mujer desnuda, o mejor, la hembra que pletórica de carnalidad, provoca, inflama y convida. Hembra más que mujer, cuya desnudez puede en su lascivia afrentar la pureza de las aguas;

> Susana, casta henbra, despojando
> en el jardín está sus vestiduras,
> a las tenpladas aguas, mansas, puras,
> que espera de afrentallas, provocando.

Quien aquí se desnuda no es la casta Susana, sino la carne de la hembra provocante.

Entonces el poeta nos presenta una escultura verbal que se sabe *ekphrasis*: "la hermosa imagen, ya desnuda". Susana se alza marmórea en su desnudez:

> Las colunas de mármol, convidando
> del claro fuego, no se ven seguras;
> las flores, variadas en pinturas
> si las tocan sus plantas, esmaltando.

Singular imagen: así como el poeta debieron verla los viejos. No el rostro, el cuello, los brazos, las manos, el pecho, tal vez lo más humano de un desnudo. No, lo que ven, desde la genital unión de los muslos hasta las plantas de los pies, son las piernas, cuya belleza puede que esmalte flores, pero cuyo centro es ese "claro fuego", seguramente púbico, en cuyo imaginario convite se centra toda la atención de sus seniles deseantes.

Me pregunto cómo a la censura se le pasaron por alto tales versos, mientras me tranquiliza pensar que la inocencia de la hermana monja entendió que las columnas de marras debían ser las de algún pórtico de mármol. Quizá quedaría algo perpleja ante ese "no se ven seguras" –índice cierto del tambaleo y caída que erróneamente desea y predice la lujuria para cumplir el "feo ayuntamiento"– y aun más atónita ante el claro fuego en misterioso convite (¿algún banquete bajo la columnata?), pero acaso se dijera que para comprender la arquitectura y los jardines de tiempos tan remotos eran necesarios los sesudos estudios de su docto hermano[11].

Tras la lúbrica visión, el primer terceto reviste la incitante desnudez en desmaterializantes auras petrarquistas, que ya habían preludiado aquellas plantas del segundo cuarteto al esmaltar de color las flores del jardín:

> Aura suave y blanda la rodea,
> y la hermosa imagen, ya desnuda,
> alunbra, vençe, inflama fuente y flores.

---

[11] Compárese el soneto de Ribera con el siguiente de Lope de Vega en *Los pastores de Belén*, p. 94, donde no hay sombra de voluptuosidad en su heroica Susana, ni el más remoto erotismo en todo el poema:

> Siendo de amor Susana requerida,
> estándose lavando en una fuente
> de dos Juëces que lascivamente
> vieron desnuda y de virtud vestida
>
> Dixo llorando: '¡Hay, sola y combatida
> por todas partes del dolor presente!
> pues morirá mi honor si lo consiente
> si lo niega perderé la vida.
>
> ¡Hay, muerte victoriosa, no me asombres,
> pues la vida del alma, que pretendo,
> muriendo gozará más altos nombres!
>
> Porque será mejor si me defiendo,
> caer sin culpa en manos de los hombres
> que con pecar en las del Dios que ofendo'.
> (p. 86)

Terminado tan indiscreto *striptease,* se hace por fin alusión al asalto prometido desde el título, con los ancianos personificando al mismísimo Amor:

> cuando así de improviso la saltea
> Amor con faz anciana, no sesuda,
> que no ay belleza libre de traidores.

La decrépita faz de Cupido nos asalta a su vez incongruente. Y, sin embargo, es falsa incongruencia. El de este Cupido es el rostro de *cupiditas.* En este Amor miramos la cara de la lujuria, son sus ojos los que en la casta desnudez de Susana vieron la hembra en ofrenda genital. Luis de Ribera escribió el soneto desde el punto de vista de la concupiscencia.

Con muy otros ojos ha de contemplar el baño de la amada de David. Si Susana es imagen de sexuado mármol, Betsabé se descubre marfil, cristal y nieve al amor del sol:

> De Betsabé bañándose, cuando se enamoró della David
>
> Loçana se bañava y luego ungía
> con suäve licor el blanco pecho,
> de marfil y cristal en partes hecho,
> y el puro velo en rosas encendía.
>
> Desnuda Betsabé, por quien avía
> el sol al declinar buéltose un trecho
> mirándola, en amor tierno deshecho,
> mas ella, de sobervia, no huía.
> (f. 207)

Como en el soneto anterior aquí estamos de nuevo ante la hermosa desnuda en el baño. Pero ¡qué lejos de la absoluta carnalidad de aquella hembra en puro sexo! Aquí todo es delicadeza de acción ("ungía con suäve licor el blanco pecho", "en rosas encendía",) de sustancia (suäve licor, marfil y cristal, rosas) y de sentimiento (el sol "en amor tierno deshecho"). La carne provocativa se siente ahora como "puro velo", teñido de rosa, porque en vez de los traidores ojos de la lascivia aquí mira la ternura enamorada.

Ribera ha prestado atención al texto bíblico donde leyó que David vio por primera vez a Betsabé desde lo alto de una terraza en un atardecer (2S 11, 2). De ahí la alusión "al declinar" del sol. Un sol que mira a la bella desnuda, y al hacerlo se enamora, mientras Betsabé no escapa de tan altísimo amor. Ribera ha vuelto la mención al atardecer en el aparente lugar común de una belleza que hasta enamoraría al sol, pero pronto entendemos que aquí nada es común y corriente. El sol, preludio y figura de David (acaso también pensando en la fatídica declinación moral por la que se deslizarán estos amores) espeja las acciones del rey, su mirar, su enamoramiento, y la consiguiente respuesta de la aquiescente Betsabé, que no rechazará los favores reales: "mas ella, de sobervia, no huía".

Ya se nos ha presentado en el primer cuarteto el torso de la bella desnuda, su blancura suntuosa de marfiles y cristales. Al llegar los tercetos el poeta, extendiendo la metáfora solar, la vuelve a retratar desde los ojos de David, "una vista de rey enamorada:"

> Descubrió pues la nieve coronada
> de los dorados rayos en la cunbre
> del monte, esclareciendo su blancura,
>
> una vista de rey enamorada;
> y desmayó al ardor de tanta lunbre
> la nieve hasta allí helada y pura.
> (f. 207)

La desnudez femenina se ha tornado paisaje: el cándido cuerpo de la hermosa es un monte nevado, siendo su cumbre la rubia cabeza, bajo cuyo dorado esplendor reluce aun más la nívea blancura de Betsabé. Así el poeta hace que la vea David, el sol que ha de deshacer con la ardiente luz de su amor la casta pureza de la esposa de Urías. La metáfora suntuaria del comienzo del poema ha dado lugar a esta extraordinaria visión de la mujer como monte de luz y nieve. De nieve vulnerable.

Betsabé en desmayada nieve, David todo ardor solar. El fatídico baño de aquel atardecer ha consumado sus destinos. Y el poeta, en la exquisita finura de sus imágenes, deslizantes símbolos y luminosas metáforas, nos ha entregado en la joya de este soneto la suprema elegancia de su erotismo.

CAPÍTULO CUATRO

LA "CANCIÓN DE CRISTO PUESTO EN EL SEPULCRO" CON COMENTARIO DEL AUTOR

*Para mi tía, Berta Inés,
la primera de mis maestras*

Ya terminado el libro, Luis de Ribera agregó su comentario a la canción de Jesús sepultado, con la siguiente explicación preliminar:

> Porque la "Canción de Cristo puesto en el sepulcro" pide para su inteligencia muchas noticias de las ciencias, cumpliendo también con los que sólo tratan romance, entre los cuales ay razonable discurso y agudeza y policía. Que dotrina es del Apóstol ser aquéllos a quien Dios por su misericordia da mayor lunbre deudores en la enseñanza de los que no saben tanto, para que de todo punto no inoren sus misterios y hermosura, me a parecido con un breve argumento en prosa, desta canción dejallos instruidos en lo que suenan las palabras della, trocando las metafóricas y sinbólicas en otras llanas y comunes a nuestro hablar, las cuales si se introduzieran en los versos afearan y envilecieran el espíritu y manificencia que la ecelente y divina poesía requiere en sus modos, frases y ligaduras.

No ha de escapar al lector la osada ironía de apoyarse en palabras apostólicas para cimentar las razones que lo llevan a explicar sus propios versos de modo que no se ignoren "sus misterios y hermosura". Que aclare los puntos oscuros es una cosa, y muy otra que nos proclame su no entendida belleza. Más ambiguamente lo hace cuando al hablar del decoro propio de la materia sagrada, no le embaraza referirse a la magnificencia de tan "excelente poesía". ¿De la sagrada poesía, de sus *Sagradas poesías* o de ambas a la vez?

El poeta no sólo quiere iluminar oscuridades; sobre todo pretende revelar la excelencia de sus versos. A siglos de distancia su hermosura, sin más comentarios, nos resulta evidente, mientras que el comentario, si a veces amplía y aclara el sentido de alguno que otro verso, pocas veces va más allá de una sencilla paráfrasis, incapaz de ningún tipo de revelación estética. Así y todo, aunque en ocasiones haya ocurrido, es muy poco frecuente que un poeta de esa época explique su poesía estrofa por estrofa. Ya sabemos las tristes razones que lo llevaron a hacerlo, y que hoy día no pueden tener ya propósito posible. Sin embargo, es ésta oportunidad única para escuchar la voz del creador hablándonos de su propia creación:

1 En blando sueño, que inmortal espera
llama gloriosa de triunfante vida,
reposa el sacro cuerpo real, ungido,
en las cenizas frías escondida
5 divina brasa de increada esfera,
cuyo fuego a pedaços repartido
moverse en luz hermosa el onbre vido
y engendrar ecelentes criaturas.
Mas ¡ay,dolor! que dentro umano manto
10 cubre un sepulcro santo
su eterno ardor, con tales ataduras
que sólo yelo y negra sonbra muestra,
y en las heridas el color manchado
por quien la sangre elada trocó el roxo,
15 haziéndose de viölas despojo;
y el senblante onestísimo apagado,
de amarillez vestido y de siniestra
lúgubre imagen, de pavor maestra,

siendo su resplandor sin ocidente,
20 y aunque le vio en la carne, Dios viviente.

En blando sueño de muerte, que espera llama gloriosa de inmortal y triunfante vida, reposa el sacro y real cuerpo de Cristo, ungido con preciosos ungüentos, [En este punto Ribera sigue el Evangelio según San Juan 19, 39-40: "Fue también Nicodemo ... con una mezcla de mirra y áloe de unas cien libras. Tomaron el cuerpo de Jesús y lo envolvieron en vendas con los aromas, conforme a la costumbre judía de sepultar"], quedándole en las cenizas frías de sus difuntos miembros escondida la brasa y ardor de la Divinidad, que procedió de no criada esfera, diferente de la del fuego elemental, mas del puro, intenso y sacrosanto de Dios, cuya facultad y virtud en la creación de las cosas repartida según la dinidad de las criaturas por esas mismas la vido y consideró el onbre, como dotado de razón, moverse y resplandecer en la lunbre hermosa de la vida que mediante el vigor de Dios se les comunicó a unas, y en las operaciones y ecelencias de otras que no viven ni sienten, y en la generación y conservación de todas.

Mas es de grande dolor considerar como dentro del umano manto del cuerpo de Cristo colocado en el santo sepulcro está el eterno ardor de su divinidad, cubierto y estrechado con tales lazos y ataduras mortales, que sólo se muestra en él por de fuera aquel yelo y negra sonbra de la muerte, la cual como onbre padeció, y en sus llagas y heridas el color cárdeno y manchado, por quien la sangre ya elada y cuajada trocó el muy fino y roxo que antes tenía, volviéndose de color de violetas; y así mismo mirar su senblante onestísimo difunto y amarillo, rodeado de la infelice y lastimosa imagen de la muerte, maestra y causadora de pavor, siendo el resplandor deste mismo Señor Cristo, como de Hijo de Dios, ageno de ningún mortal acidente, y aunque lo sintió y esperimentó en su santísima carne, permaneció un Dios viviente, por virtud de la divinidad que consigo tenía indisolublemente unida, lo qual es artículo de fe.

La paráfrasis explicativa de la primera estrofa de la Canción no me parece que aclare unos versos que de por sí no presentan dificultades, pero resulta hasta cierto punto útil para revelarnos qué fue lo que el poeta veía en el cuerpo muerto del crucificado. Por cierto su visión es notable. Lejos de los usuales sentimentalismos del barroco en la consideración de las llagas, las huellas de sufrimientos, la desfiguración cadavérica, Ribera yuxtapone dos realidades eminentemente teológicas: el hombre muerto es el Dios vivo: "en las cenizas frías escondida / divina brasa de increada esfera", vv. 4-5; "que dentro umano manto / cubre un sepulcro santo / su eterno ardor", vv. 9-11; "lúgubre imagen, de pavor maestra, / siendo su resplandor sin ocidente, / y aunque le vio en la carne, Dios viviente" vv. 18-20. Al final de su comentario nos lo recuerda perentoriamente: "es artículo de fe". En efecto, se trata del dogma de Calcedonia: una persona en dos naturalezas, Jesús, verdadero Dios y verdadero hombre. Ribera en contemplación del cadáver de Cristo, en las señales de la muerte del verdadero hombre percibe a quien, por verdadero Dios, es inmortal.

Así ocurre algo extraordinario: en el cuerpo del nazareno difunto el poeta contempla al Logos creador:

> en las cenizas frías escondida
> divina brasa de increada esfera,
> cuyo fuego a pedaços repartido
> moverse en luz hermosa el onbre vido
> y engendrar ecelentes criaturas.

He aquí la teología del Credo de Nicea y la del comienzo del Evangelio de San Juan I, 13, "En el principio existía la Palabra ... Todo se hizo por ella, y sin ella no se hizo nada de cuanto existe", la del himno de la Epístola a los Colosenses I, 15-16: "El es la Imagen de Dios invisible, Primogénito de toda la creación, porque en él fueron creadas todas las cosas, en los cielos y en la tierra, las visibles y las invisibles, los Tronos, las Dominaciones, los Principados, las Potestades: todo fue creado por él y para él". No sería sorprendente si al considerar a Cristo como Pantocrator, o al contemplarlo amainando los vientos, caminando sobre las aguas, multiplicando peces y panes, el alma cristiana recordara en él al Verbo creador. Ribera lo ve en la carne amoratada que yace en la losa del sepulcro.

Nada hay de patético en la descripción del cadáver, apenas notas cromáticas:

> que sólo yelo y *negra sonbra* muestra,
> y en las heridas *el color manchado*
> por quien la sangre elada *trocó el roxo,*
> *haziéndose de violas despojo*;
> y el senblante onestísimo *apagado,*
> *de amarillez vestido.*

Nada hay tampoco de fúnebre, apenas la exclamación del verso 9, ese tan comedido "ay dolor", que no alcanza a crear una atmósfera luctuosa. Poéticamente la razón es acabada: este sueño de la muerte es "blando" porque se trata de una muerte apenas de lo exterior "que sólo se muestra en él *por de fuera* aquel yelo y negra sonbra de la muerte". No creo que Ribera fuese docetista, pero no puedo menos que señalar que lo muerto aquí es el "umano manto", "siendo el resplandor deste mismo Señor Cristo, como de Hijo de Dios, ageno de ningún mortal acidente, y aunque lo sintió y esperimentó en su santísima carne, permaneció un Dios viviente, por virtud de la divinidad que consigo tenía indisolublemente unida". Justamente porque Ribera se centra en el "verdadero Dios" de la fórmula calcedónica puede ante el cadáver martirizado evocar al divino Demiurgo. El muerto es la misma persona que en el principio "estructuró el universo en un cosmos ordenado" (San Atanasio, *Contra Paganos*, 45), y que desde entonces lo gobierna todo, de modo que "bajo su dirección, providencia y orden la creación se conserva segura" (*Contra Paganos*, 41). El concepto de San Atanasio ilumina el comentario absolutamente ortodoxo de Ribera. El hombre que murió en la cruz es la resurrección y la vida.

La doble naturaleza de Jesús en una sola persona le permite contemplar en el sepulcro no al hombre muerto sino al Dios vivo. Si nos sorprende es porque el cristianismo occidental ha hecho por siglos exactamente lo contrario (cuántas veces no se ha oído que Dios murió en la cruz). Ribera hubiese podido poner el acento en la naturaleza humana y su horrorosa muerte, como la inmensa mayoría de la literatura devota desde el medioevo tardío, y desde el punto de vista religioso tampoco hubiera habido nada que reprocharle. Por cierto la visión en el cadáver del Verbo creador, por teológicamente irreprochable, no resulta menos original. En términos poéticos esta primera estrofa plantea una antítesis extrema, y extremadamente eficaz, entre criatura muerta y Creador vivo, y en ella la paradoja teológico-poética de Creador muerto e inmortal.

    La segunda estrofa comienza con la explícita afirmación de las dos naturalezas del Nazareno, "Cristo Jesús, Dios onbre":

> El fuerte, el linpio, el inocente, el bueno,
> Cristo Jesús, Dios onbre, y rey eterno,
> sacrosanto pontífice ensalçado,
> vencedor de la muerte y del infierno,
> 25 el orbe estremecer hizo del trueno
> al despedirse el rayo acelerado
> que en los abismos de la tierra a entrado
> de su älma belígera, dejando
> el cuerpo de vital onor vazío,
> 30 que yaze en mármol frío
> mientras va las tinieblas alunbrando
> y en orden los despojos recogiendo.
> Mas los difuntos mienbros corromperse
> nunca podrán, que son del santo y puro
> 35 que Dios formó de corrución seguro.
> Y el Fénis que en el leño quiso arderse
> para de allí inmortal buelo cogiendo
> ir la vida sin cabo estableciendo,

las calientes reliquias consagradas
40 dejará en su vigor a sí ayuntadas.

Cristo Jesús, fuerte, linpio, inocente y bueno, Dios onbre, eterno rey, pontífice sacrosanto y ensalçado, vencedor del infierno y la muerte, hizo tenblar el mundo con el trueno de su voz cuando puesto en la cruz dixo al Padre por qué lo avía desanparado; y entonces arrancándose el rayo eficaz y prestísimo de su alma guerreadora que entró por los abismos de la tierra dejó el cuerpo privado de vida, yaziendo en los fríos mármoles del sepulcro, en tanto que alunbró las tinieblas de los lugares infernales, y recogió las almas de los santos padres y justos que esperavan su venida. Mas sus difuntos mienbros no podrán corromperse, porque son del Salvador puro y santo, que Dios hizo ageno y libre de corrución. El cual como Fénis quiso quemarse en el madero de la cruz, y por medio de su gloriosa resureción, tomando buelo inpasible, y inmortal establecer otra vida sin fin para sí y los suyos. La cual restituirá a sí propio por el poder y virtud de su divina fortaleza, uniendo a las reliquias calientes y sagradas de su cuerpo su santísima alma.

Esta vez el comentario aclara un punto, que hubiese sido muy difícil captar sin la explicación. El verso 31, "mientras va las tinieblas alunbrando" –que viene precedido de la alusión del alma de Cristo entrando "en los abismos de la tierra"– se puede entender fácilmente como el descenso a los infiernos del Símbolo de los Apóstoles, pero el verso 32, "y en orden los despojos recogiendo" no transparenta el sentido que el poeta explicita en el comentario, "recogió las almas de los santos padres y justos que esperavan su venida"[1].

Otro tanto parece ocurrir con los versos 25-26, "el orbe estremecer hizo del trueno / al despedirse el rayo acelerado", que obviamente se refieren al momento de la

---

[1] En el primer cuarteto de un soneto, "Del modo que Cristo unió la alma a su cuerpo difunto y se mostró glorioso y resucitado" (f. 186), Ribera alude al descenso a los infiernos y al rescate de los padres: "Dejando (al punto que la inmortal alma / unirse quiso al cuerpo desmayado) / los senos de la muerte, penetrado / a con los padres la horrible calma".

muerte, pero en modo alguno parecen hacerlo a "hizo tenblar el mundo con el trueno de su voz cuando puesto en la cruz dixo al Padre por qué lo avía desanparado". Se trata de las palabras del crucificado y su fuerte grito antes de morir, mencionados en los Evangelios de San Mateo y San Marcos[2]. Y, en verdad, las últimas palabras del nazareno en su insondable misterio han consternado por dos milenios al orbe cristiano, pero el "trueno" de los versos en cuestión mal puede referirse al desamparo de Jesús, que de hacerlo sería alusión bien torpe. Como el comentario fue escrito bastante después del poema creo que esta explicación es un agregado *a posteriori*, que en realidad empobrece los versos, amén de adjudicarles innecesario hermetismo. "El orbe estremecer hizo del trueno / al despedirse el rayo acelerado" casi con seguridad alude a otro pasaje del Evangelio según San Mateo: al morir Jesús "tembló la tierra" (27, 51)[3].

Poéticamente lo más interesante de toda la estrofa es el adjetivo del "alma belígera" de Jesús, no tanto por el cultismo, que es de notar, como por lo inesperado de tal belicosidad en semejante contexto. Sin embargo una larguísima tradición poético-religiosa viene a avalarla. Venancio Fortunato en el siglo VI escribió dos poemas que para todo el Medioevo fueron modélicos en las devociones de Semana Santa[4]:

---

[2] Mt 27, 46: "Y alrededor de la hora nona clamó Jesús con fuerte voz:' ¡*Eli, Eli! ¿lemá sabactaní?*', esto es: '¡*Dios mío, Dios mío! ¿por qué me has abandonado?*'"; y Mt 27, 50: "Pero Jesús, dando de nuevo un fuerte grito, exhaló el espíritu". Mc 15, 34: "A la hora nona gritó Jesús con fuerte voz: '¡*Eloi, Eloi! ¿lema sabactaní?*', que quiere decir: '¡*Dios mío, Dios mío! ¿por qué me has abandonado?*'" y Mc 15, 37: "Pero Jesús, lanzando un fuerte grito, expiró".

[3] En Mt 27, 54 se vuelve a aludir al terremoto en el momento de la muerte del Señor.

[4] Frederic James, Edward Raby, ed., *The Oxford Book of Medieval Latin Verse* (Oxford: Oxford University Press, 1959), pp. 74-76. Las traducciones son mías.

> *Vexilla regis prodeunt,* [Avanzan los estandartes reales,
> *fulget crucis mysterium* la cruz refulge el misterio.]

Jesús crucificado es *Christus Victor*:

> *Pange, lingua, gloriosi proelium certaminis*
> *et super crucis tropaeo dic triumphum nobilem,*
> *qualiter redemptor orbis immolatus vicerit.*
>
> [Canta, lengua mía, la gloriosa batalla,
> sobre la cruz el trofeo, dí del noble triunfo,
> de cómo el redentor del mundo venció inmolado.]

En sus *Rimas sacras* Lope de Vega retoma las antiguas metáforas bélicas en un soneto, "Al Sepulcro"[5], donde condensa todos los motivos del *Christus Victor*, el capitán del Cielo:

> ¿Qué armas son éstas? ¿Qué guión colgado
> de general sobre este monumento?
> ¿Celada es un espino tan sangriento?
> ¿Pluma un azote en púrpura bañado?
>
> ¿Un tosco leño es espaldar cruzado?
> ¿Gola una soga? ¡Extraño pensamiento!
> Donde es la esponja bélico ornamento,
> ¿qué lanza al fin es arma de soldado?
>
> Mas ¡ay! que de una Virgen muestra el llanto:
> que son de Cristo, capitán del cielo,
> trofeos, y la muerte ya vencida.
>
> Estos adornan su sepulcro santo;
> con éstos ha ganado el Cielo al suelo;
> mató la muerte y reparó la vida.

En la canción de Ribera el motivo del "alma beligera" de Jesús, anunciado ya en el verso 24, "vencedor de la muerte y del infierno", pertenece pues a esta más que milenaria tradición. Cristo victorioso en la cruz, en el momento de morir lanza su espíritu hacia el Hades, confirmando su victoria en el rescate de los justos.

---

[5] Lope de Vega, *Obras poéticas,* ed. José Manuel Blecua. Barcelona: Planeta, 1983, p. 342.

Hacia el final de la estrofa Ribera vuelve a considerar el cuerpo muerto en el sepulcro o, mejor dicho, su incorruptibilidad. Ya desde los primeros versos del poema ha tenido muy presente la resurrección, y ahora insiste en ello, a través del tan cristológico Fénix[6], cuyos míticos avatares reproducen como era usual la muerte (v. 36, "que en el leño quiso arderse") y resurrección de Jesús (vv. 39-40, "las calientes reliquias consagradas / dejará en su vigor a sí ayuntadas"). Calientes porque son las cenizas del fénix, que muere entre llamas. Aquí Ribera extiende su simbolismo para que el vuelo del ave figure también la ascensión del Señor (v. 37). El poeta nos ha llevado desde la muerte en la cruz al descenso a los infiernos, para culminar con la promesa de vida eterna en Cristo resurrecto, todo ello con una sobriedad ajena a todo lóbrego sentimentalismo, porque en el mismo morir del crucificado Ribera siente el "alma belígera" de *Christus Victor*.

El distanciamiento emotivo que se nota desde la primera estrofa se acentúa en la tercera, de acusado lirismo, donde la voz poética se dirige al Sol:

>   En tanto, Sol, por la inflamada esfera
>   que en el girar se abrasa de tus rayos,
>   (si con el bello oriente, blanca Aurora
>   tiñe en claros jacintos sus desmayos)
> 45   detén la velocísima carrera
>   que de purpúreo ardor las cumbres dora
>   y las flores de nuevo onor colora,
>   que padece otro Sol mortal tiniebla,
>   Sol que te dio la luz con que paseas
> 50   el orbe, y lo ermoseas.
>   Y tú le viste opuesta turbia niebla
>   y de lástima el carro desunziste;

---

[6] El fénix representa la resurrección, véase el poema de Lactancio *Carmen de ave Phoenice*. En *El Fisiólogo* medieval se lee: "El ave fénix representa a la persona del Salvador", *El Fisiólogo. Bestiario medieval*, int. y notas de Nilda Guglielmi. Buenos Aires: EUDEBA, 1971, p. 47.

mas no a buelto a salir, que está escondido.
Piedra cóncava, elada lo detiene;
55 si ese tu ardiente velo a vello viene,
afloxado, del mismo yelo herido,
que si cuando elevado él no pudiste
sustentar tu esplendor y lo cubriste,
ante su inmensa luz, en esta ausencia,
60 ¿sales a conpetir la refulgencia?

Pues mientras obra Cristo esta admirable hazaña, [prepara la resurrección, a juzgar por los últimos versos de la previa estrofa] tú, Sol, que rodeas el cuarto cielo y lo inflamas y enciendes por la vehemencia y ardor de tus rayos –si cuando hermosísimo te acercas a la tierra, la Alva, que antes se vía desmayada, tiñe su senblante en tu resplandor y lo muestra de color de vivos jacintos– detén la ligerísima vuelta y aparecimiento tuyo –con el cual las cumbres de los montes se doran y bermejean como grana, y las flores resucitan con nuevos y diferentes matizes– porque otro Sol, mayor y más eficaz que tú, padece tiniebla de muerte. Sol que te crió y dio la lunbre que tienes, con que esclareces y alegras el mundo, y poco á lo viste cercado de niebla y agonías mortales, y de la lástima y dolor te eclisaste y no se gozó en la tierra tu rostro. Y todavía no a buelto a salir, porque está escondido en el sepulcro, y allí lo cubre una cóncava y elada piedra. Enpero, si ése tu vivísimo resplandor viene a vello, justo fuera que lo amortiguaras y apagaras, herido del mismo frío de muerte que él está; porque si cuando este Sol Cristo pareció al mediodía elevado en la cruz con toda su pujança, tú no pudiste alunbrar delante dél y te oscureciste (de la manera que en tu presencia se apagan la luna y estrellas) por ser inmensa y infinita la luz que aquel Sol arrojava de sí, aora que está ausente del mundo ¿vienes así tan ferviente, como corrido de lo pasado, a conpetir con él la claridad y refulgencia?

Tanto la estrofa como el comentario, que más que una explicación es un hermoso pasaje de prosa poética, se basan en los versículos evangélicos que en los tres Sinópticos dicen que en el viernes de la Pasión desde el mediodía hasta las tres de la tarde el sol se eclipsó y se oscureció la tierra[7]. En un romance de sus *Rimas sacras,* "A la Expiración de Cristo", Lope hace que sea Dios Padre quien ordene el eclipse:

> Manda al sol que se retire,
> y él lo hiciera sin mandarlo,
> por no ver desnudo a Cristo,
> hecho a tormentos pedazos[8].
> (vv. 29-32)

Menos pudibundo, el sol de Ribera se oculta de pura compasión: "Y tú le viste opuesta turbia niebla / y de lástima el carro desunziste" (vv. 51-52); "lo viste cercado de niebla y agonías mortales, y de la lástima y dolor te eclisaste y no se gozó en la tierra tu rostro". En dos endecasílabos elegantes, con discreta alusión mitológica, Ribera poetiza el dato testamentario. Si aquí terminase el motivo del oscurecimiento solar, no habría más que decir sobre el asunto. Pero no es el caso. El armonioso decurrir de estos versos entre acusada aliteración ("tu ardiente *velo a vello viene"* v. 55), y sugestiones paisajistas de un amanecer encendido en color y luz, no debe de hacernos pasar por alto la profunda contradicción que encierran. Del mismo sol, que piadoso se ocultara ante la agonía de Jesús unos versos antes, se nos dice luego que lo hizo habiendo sido derrotado por el inmenso esplendor que emanaba del otro Sol clavado en el madero. Se trata nuevamente de *Christus Victor*: "si cuando este Sol Cristo pareció al mediodía elevado en la cruz con toda su pujança, tú no pudiste alunbrar delante dél y te oscureciste ... por ser inmensa y infinita la luz que aquel Sol arrojava de sí".

---

[7] Mt 27, 45: "Desde la hora sexta hubo oscuridad sobre toda la tierra hasta la hora nona"; Mc 15, 33; Lc 23, 44: "Era ya cerca de la hora sexta cuando, al eclipsarse el sol, hubo oscuridad sobre toda la tierra hasta la hora nona".

[8] Lope de Vega. *Obras poéticas,* p. 442.

El Sol creador ha vencido a la criatura solar, la luz del crucificado victorioso ha derrotado la del sol. Ribera ha yuxtapuesto dos explicaciones incompatibles del eclipse. La primera estrofa, aunque sólo implícitamente, alude a los tormentos del crucificado, los mismos que a lo largo de toda la canción el poeta ignora casi por completo. Dentro de la tercera estancia el sol compasivo no debe ser más que un desliz poético. Así como sobre la losa del sepulcro Ribera contempló al Verbo creador, así como en el expirar de Jesús sintió su "alma belígera" escapar a nuevas victorias, ahora ve en el crucificado no el tormento humillante sino la pujanza esplendorosa. Esta es la misma cruz refulgente del *Vexilla regis*: "*fulget crucis mysterium*".

El sol como símbolo de Jesús es antiquísimo, y aun hoy muy presente en tantísimas custodias donde la hostia aparece rodeada de estilizados y áureos rayos que se quieren solares. En un hermoso soneto de las *Rimas sacras*[9], se puede observar la misma alusión a los dos soles del poema de Don Luis:

> Los que fuera del curso y armonía
> que con ley inmortal gobierna el suelo,
> vistes el sol entristecer el cielo
> y suceder la noche al mediodía
> ....
> mirad el Sol que la prisión levanta
> al luminoso cuerpo soberano;
> mirad la Vida que a la muerte espanta.
>
> Pues con los rayos de su eterna mano
> renueva de su templo el alma santa
> el cinco veces roto velo humano.

Lope también parte del evangélico eclipse al mediodía, pero no contrapone los dos soles. El triunfo del uno no es

---

9 *Ibidem*, "A la Resurrección", p. 341.

la derrota del otro. En cambio, el final de la estrofa y del comentario del perulero, con ese sol avergonzado y en posible competencia con el divino, debe haber sido pensado como ingeniosa agudeza, pero desmerece lo que el mismo poeta llamó la magnificencia de la sagrada poesía.

En la segunda estrofa ya hemos visto el fénix, poéticamente ubicuo hacia el barroco, pero cuya simbología cristiana quedó bien definida en los bestiarios de la Edad Media; ahora en la cuarta nos encontramos con huellas muy evidentes de esa misma tradición medieval:

> Muerta es la Vida, el cuerpo frío yaze
> del león que nació de real leona:
> muévalo ya con ásperos bramidos
> para quen erize en torno la corona,
> 65 que lento sueño su vigor rehaze,
> y por los firmes uesos escondidos
> de pálida mortaja revestidos
> y puros senos se despierte el fuego
> que anime y fortalezca la figura,
> 70 y buelva a su hermosura,
> pegando eterna luz al horror ciego.
> No se olvida el poder, no la alma pía,
> que la centella que en el cuerpo vive
> clama por la perpetua unión gloriosa,
> 75 cual del capullo matutina rosa
> brotando el argentado umor recive,
> si en cuanto dura la tiniebla fría
> de beldad despojada, de alegría,
> al coronar del rubicundo Delo
> 80 muestra sus hojas y fragancia al suelo.

Muerta es la vida natural de Cristo, y yaze así el cuerpo deste león que nacido de la real leona María muévalo ya con ásperos y dolorosos gemidos, para que reviva y erize las guedejas y corona. Pues como el sueño rehaze el vigor corporal, y los hijuelos del león luego que nacen duermen tres días sin bullirse, que parecen muertos, y los padres con aullidos los resucitan, así por entre los senos purísimos del coraçón y mienbros de Cristo y por entre sus firmes y enteros uesos escondidos en la carne y revestidos de amarilla mortaja, con los clamores de la madre y bramidos de la Iglesia, su esposa, se despierte el fuego de la vida inmortal que anime y fortalezca su figura, bolviéndola a su antigua belleza, y pegando al ciego orror de la muerte, que aora manifiesta, luz y resplandor eterno y glorioso, de que no se olvidan su poder ni su santa y pía alma que la centella de la divinidad que en el cuerpo difunto vive clama y pide esta unión, para siempre dichosa. La qual será como cuando la rosa de la mañana, saliendo del capullo, recive el rocío plateado, si en cuanto duró la fría noche, despojada de su alegría y lindeza, al aparecer el roxo sol muestra sus hojas del todo abiertas, y la suavidad y fragancia de su olor.

El poema de Ribera se inserta ahora en la antigua y prestigiosa tradición de *El Fisiólogo*, el primero de los bestiarios medievales (s. II a V d. C.) que por más de un milenio alimentó la simbología cristiana. No creo que nuestro poeta conociera directamente el libro, cuya inmensa boga disminuyó mucho desde el Renacimiento, pero de seguro había leído algún texto que seguía muy de cerca su primer capítulo, "Comenzamos a hablar primeramente del león, rey de todos los animales"[10]. Allí se encuentra la noticia que el cachorro de león nace muerto y así queda por tres días, la que Ribera modifica, o ya llegó a él modificada, en " los hijuelos del león luego que nacen duermen tres días sin bullirse, que parecen muertos". Continúa *El Fisiólogo* diciendo que la madre cuida al leoncillo hasta que llega el padre y con su aliento lo resucita. La canción omite al padre, nos habla de la madre, y el comentario agrega la esposa, y nos dice de sus bramidos y lamentos que una vez más pueden provenir de alteraciones en su fuente o bien de su misma pluma. De inmediato el bestiario, tal como nuestro poeta, habla de la resurrección de Cristo, y agrega: "Bien dijo, pues, Jacob: Cachorro de león, Judá. ¿Quién lo resucitó?", y al comienzo del capítulo recuerda a "nuestro

---

10 *El Fisiólogo. Bestiario medieval,* pp. 39–41.

Salvador, león espiritual de la tribu de Judá, de la raíz de David". Pues bien, aunque ni la estrofa cuarta ni su comentario mencionen nada de esto, en una larga nota marginal se lee: "Alude al nonbre de león que tiene escrito en el libro de la Génesis y Apocalipsis y al misterio de su muerte y resurrección tratado en esta semejanza según la profecía de Jacob al patriarca Judas, su hijo, figura de Cristo y en cuyo linage encarnó". Ribera se refiere al mismo pasaje que menciona *El Fisiólogo*, (Gn 49, 9-10), cuando al morir Jacob anuncia la promesa mesiánica[11].

Junto al resurrecto leoncillo de bestiario se muestra resurrecta la rosa matutina (vv. 75-80). Notable yuxtaposición en asombrosa analogía de león y rosa. Exquisita imagen poética la de la flor argentada de rocío, cuyas exequias han cantado innúmeros poemas, pero que aquí, ni mustia ni seca, se despliega rosa resucitada. Genialmente la imaginación creadora nos ha llevado a esta casi epifanía lírica: Jesús en cachorro de león y rosa mañanera.

La quinta estrofa pasa de león de bestiario a león de la Biblia:

>   Cayó el león en los robustos braços
>   del capitán hebreo, y fue arrojada
>   la espantable fiereza, mas tomaron
>   su boca las abejas por morada;
> 85 y en la oscura región, hecha pedaços
>   dulcísimos panales fabricaron,
>   de la miseria suavidad sacaron,
>   y la vida en la muerte començava
>   destilando el fortísimo dulçura.
> 90 Tal la yerta armadura

---

[11] La profecía a que alude Ribera es la de Génesis 49, 10: "No se irá de Judá el báculo, el bastón de mando de entre tus piernas". La Biblia de Jerusalén anota el versículo: "Es una referencia a David, fundador del imperio, pero a David en cuanto tipo de Mesías".

LA CANCION DE CRISTO PUESTO EN EL SEPULCRO

   del León de Judá, que muerto estava,
   esparziendo de sí un olor divino,
   preciosa unción de vida iva formando,
   que las fuerças de Dios allí cubiertas
95 las esperanças confirmavan ciertas
   de su glorioso oriente; al mover cuando[12]
   el senpiterno, estable y fiel destino
   el poderoso curso peregrino
   en sus elados mienbros espirase
100 néctar, y a Cristo triunfador alçase[13].

Desquijaró Sansón a fuerça de braços al león que le salió al encuentro, y echó de sí aquella espantosa fiereza, empero entraron las abejas en su boca y hizieron della colmena, y en los rotos gaznates labraron panales de miel, sacando suavidad y dulçura donde avía miseria y muerte, cuya corrución no les empeció, començando la vida de las otras abejas que del rocío y xugo de las flores formavan juntamente con el panal dentro del león muerto. El qual, aunque fiero[14] y espantable, distilava dulce licor, que dio motivo a la adivinança que propuso Sansón a los Filisteos. Así la yerta armadura de los uesos y cuerpo del León de Judá, Cristo muerto y postrado en el sepulcro, dando de sí olor de Dios, iva por medio de las abejas sus divinas y poderosas fuerças componiendo y adereçando secretamente un precioso medicamento de vida, porque la virtud que como Dios tenía en sí mismo encerrada confirmava la esperança y certidumbre de su gloriosa resurreción. La qual avía de ser cuando la inviolable y eterna disposición de la voluntad de Dios, moviendo la no conocida carrera del tienpo de su execución, infundiese con el soplo de su espíritu y aliento en los elados mienbros de Cristo el néctar de su alma, (pura y santa bebida, semejante en la dulçura a la miel) y lo levantase así del monumento, vivo, triunfante y resplandeciente.

---

12 Nótese el violento hipérbaton de los siguientes versos, que pongo para facilitar su lectura en sintaxis normal: cuando el sempiterno, estable y fiel destino, al mover el poderoso curso peregrino.
13 En el original se lee "alçaso", evidente error de imprenta. En f. 182 la palabra aparece correctamente.
14 Nuevo error de imprenta: "i fiero".

La inspirada estrofa anterior conduce admirablemente a las imágenes de la quinta, el cadáver del león con el panal de abejas entre las fauces muertas. Su subtexto es la historia de Sansón en el libro de Jueces 14, 5-14, en la cual el joven de Israel "vio un leoncillo que venía rugiendo a su encuentro. El espíritu de Yahvé le invadió, y sin tener nada en la mano, Sansón despedazó al león como se despedaza un cabrito". De aquí proviene el estupendo arranque de la estrofa: "Cayó el león en los robustos braços / del capitán hebreo", y de esta imagen de heroica fortaleza —como la de un colosal Hércules israelita— nos lleva de inmediato a suavidades de miel.

Las Escrituras le ofrecían la anécdota, pero no su magistral poetización. El Libro de Jueces narra, después de la hazaña, la visita de Sansón a una mujer filistea con quien quería casarse, y sólo más tarde regresa al asunto: "Dio un rodeo para ver el cadáver del león y he aquí que en el cuerpo del león había un enjambre de abejas con miel"[15]. Ribera lo poetiza estableciendo una serie de antítesis (espantable fiereza de león —morada de abejas—, vv. 83-84; la "oscura región" de sus fauces rotas "dulcísimos panales", vv. 85-86; miseria-suavidad, v. 87) la cual culmina en la antítesis que define la paradoja: "y la vida en la muerte començava" (v. 88). El verso siguiente termina esta serie con el final de la adivinanza de Sansón, "y del fuerte salió dulzura" (Jc 14, 14), bellamente torneado en "destilando el fortísimo dulçura".

La segunda mitad de la estrofa nos ofrece una nueva contemplación del cadáver de Jesús en el sepulcro: "Tal la yerta armadura / del León de Judá, que muerto estava" (vv. 90-91). Don Luis ve en el cuerpo muerto la preparación a la vida, "esparziendo de sí un olor divino, /

---

[15] La "adivinança que propuso Sansón a los Filisteos" que Ribera menciona en el comentario se halla en Jc 14, 14: "Del que come salió comida / y del fuerte salió dulzura".

preciosa unción de vida iva formando" (vv. 92-93). Está diciendo, ahora aun más explicitamente, lo que ya expresara en la primera estrofa, "en las cenizas frías escondida / divina brasa de increada esfera" (v. 45), atando el "resplandor sin ocidente" de su último verso (v. 20) al "glorioso oriente" de la Resurrección (v. 96); y subrayando una vez más "que las fuerças de Dios allí cubiertas / las esperanças confirmavan ciertas" de nueva vida, tal como afirmara en los dos primeros versos de la cancion: "En blando sueño, que inmortal espera / llama gloriosa de triunfante vida".

Este blando sueño de la muerte es el mismo "lento sueño [que] su vigor rehaze" del v. 71 de la cuarta estrofa; y ahora en la quinta, así como ha recogido en ella conceptos fundamentales de la primera, también recoge los de la cuarta, donde "el fuego / que anime y fortalezca la figura" atado al simbolismo del *Fisiólogo* del cachorro de león resucitado por el paternal aliento, y en este caso maternal bramido, vuelve a retomarse en los versos finales de esta quinta estrofa, "en sus elados mienbros espirase / néctar". Al concluir su último endecasílabo torna a resonar el *leitmotif* de todo el poema: "y a Cristo triunfador alçase". Es decir, *Christus Victor*.

El poeta ha ido recogiendo conceptos, imágenes, figuras, y al llegar a la sexta estrofa lo hace una vez más para, habiendo cumplido su recolección unificadora, abrir el poema a nuevo, clarísimo horizonte:

> Tú, clara urna real, que las cenizas
> guardas del sacro Fénis y aquel grano
> incorrutible que tu cerco onora,
> comunica el tesoro soberano,
> 105 si el gusano inmortal caliente atizas,
> y a la preñada espiga el trigo dora,
> que ya se esmalta y se embellece Flora,
> bordando de junquillos y jazmines,
> de rosas y azahares su vestido,

110 y a tus faldas tendido
 lo arroja, y las fragantes rubias crines
 sobre que pise, con jocundo velo,
 el vencedor ecelso cuando alunbre.
 Mas si en tu lecho del dolor reposa,
115 escucha los gemidos de la esposa,
 que busca en la ciudad, llanos y cunbre
 su Esposo con ternura y desconsuelo,
 y dende el monte en arrojado buelo
 a tu nido partió, porque le tienes
120 su amor y la esperança de sus bienes

Tú, pues, esclarecido y real sepulcro, que guardas las cenizas del sagrado Fénis, Cristo, y el grano de trigo de su cuerpo, incorrutible aunque muerto, con que tanto te onrras, comunica ya este soberano tesoro pues, calentado de su interior fuego, fomentas y abrigas el inmortal gusano deste mismo Fénis que renace del viejo, y el rubio trigo muestra dorada aquella preñada y gruesa espiga en su madurez. Que ya Flora como en loçana primavera, se esmalta y hermosea, variando de escogidas flores su ropaje, el qual tiende en su rededor, entre sus olorosos y rubios cabellos, sobre que pise con agraciado y refulgente senblante y roxa vestidura el ecelso Señor vencedor, Cristo, cuando alunbre el mundo con su deseada resurreción. Mas si en este tu duro lecho aún reposa de los dolores pasados, escucha los sonidos de su amantísima esposa, que lo llama y busca por la ciudad y por las llanuras y montañas, como a su verdadero Esposo, con tanta ternura y desconsuelo, que a venido con ligerísimo vuelo de paloma dende el monte hasta este tu nido, porque sabe le tienes en él su estremado amor y la esperanza de todos sus bienes.

La voz poética se dirige ahora al sepulcro retomando el tema del ave fénix, y lo amplía en el v. 105, "si el gusano inmortal caliente atizas". Una vez más *El Fisiólogo* nos asiste con la información apropiada cuando dice que, habiendo llegado el ave al templo de la ciudad de Heliópolis, se le prepara sobre el altar un nido de ramas secas, entonces "se coloca ella misma sobre el ara, suscita por sí sola el fuego y se deja quemar allí. Al día siguiente el sacerdote escruta las cenizas del ara y encuentra en ellas un gusano. El segundo día halla una tímida avecilla. El tercero descubre una gran águila, que alza el vuelo"[16]. En el sepulcro, por tanto, no sólo está el cuerpo muerto de Cristo sino que, además, abriga escondido gusano de nueva vida.

A la imagen mítica Ribera une de inmediato una sacramental, "aquel grano incorrutible" que pronto se mostrará en dorada y "preñada espiga" (v. 105). Es el cuerpo del resucitado que se transubstanciará en consagrado pan de trigo. En su soneto "De la aparición de Cristo resucitado a los discípulos, a quien reconocieron en el partir del pan" se aclara, por un lado, la razón de analogía entre el ave muerta que resucitará fénix vivo y el muerto grano de trigo que se hará espiga:

> ¿Cómo que el grano podrecido y muerto,
> resucitando en abundante espiga,
> permanezca en vigor y dé hartura?

Por otro lado el segundo terceto subraya el carácter sacramental de la alusión:

> ¿No son en paragón cómo encubierto
> Dios en el pan, partiéndolo, prosiga
> su noticia y amor en la criatura?
> (f. 190)

En otro soneto, "De Cristo pendiente en la cruz" también aparece el mismo motivo:

> Éste, aquel duro y penetrante arado
> que abrió la tierra estéril y sedienta,
> donde el grano de trigo muerto aumenta
> a millares el fruto deseado.
> (f. 154)

De la espiga madura nos lleva al despliegue primaveral de esta Flora extraordinaria cuyos vestidos y cabellos son la misma tierra florecida en aquel abril de la pri-

---

[16] *El Fisiólogo. Bestiario medieval*, p. 47.

mera Pascua de Resurrección: "sobre que pise, con jocundo velo, / el vencedor ecelso cuando alunbre" (vv. 112-113). Ahora Ribera retoma junto al *leitmotif* de *Christus Victor* la imagen del Cristo Sol de la tercera estrofa. En un soneto que debió ser escrito al tiempo en que compuso la sexta estrofa de la canción se hallan motivos muy semejantes:

> De Cristo ya resucitado
>
> Rosas, brotad, al tiempo que levanta
> la cabeça triunfal del breve sueño
> el sacro vencedor, trocado el ceño,
> y huella el mundo su divina planta.
>
> El Cisne entre las ondas dulce canta
> y el canpo al espirar olor risueño
> al renovado Fénis sobre el leño
> ve pulirse las plumas y se espanta.
>
> Brotad, purpúreas rosas, y el aliento
> vuestro, mesclado de canela y nardo
> bañe el senblante de carbuncos hecho.
>
> Mueva el coro la voz y el instrumento,
> el coro celestial, si más gallardo,
> ¿puede ofrecerse a más eroico hecho?
> (f. 185)

He aquí nuevamente las rosas (ahora exquisitamente perfumadas de canela y nardo), el divino Fénix (esta vez asombrando al cisne canoro), el campo primaveral, y Cristo vencedor. Al paisaje de la canción Ribera ha añadido perfume y una música que asciende desde la terrena del cisne a la celestial de los coros angélicos. Perfume y música que el poeta reserva para el cierre de su canción.

En este punto Ribera ha recogido todos los motivos importantes diseminados a lo largo del poema. Al volver a dirigirse al sepulcro, por una vez nos dice del sufrimiento de la víctima inmolada, dolor en reposo (v. 114), pero lo hace para unirlo a los lamentos de esa esposa que apenas habíamos vislumbrado en el comentario de la cuarta estrofa, y que ahora aparece a la luz del Cantar de los Cantares:

> escucha los gemidos de la Esposa,
> que busca en la ciudad, llanos y cunbre
> su Esposo con ternura y desconsuelo.
> (vv. 115-117)

Ya nos había dicho que se trataba de la Iglesia y es sabido que en la lectura alegórica del Cantar desde muy temprano la amada era la Iglesia. Pero, comentario aparte, en este milagro poético quien transcurre por sus versos es la amante apasionada del más inspirado de los epitalamios: "En mi lecho, por las noches, he buscado al amor de mi alma. Busquéle y no lo hallé" (Ct 3, 1). Ribera nos ha hablado del Esposo que "en [su] lecho del dolor reposa"; pero sabe que la esposa había dejado el suyo, vacío de la presencia amada que busca sin hallarla: "Me levantaré, pues, y recorreré la ciudad. Por las calles y las plazas buscaré al amor de mi alma. Busquéle y no lo hallé" (Ct 3, 2). Estos son los versículos que el poeta repetía en el alma cuando hace que entre gemidos la amante de la canción pasee su desconsuelo por la ciudad, y extienda la búsqueda, más allá de calles y plazas, a llanos y cumbres. Buena razón tenía para hacerlo, porque su Esposa ha de cobrar alas:

> y dende el monte en arrojado buelo
> a tu nido partió, porque le tienes
> su amor y la esperança de sus bienes.
> (vv. 118-120)

Ya la mención a la ternura de la esposa nos prometía esta amante paloma[17]. La solitaria de enriscadas cumbres:

---

17 En la nota 181, p. 100 de *El Fisiólogo*, Nilda Guglielmi informa que "la alegoría de la tórtola implica su semejanza con la Iglesia que permanece fiel a Cristo después de su muerte", y agrega que tanto en la Edad Media como la Moderna es imagen de "la ternura y el amor quejumbroso".

"Paloma mía, en las grietas de la roca, en escarpados escondrijos, muéstrame tu semblante, déjame oír tu voz" (Ct 2, 12). Voz de tórtola en primavera: "Porque, mira, ha pasado ya el invierno ... Aparecen las flores en la tierra, el tiempo de las canciones es llegado, se oye el arrullo de la tórtola en nuestra tierra" (Ct 2, 12). En la primavera de la canción gime la tórtola viuda, y el nido al que vuela es una tumba.

Sobradamente sabía el poeta que en el alma de sus lectores este esbozo de tragedia cobraba el necesario final feliz: el Esposo redivivo, las místicas nupcias, "la Amada en el Amado transformada"[18]. En verdad, para el genuino cristiano no hay tragedia posible. La Cruz y la Resurrección dieron cuenta de ello; desde entonces se trata de Divina Comedia. Y comedia divina es este poema, que desde el sepulcro nos ha llevado, entre auroras teñidas de jacintos y diosa floral, de fénix y leoncillo redivivos a miel en fauces bestiales, para por fin conducirnos a estos encendidos amores epitalámicos. Del sepulcro a la promesa nupcial.

En la última estancia suena atenuada música órfica:

>   Canción, si en blanda cítara, entonada
>   de las sagradas Musas, conmovieres
>   los ánimos, los brutos y las peñas,
>   bien sé que humilde dueño no desdeñas,
>   cuanto enpresa más alta acometieres.
>   Esta vez reverente y inclinada
>   a la tremenda magestad llegada,
>   al túmulo le ofrece el pío acento,
>   mesclado de ánbar el suäve aliento.
>   (f. 183)

Nadie podía dejar de reconocer la voz subyacente bajo estos versos:

---

18. Nótese cómo al "inmortal buelo" de Cristo en el v. 37 corresponde el "arrojado buelo" de la esposa en el v. 118.

LA CANCION DE CRISTO PUESTO EN EL SEPULCRO

> Si de mi baja lira
> tanto pudiese el son, que en un momento
> aplacase la ira
> del animoso viento,
> y la furia del mar y el movimiento;
> y en ásperas montañas
> con el suave canto enterneciese
> las fieras alimañas...
> (Canción V)

Musas aparte, cítara por lira, ahí está el "sí" inicial con el subjuntivo delator, ahí la naturaleza conmovida:

> si en blanda cítara, entonada
> de las sagradas Musas, conmovieres
> los ánimos, los brutos y las peñas.

Es la voz órfica de Garcilaso.

Ribera no comenta estos versos; acaso porque la última cosa que quería en ese momento era hablar de sí mismo cómo "humilde dueño". A esas alturas su despecho quería tanto humillar a "los españoles" cuanto salvar su honra ensalzándose. Cuando escribió el poema aún no había ocurrido la desgracia. Entonces la Canción, es decir, su autor se inclina devota ante el Santo Sepulcro, ofreciéndole su "pío acento" de cristiano, y en fina sinestesia el ámbar de su aliento de poeta.

LUIS DE RIBERA
Y EL *CANTAR DE LOS CANTARES*

Para Luis,
*pone me ut signaculum
supra cor tuum*

Sabemos muy poco sobre Luis de Ribera, y nada de su vida sentimental, pero imagino que era casado, y que su casamiento fue feliz. Tal colijo porque entre estas poesías dedicadas a una monja, por vocación y hábito necesariamente célibe, se hallan inspirados poemas sobre la divina institución del matrimonio y su misterio sacramental. Al considerar los sonetos sobre el Libro del Génesis hemos visto ya uno de ellos, "De la formación de Eva y de la Iglesia", donde evita toda alusión al pecado de la primera mujer, compañera del hombre "igual en dinidad y hermosura" (v. 2), a quien define como "sabia, linda y onesta criatura" (v. 6), todo ello muy en contraste a la milenaria tradición patrística así como al antifeminismo del pensamiento escolástico. En otro soncto sobre las bodas de Caná vuelve al mismo tema, e insiste en el "vivo amor" de los cónyuges, "uniendo en su virtud dos diferentes".

Había sobradas razones para que en esa época se pusiera en relieve el matrimonio como sacramento. Desde la Reforma se trataba de una cuestión candente, a la que no sería ajena Doña Constanza, como religiosa de algún modo militante en las batallas espirituales de la Contrarreforma. La teología luterana había negado varios de los sacramentos de la Iglesia católica, entre ellos el matrimonio. La insistencia de Ribera en este sacramento bien puede reflejar la respuesta contrarreformista al protestantismo. En el soneto sobre la creación de Eva la unión de hombre y mujer se muestra como el primero de los sacramentos, instituído ya en el Paraíso, mientras que en este otro soneto presenta su ratificación novotestamentaria en el milagro de las bodas de Caná. Sin embargo, si sólo el espíritu de la Contrarreforma inspiró estas composiciones, cabe preguntarse por qué no incluyó en su libro algunos poemas en defensa de otros sacramentos también negados por los protestantes[1]. El hecho que no lo hiciera sugiere que algo más personal que la dogmática trentina le hizo insistir en la dignidad del matrimonio cristiano.

La impronta contrarreformista tampoco alcanza a explicar la insistencia de nuestro poeta en el amor entre esposos unidos sacramentalmente. En el soneto sobre el Génesis nos reveló un Adán "arrebatado en su dulzura", la de Eva (v. 7), y en el de las bodas de Caná ata "la conyugal perseverancia" a un vivo amor. Puesto que Ribera en un principio calificó sus poesías como "teológicas", consideremos la cuestión desde tal punto de vista. Entre los libros de teología no hallaría absolutamente nada sobre ese "amor vivo", según él deseable entre esposos cristianos. Leería en ellos que el matrimonio, cimentado en sentimientos de mutua benevolencia, tenía la procreación por fin primordial. Un intenso amor entre cónyuges no sólo era considerado innecesario, sino que podía ser nocivo, justamente porque "arrebatado[s] en su dulzura"

---

[1] Pienso particularmente en la penitencia, tema bastante más adecuado a la edificación de la vida monacal que el matrimonio. Ribera dedica varios poemas a la Eucaristía, sacramento que nunca negó Lutero.

era fácil caer en los placeres de la carne, o sea, en la lujuria, y aun en mayor peligro: amar a un ser humano con la pasión exclusiva sólo debida a Dios. La *passio amoris*, dentro o fuera del matrimonio, se juzgaba grave enfermedad espiritual. Para el cristianismo patrístico y escolástico el amor apasionado no debía jamás centrarse en una criatura, siendo su único objeto legítimo siempre el Creador.

Baste recordar, entre tantos Padres de la Iglesia que podrían citarse, las palabras de San Ambrosio, "las personas casadas deben avergonzarse del estado en que viven"[2], para entender cabalmente que el matrimonio, por muy sacramento que fuese, no tenía la dignidad del celibato consagrado. En 1563, refutando al protestantismo y su rechazo del celibato clerical, el Concilio de Trento sostuvo la superioridad de éste respecto al matrimonio. Así en su sesión 24 anatematizó a quienes opinaban que "el estado conyugal debe preferirse al estado de virginidad o de celibato, y que no es mejor y más sano permanecer en la virginidad y el celibato que contraer matrimonio"[3]. Incluso Ribera, en el primer soneto del libro dirigido a su hermana monja, proclama la inigualable dignidad del estado virginal:

> Elige en el exemplo y en la vida
> imitación de virginal pureza,
> por quien la flor que da naturaleza
> no se vio salteada ni ofendida.
> ....

---

[2] Citado por Paul Evdokimov, *La femme et la salut du monde. Étude d'anthropologie chrétienne sur les charismes de la femme* (Tournai et Paris: Casterman, 1958), p. 165. Evdokimov agrega que los doctores de la patrística, "monjes, y en su mayoría vírgenes, no tenían ni la experiencia necesaria ni bastante interés para una teología del amor ... El heroísmo magnífico de los ascetas ha librado una batalla decisiva [contra la carne y el demonio] ... pero a un precio que frisa con la deshumanización de las relaciones entre el hombre y la mujer".

[3] Evdokimov, *La femme,* p. 166.

Estima el nonbre sin igual que tienes
de esposa del Señor.
(fol. 1)

Esto, claro, era de esperar; es el obligado clisé dictado por las circunstancias de la persona a quien, junto con la obra, se dedican tales palabras. Los sonetos sobre el matrimonio, en cambio, ni obligatorios ni circunstanciales, son el fruto de libérrima inspiración, y por eso tanto más reveladores.

Retomemos el hilo. Estaba diciendo que en la teología católica tradicional nuestro poeta no encontró su concepto de la dignidad del eros conyugal. La revaluación del matrimonio no se debe a los teólogos sino a los humanistas. Comenzó en la segunda mitad del siglo XV en Italia a través de una serie de tratados[4], pero ninguno de ellos resultó tan influyente como la obra de Erasmo[5], quien en

---

[4] Además de los humanistas de fines del siglo XV (Marsilio Ficino, *Matrimonii Laus*; *I libri della famiglia* de Leone Battista Alberti, y Giovanni Campano, *Libellus de Dignitate Matrimonii*, que valoran positivamente el matrimonio como institución social, pero no consideran que lo que hoy llamaríamos amor romántico –sentimientos y deseos eróticos– sea adecuado en tal estado) ver Francesco Barbaro. *De re uxoria libelli duo*, 1513 (y sin contar las ediciones que caen fuera del período que nos interesa también 1553, 1612 y en trad. italiana 1548); Alessandro Piccolomini. *Della institutione di tutta la vita dell'huomo nato nobile et in citta libera. Libri diece in lingua Toscana* ... 1543 (y 1545, 1552) aumentado en *Della institutione morale*, 1560 (y 1569, 1575, 1582, 1583, 1594); Tomasso Buoni. *Academiche lettioni di tutte le specie de gli amori humani ... in cui con stile grave si tratta dell'amore naturale, sociabile, humano, dell'amor de giovani, de maritati, de'progenitori ...*, 1605. En el famosísimo *Libro del Corteggiano*, 1528, sobradamente leído en España en la espléndida traducción de Boscán, Baldassare Castiglione considera el amor tanto posible cuanto deseable en el matrimonio.

[5] Desiderio Erasmo, *Christiani Matrimonii Institutio*, 1526 (y 1540). En *Opus de conscribendis epistolis*, 1546, ver *Laus et vituperatio matrimonii*, *Exemplum epistolae suasoriae* y *De genere dissuasorio*. La temprana *Declamatio in Genere Suasorio de Laude Matrimonii*, publicada en 1518, aparece selectamente traducida al español diez años después; Francisco López Estrada, "Textos para el estudio de la espiritualidad renacentista: el opúsculo "Sermón en loor del matrimonio" de Juan de Molina (Valencia, por Jorge Costilla, 1528)" *Revista de Archivos, Bibliotecas y Museos* 61 (1955), 489–530. Como nos enseñó Marcel Bataillon la inmensa popu-

muchas ocasiones trató del tema y cuyos *Coloquios Familiares* tuvieron tantísmo éxito en España. Si bien la Inquisición terminó poniendo toda la obra de Erasmo en el *Index*, fracasó rotundamente en borrarla de las almas españolas, sobreviviendo su influencia en la prosa de Fray Luis tanto como en la de Cervantes. Sería difícil exagerar la importancia del concepto erasmista del matrimonio, porque conllevó la revaluación de la experiencia erótica sentimental y sexual reconciliándola con los fines religiosos del matrimonio, incluso proclamando la vida en tal estado como escuela y camino de perfección cristiana. Los poemas de Ribera no desmienten ninguna de estas ideas, pero sería más que aventurado pretender establecer su filiación directa con el pensamiento erasmista. Desde el siglo XVI todo esto había impregnado la atmósfera misma de la sociedad hispana[6]. Diez años antes y no muy lejos del Potosí de Ribera, ya Dávalos y Figueroa desde su encomienda paceña había declarado en los preliminares de su *Miscelánea Austral* que "uno de los mayores, o el mayor, bien en la vida, según ley de naturaleza, [es] perfecta conformidad en el matrimonio, en recíproco amor fundada" (Prólogo al lector, i). Dávalos y Ribera eran hombres modernos que de algún modo habrán respirado los ideales de esa *renovatio* de la cristiandad laica propuesta por los humanistas y hasta cier-

---

laridad de Erasmo en España se debió en buena parte a los *Familiarium Colloquiorum*, 1527 (y 1529, 1531, 1550, 1556, 1564), que traducidos al español vieron numerosas ediciones desde 1527. Con préstamos de su *Pietà puerilis* y de la *Puerpera* aparece su coloquio sobre el matrimonio en la traducción de Pedro de Luxán, *Coloquios matrimoniales*, con once ediciones entre 1560 y 1589, es decir, después de la censura trentina.

[6] Alban K. Forcione, en su admirable estudio *Cervantes and the Humanist Vision: a Study of Four Exemplary Novels* (Princeton: Princeton Univ. Press, 1982), comenta cómo la popularidad de los Coloquios matrimoniales, "suggests both their continuing presence in Spanish cultural life and, more specifically, the continuing enthusiasm for Erasmus's doctrines concerning marriage," (110). De hecho en el mismo Concilio de Trento "the Church proceeded to enact legislation of the type that the humanists had advocated," p. 156.

to punto adoptada por el Imperio de Carlos V, pero no por ello fueron erasmistas. Algo más íntimo que elucubraciones filosóficas o teológicas hizo que el autor de la *Miscelánea* proclamara el "recíproco amor" que cimientaba su casamiento con Doña Francisca de Briviesca. La única razón suficiente y necesaria fue su experiencia vital. Claro que Ribera tenía unas pretensiones teológicas muy ajenas a Dávalos, pero me parece que su insistencia en el amor entre esposos se explica más persuasivamente que desde ninguna teología en una vivencia personal semejante a la de Don Diego, y ojalá con más feliz desenlace.

He mencionado varias veces el soneto sobre las bodas de Caná, que como podrá juzgarse coincide de lleno, seguramente no adrede, con la *Philosophia Christi* del holandés, desde su marco evangélico hasta su concepto del matrimonio. Nada de ello exige directa derivación erasmista, basta que su autor estuviese genuinamente familiarizado con las Escrituras, meditadas en lo íntimo de un alma laica moderna y así consciente de la dignidad de su estado:

Del primer milagro de Cristo, bolviendo la agua en vino

Introduxo a la esposa en la bodega
de su gran caridad el Rey esposo,
y el vino de su amor, licor precioso,
a los virgíneos labios se lo llega.

Que vierta de este vino, umilde ruega
María a Cristo, en trance riguroso
de bodas donde falta; y él, piadoso,
junto su amor y su poder no niega.

De agua hizo vino en abundancia,
por librar al esposo de su afrenta,
y alçar en maravilla a los presentes,

porque a la conyugal perseverancia
el vino de un amor vivo acrecienta

uniendo en su virtud dos diferentes.
(f. 68)

La transformación del agua en vino que narra el Evangelio según San Juan, y a la que el soneto alude recién en el segundo cuarteto, viene notablemente precedida por una especie de preámbulo, no menos escriturario en su subtexto del Cantar de los Cantares. El primer verso es una traducción muy fiel de la Vulgata, en la que apenas si cambia a la tercera la segunda persona del verbo, y pospone el sujeto hasta el próximo verso:

> Introduxo a la esposa en la bodega Ct 1, 3
> *introduxit me rex in cellaria sua* [7]
> [Me introdujo el rey en su bodega]
>
> de su gran caridad el Rei esposo, Ct 2, 4
> *introduxit me in cellam vinariam ordinavit in me caritatem*
> [Me introdujo en su bodega (de vinos) y me ordenó en caridad]

Ya el segundo verso se separa del texto para hacer que la bodega del esposo sea metafóricamente su inmenso amor, de donde el vino es "vino de su amor, licor precioso" que da a beber a la esposa (vv. 3-4). Al escribir esta primera estrofa cual preámbulo al matrimonio entre hombre y mujer, Ribera presenta los desposorios de Cristo, ya desde San Pablo misterio de amor y figura de la unión sacramental (Ef 5, 25 y 32). Así lo había declarado en el soneto a la creación de Eva, "mas el misterio de tan alto efeto / en Cristo y en la Iglesia, aventajado / al sacramento hizo y atadura". Esta afirmación algo abstracta ahora viene a encarnarse en la ternísima

---

[7] En el caso del *Cantar de los Cantares*, puesto que Ribera sigue tan de cerca el texto de la Vulgata, no cito por la traducción de la *Biblia de Jerusalén,* sino por el original latino (que usó el poeta), seguido de mi traducción. También numero los versículos según el texto de la Vulgata. Mientras *cella* tiene varias acepciones, la apropiada queda clara en 2, 4, *cella vinaria*: bodega de vinos.

escena del sagrado epitalamio, que ha de iluminar todo el resto del poema, y a cuya luz debe ser leído.

Habiendo presentado el amor matrimonial *sub specie æternitatis*, Ribera cambia de escenario y, ya en las bodas de Caná, hace que María ruegue a su hijo que transforme el agua no simplemente en vino, sino en "este vino" (v. 5), el mismo del primer cuarteto, el vino del amor. Por eso nuestro poeta ha yuxtapuesto el texto del Cantar al del Evangelio de San Juan: las bodas de la Sulamita son aquí figura de estas bodas humanas, del amor entre hombre y mujer. Lo que Jesús bendice en su primer milagro es el matrimonio de dos amantes, a quienes hace beber el vino de su amor divino, que es a la vez vino de amor humano:

> porque a la conyugal perseverancia
> el vino de un amor vivo acrecienta
> uniendo en su virtud dos diferentes.

Así lo ve el poeta: el Divino Esposo da a los esposos humanos el sagrado licor del amor conyugal. Ribera ha atado el gran epitalamio bíblico al texto evangélico, transformando ambos para ofrecernos esta admirable imagen de la suprema dignidad de la unión entre hombre y mujer en puro sacramento de amor.

Ya habíamos notado cómo al final de su "Canción a Cristo puesto en el sepulcro" el poeta introduce la Esposa del Cantar de los Cantares. Sin duda se trataba de uno de sus textos favoritos, que va a poetizar en sonetos que deben contarse entre los mejores de las *Sagradas poesías*. He aquí el menos logrado de ellos:

> Contemplación sobre la sentencia de los Cantares:
> *Pone me ut signaculum supra cor tuum.*
>
> ¡Oh, tú, linda serrana y dulce Esposa!
> que al escogido joven ganadero
> vas a ver tras sus pasos y sendero
> dó apacienta en la siesta y dó reposa;

> Si ya te aficionó el color de rosa
> mezclado con la nieve del otero,
> y el correr de tu amor ciervo ligero
> sigues tan fatigada y presurosa,
>
> pon la divisa de su amor constante
> sobre tu coraçón, que él te a pedido
> que traigas su lazada descubierta;
>
> y pues te precias mucho de su amante,
> el que en tu blando seno está escondido
> guarde también del corazón la puerta.
> (f. 78)

Este soneto, como los que veremos más adelante, es un entretejido de versículos del Cantar, aunque nos anuncie que se trata de una contemplación del 8, 6: *Pone me ut signaculum supra cor tuum* (Ponme como un sello sobre tu corazón], al que se refiere explícitamente sólo en el primer terceto. El poema es un breve idilio pastoril ("linda serrana" y "joven ganadero", "apacienta"), centrado en el amor de la esposa, que aparece desde el comienzo cual una Raquel en busca de su amado pastor[8]. Se trata de una reminiscencia de Ct 1, 6, *Indica mihi quem diligit anima mea* **ubi pascas ubi cubes in meridien** ["dó apacienta en la siesta (la hora sexta, el mediodía) y dó reposa"] *ne vagari incipiam per greges sodalium tuorum* [Indícame, amor de mi alma, donde apacientas el rebaño, donde lo llevas a reposar al mediodía, para que no vague yo errante tras las greyes de tus compañeros][9].

El retrato del esposo todo nieve y rosa proviene de Ct 5, 10 *dilectus meus* ***candidus et rubicundus*** [mi amado es blanco y rubicundo] así como la comparación

---

[8] La *Biblia de Jerusalén* anota que Ct 1, 67 es una posible reminiscencia de Gn 37, 16, justamente la historia de Jacob y Raquel que tanto amaba Ribera.

[9] Tal vez la mención "vas a ver tras sus pasos" del v. 3 sea un vago recuerdo de los *vestigia* de 1, 7, aplicada al amado y no a sus ovejas. *Si ignoras te o pulchra inter mulieres egredere et abi post vestigia gregum* [Si lo ignoras, oh la más hermosa de las mujeres, sigue las huellas de las ovejas].

con el ciervo (v. 7) fue inspirada por la de 2, 9, *similis est dilectus meus capreae hinuloque cervorum* [semejante es mi amado a un ciervo jovencito][10]. La esposa sigue a su amado "tan fatigada y presurosa", como la del Cantar 3, 2 buscaba al suyo por la ciudad.

Ribera ha terminado de pintar el cuadro: la enamorada pastora corre por los campos, siguiendo las huellas de su bello esposo. Entonces el poeta requiere que haga lo que pide al amado la esposa del Cantar:

> pon la divisa de su amor constante
> sobre tu coraçón, que él te ha pedido
> que traigas su lazada descubierta.

Aquí ha transmutado el sello de su subtexto –*signaculum*[11]– en divisa, que a juzgar por la "lazada" debía estar hecha de cintas, probablemente de los colores del esposo, para indicar que era su dueño y señor. Ribera adjudicó *Pone me ut signaculum supra cor tuum* al esposo (vv. 10-11), y el cambio, aunque desafortunado, es significativo.

En los cuartetos, con certera eficacia poética nos ha mostrado a la esposa en desalada búsqueda del amado. Al llegar a los tercetos el tono cambia bruscamente. Nada en la conducta y sentimientos de la esposa hacía esperar el consejo admonitorio, que para peor intensifica en el último terceto, donde oímos que, ya que ella se precia de ser la amante del joven, el mismo amor que esconde en su pecho debe guardar segura la puerta de su corazón. "Ponme como un sello sobre tu corazón": lo que en labios de la esposa era enternecimiento enamorado, en los del poeta se vuelve admonición de fidelidad a un due-

---

[10] Lo que se repite en Ct 2, 17, *donec adspiret dies et inclinentur umbrae revertere similis esto dilecte mi capreae aut hinulo cervorum super montes Bether.*

[11] El sello "sustitutivo de la persona", como anota la Biblia de Jerusalén, se llevaba colgado del cuello. Lo que la esposa pide es que el amado la lleve sobre su corazón.

ño. Palabras que implican posible ligereza o potencial inconstancia donde no había el más mínimo indicio de semejante eventualidad. Curiosamente Quevedo en su paráfrasis del Cantar de los Cantares, hace que la esposa en busca del amado prevea que se pueda pensar tal cosa:

> No des lugar que, viendo una doncella
> preguntar por pastor entre pastores,
> de poca edad y entre las otras bella,
> sospechen liviandad en mis amores[12].
> (vv. 97-100)

Por cierto resulta bien diferente que la doncella tema tal posibilidad a que el poeta se cuente entre los sospechosos. Aparentemente Ribera ha rebajado la armonía de sus nobles cuartetos con lo que podría juzgarse casi indecorosa disonancia, pero en este punto vale la pena recordar que en su larga trayectoria por el cristianismo, por lo menos desde Orígenes, el Cantar de Salomón fue siempre entendido alegóricamente.

Varias corrientes alegóricas bien establecidas vienen a alimentar los versos de Don Luis. Una de ellas la hemos apreciado ya en la "Canción a Cristo puesto en el sepulcro", cuya última estrofa nos muestra a la Iglesia como la Esposa del Cantar; se trata de la interpretación favorecida por los escolásticos, el *Cantica Canticorum* como alegoría del desposorio de Cristo y su Iglesia. En la no menos prestigiosa tradición monástica, el epitalamio bíblico alegorizaba la unión del alma con Dios desde el desposorio hasta el matrimonio espiritual.

El soneto que estamos considerando no entra de lleno en ninguna de las dos tradiciones, pues por una parte hubiese sido completamente inapropiado dirigir tal admonición a la Iglesia, que en el soneto sobre la creación

---

[12] Francisco de Quevedo, *Obra Poética* I, ed. José Manuel Blecua. Madrid: Castalia, 1969, p. 382.

de Eva había sabido definir bien ortodoxamente como esposa "santa y pura". Por otra parte, si bien en los cuartetos bien podría entenderse que se trata del alma en apasionada búsqueda del eterno Amante, el exhortativo consejo de los tercetos abate de lleno cualquier sugestión de vuelo místico. Entendida desde la única perspectiva posible, tal admonición a la fidelidad no puede menos de referirse a la vida religiosa. Ya que no puede tratarse de la Iglesia ni del alma mística ¿quién será esta "dulce esposa" que habiendo seguido a su Amado es justo que se la exhorte a la fidelidad, sin desdoro de su virtud y honra?

El único otro poema en que Ribera adopta este tono es el dedicado a Doña Constanza donde, también insistiendo en su calidad de esposa del Señor, le dirige una serie marcadamente admonitoria:

> A la S. Costança María de Ribera
>
> Elige en el exemplo y en la vida
> imitación de virginal pureza,
> por quien la flor que da naturaleza
> no se vio salteada ni ofendida.
>
> Hállente siempre a la virtud asida
> y assentando en tu alma su pureza,
> ofrecerás el cuerpo a la aspereza
> para venir a orar más encendida.
>
> Estima el nonbre sin igual que tienes
> de esposa del Señor; no lo profanes
> con vanidad, olvido y menosprecio.
>
> Sujeta a la umildad entrambas sienes,
> porque umillada y obediente ganes
> tálamo santo de tu amor en precio.
> (fol. 1)

He aquí una esposa de Cristo a quien el poeta, seguro de su dispensa fraternal, no teme exhortar a la castidad, el ascetismo, la mortificación (quizá como vía purgativa hacia la plegaria fervorosa), la humildad y la obediencia.

Son virtudes del estado religioso y deberes de los votos a que se obligó al tomar el hábito de su Orden como esposa del Señor. Viniendo de su hermano los consejos nada tienen de ofensivo. "Pon la divisa de su amor constante / sobre tu coraçón" cobra ahora su auténtico decoro. El "estima el nonbre sin igual que tienes / de esposa del Señor" en el poema dedicatorio no puede menos que iluminarnos ese preciarse "mucho de [ser] su amante" (v. 12) en este otro soneto; el que el amor guarde la puerta de su corazón en fidelidad constante es ciertamente la garantía de alcanzar el más glorioso premio, "tálamo santo de tu amor en precio".

Ribera ha imaginado a su hermana monja en la Esposa del Cantar. En cierto modo la larga tradición monástica avalaba el simbolismo; la mística cristiana se ha querido eminentemente esponsalicia, pero no menos esponsalicio era el estado de esta religiosa de la Inmaculada Concepción. Visto desde esta perspectiva y leído junto al poema dedicatorio, este soneto no puede considerarse como desafortunado tropiezo, sino ha de entenderse como un honroso ejercicio que, si bien no alcanza las alturas líricas a las que Ribera suele llegar, aclara y acentúa el pío fraternal afecto que llevó al poeta a dedicar su obra a quien por haberse consagrado esposa del Señor, lo llevó contemplar en ella retoñada Sulamita, íntima y familiar.

Ya hemos visto cómo nuestro poeta, al considerar un versículo del *Cantar*, va suscitando escenas, imágenes, figuras y metáforas diseminados por múltiples partes del epitalamio bíblico; nada tan cierto como en el caso del siguiente soneto:

Contemplación sobre la sentencia de los Cantares:
Veniat dilectus meus in hortum suum.

Venga mi dulce amado, venga al huerto,
a las eras de aromas olorosas;

coja los puros lirios, coja rosas
si el claro amor de anbos es tan cierto.

Herido está el Esposo y casi muerto
–O más bella entre todas las hermosas–
porque volviste flechas ponçoñosas
tu mirar y cabello en el desierto.

Hermana –dixo– dulce amiga, ufana
quedarás de la llaga de mi pecho.
Paloma amada, al inflamar tus ojos

¿cómo de tanto mal estás loçana,
si te convidan mi florido lecho
y de mi amor castísimos despojos?
(f. 129)

A la invitacion de la Esposa, que abre el poema, sucede la voz del Esposo que viene a acabar con su propia invitación. Es pues un soneto a dos voces. La femenina lo llama al huerto ameno que siendo de él es ella misma –*Veniat dilectus meus in hortum suum* (Ct 5, 1) [Venga mi amado a su huerto]– En el *hortus conclusus* de la Amada, el Esposo recogerá las flores que desde el Cantar son también ella: *ego flos campi et lilium convallium* (Ct 2, 1) [yo, flor de los campos y lirio de los valles]. Esta invitación termina condicionalmente: "si el claro amor de ambos es tan cierto" (v. 4).

El resto del poema es la respuesta del Esposo que va ofreciendo la indudable certidumbre de su amor. El poeta en un solo verso lo retrata breve y acabadamente, tan herido que casi muere de amor (v. 5), y de ahí en adelante sólo se oye su voz enamorada, primero definiendo a la Esposa, –"O más bella entre todas las hermosas", en claro eco de *o pulchra inter mulieres* (Ct 1, 7), luego explicando las causas de su condición: la Amada lo ha herido con las mismas armas que en el Cantar, "tu mirar y cabello": *vulnerasti cor meum, soror mea sponsa, vulnerasti cor meum in uno* **oculorum tuorum et in**

***uno crine** colli tui* (Ct 4, 9) [Heriste mi corazón, hermana mía, esposa, heriste mi corazón, con uno de tus ojos, con un solo cabello de tu cuello], también "en el desierto" (v. 8) recordando el Cantar 8, 5: *quae est ista quae ascendit **de deserto**, deliciis affluens* [¿quién es ésta que sube desde el desierto, delicias derramando?].

En los tercetos el Esposo sigue entretejiendo su queja enamorada con fragmentos de versículos, frases y metáforas del santo epitalamio. La "hermana ... dulce amiga" del v. 9 espeja su subtexto *soror mea amica mea* (Ct 5, 2); "la llaga de mi pecho" (v. 10) es el mismo corazón vulnerado que ya se ha visto en Ct 4, 9; la "paloma amada" del v. 11 llega en nítido reflejo de la ***columba** mea* de Ct 5, 2, y la mención a sus ojos nos trae vislumbres de esos *oculi tui columbarum* de Ct 1, 14 y 41. Finalmente se da la invitación, "si te convidan mi florido lecho / y de mi amor castísimos despojos?". Al florido huerto de la Amada con que se abriera el poema corresponde el florido lecho del Esposo que casi hacia el final repite sugerente el *decorus **lectulus noster floridus*** de Ct 1, 15. En el último endecasílabo ofrece junto con el convite también su respuesta al cierre condicional de la invitación femenina. El "claro amor de ambos es tan cierto" como los despojos de un amor que se define superlativamente en castidad. Estos "castísimos despojos" nos dan la primera y última clave de la alegoría, tradicionalmente cristocéntrica: las llagas del Esposo no son sólo metafóricas heridas de amor, sino aquéllas de un amor tan cierto que lo llevó a las muy reales llagas de la Cruz, de su "amor castísimos despojos".

En este espléndido soneto, intertextualmente verdadero *collage* de fragmentos del Cantar, se ha edificado una estructura poéticamente perfecta: la doble invitación con que dialógicamente comienza y termina el poema, la respuesta a la condición de la Amada que se va desarrollando de a poco, a la vez que va posponiendo las palabras decisivas, que se revelan en toda su plenitud sólo en el cierre mismo del soneto con el último endecasílabo. Todo ello cuajado de reminiscencias del epitalamio bíblico que alimentan al tiempo que ahondan cada metáfora y hasta cada alusión en fino y en verdad exquisito erotismo sagrado.

Similar en maestría poética pero muy distinto en su intertextualidad, el próximo soneto se sitúa de lleno en la tradición monástica a la que ya he aludido:

> Contemplación sobre la sentencia de los Cantares:
> *Fulcite me floribus, stipate me malis, quoniam amore langueo*
>
> Cubrid de flores a la bella Esposa,
> que se apaga el oriente en sus mexillas
> y un eceso de amor buelve amarillas
> Almas, si ya os tocó llama hermosa.
>
> Revivid la temprana y fresca rosa
> que viöla parece ¡o, maravillas
> de vehemente ardor! ¡ y cómo umillas
> al alma por tu santa unión ansiosa!
>
> Las preciadas camuesas de sus huertos
> traed para que uela, y el senblante
> suyo fortaleced con nuevas flores:
>
> que yace de amorosos desconciertos
> ella herida y el amor triunfante,
> ¿qué mucho que la vença mal de amores?
> f. 106)

El poeta ha dejado de entretejer versículos sagrados; aquí le basta uno solo, el 2, 5 del Cantar *"fulcite me floribus, stipate me malis quia amore langueo"*. [Fortalecedme con flores, confortadme con manzanas que me desmayo[13] de amor] que ha inspirado el verso de apertura y reaparece explayado por todo el primer terceto. Entre uno y otro el poeta nos retrata a la esposa languidecien-

---

[13] *Langueo:* languidecer, desmayar, estar débil.

do de amores. Las rosas de sus mejillas se han trocado en flor muy diferente, "revivid la temprana y fresca rosa / que viöla parece" (vv. 5-6). En la "Canción de Cristo puesto en el sepulcro" Ribera también ha usado las violas para decir de otro cambio de color "por quien la sangre elada trocó el roxo, / haziéndose de viölas despojo" (vv. 14-15) pero aunque el nombre sea el mismo el comentario nos aclara que se trata de otra flor: "y en sus llagas y heridas el color **cárdeno** y manchado, por quien la sangre ya elada y cuajada trocó el muy fino y roxo que antes tenía, volviéndose de color de *violetas*"[14].

No ya purpúrea violeta, la del soneto es la viola de Garcilaso. En la Canción V que Ribera recordara al final de su propia canción, el toledano dice de una víctima de mal de amores que se ha "convertido en viola" (v. 28). Esta, claro está, es la pálida viola que había cantado Horacio, como lo recuerda la siempre admirable erudición del Brocense: *Nec tinctus viola pallor amantium* (Oda 10, libro 3), a lo que a su vez aludiera Sannazaro en prosa italiana "quivi Viole tinte di amorosa pallidezza"[15], la que en su comentario tradujo el elegante Herrera en "ni aquella amarillez de los amantes / teñida de viola"[16]. Esta amarillez del *pallor amantium* es la misma con que Ribera tiñe las empalidecidas mejillas de la Esposa, "que se apaga el oriente en sus mexillas / y un eceso de amor buelve amarillas" (vv. 2-3), pues "aquella amarillez" del v. 40 en la Canción I del toledano así como la viola de su

---

[14] Tanto las violetas como las violas y los pensamientos pertenecen al género *Viola*, pero a diferentes especies. La violeta (*V. odorata*) es por lo general violeta, ya sea intenso (el "cárdeno" de Ribera) o pálido, habiéndolas también blancas. Las violas (*V. cornuta*) y los pensamientos (*V. x wittockiana*, *V. hortensis*) vienen en muchos colores, entre ellos el amarillo.

[15] Antonio Gallego Morell, *Garcilaso y sus comentaristas*. Madrid: Gredos, 1972), el Brocense, nota 50, p. 274.

[16] Gallego Morell, *Garcilaso y sus comentaristas*. Herrera, nota 258, p. 411.

lira serán, por garcilasianas, imprescindible herencia de las letras hispánicas.

Felicísima unión de subtextos, armónicamente fraguada cuando la imaginación de nuestro poeta supo teñir la languidez de la esposa escrituraria con las violas de Garcilaso. Sin embargo ni el epitalamio bíblico ni la presencia toledana pueden llevarnos al meollo mismo del soneto, "al alma por tu santa unión ansiosa" que desde el verso octavo, en el centro mismo del poema revela su secreto. La esposa vencida "de mal de amores" es la deseante alma cristiana en su trayectoria mística hacia la unión con Dios, la "santa unión ansiosa" desde la cual la exégesis monástica del Cantar de los Cantares entendió secularmente las palabras de la Sulamita, *quia amore langueo*. Desmayo de amor, sí, pero de amor sagrado.

Sáinz de Robles y todos los que con él dijeron del "fervor místico" de Luis de Ribera aciertan a ciegas gracias a un soneto que les era ignoto. Nada indica que nuestro poeta haya conocido personalmente la *via unitiva*, y sobran evidencias de cuánto le atraían las hermosuras de esta tierra, y de cómo deseó y buscó los honores debidos a su erudición y a sus versos. Ahí están para probarlo esos poemas donde han quedado plasmados carnales desnudos femeninos, ahí aquellos soberbios denuestos contra los ignorantes españoles en las páginas finales del libro, ahí sobre todo el soneto "En loor de las *Sagradas poesías*", proclamando ya desde el título su insólita arrogancia. Todo lo cual es tan ajeno cuanto enemigo de la espiritualidad mística, que exige desde los umbrales desasimiento y absoluta humildad. Lo cual no quiere decir que Don Luis no supiese de mística. A falta de vivencias, sobraban libros. Con tan pocos y tan generales indicios como ofrece este soneto, no sabría yo precisar cuáles habrán sido sus lecturas al respecto, de modo que me limitaré a ilustrar los conceptos de mística cristiana que poetiza en estos versos con palabras de pluma muy venerada ya por esos entonces, y que desde la edición de Fray Luis de León a fines del siglo XVI no debió ser demasiado difícil de conseguir, tanto más por quien se preciaba de intereses teológicos. Me refiero, claro está, a Santa Teresa de Ávila, para esos años en proceso de beatificación (1614) y de ser proclamada, pese a Quevedo, Patrona de España (1617).

Desde el comienzo del soneto la voz poética se dirige a las "almas" que han sido tocadas de "la llama hermosa" (v. 4), almas contemplativas (¿la de Doña Constanza? ¿las de las monjas de la Inmaculada Concepción?) que saben ya de aquella llama o centella del amor divino de que habla la Santa en el *Libro de la vida*: "Esta oración [de quietud es] una centellica que comienza el Señor a encender en el alma del verdadero amor suyo, y quiere que el alma vaya entendiendo que cosa es este amor con regalo"; y al explicar la oración unitiva dice: "el alma alguna vez sale de sí mesma a manera de un fuego que se está ardiendo y hecho llama, y algunas veces crece este fuego con ímpetu; esta llama sube muy arriba del fuego, mas no por eso es cosa diferente, la mesma llama que está en el fuego"[17].

Tales almas pueden entender cabalmente las penas de la Esposa, llagada y encendida de "vehemente ardor" amoroso (v. 7)[18]. Habiendo conocido los regalos de la ele-

---

[17] Todos los textos de Santa Teresa están tomados de sus *Obras Completas*, eds. Efrén de la Madre de Dios, O.C.D. y Otger Steggink O. Carm., (Madrid: Biblioteca de Autores Cristianos, 1967) p. 73 y p. 82.

[18] En *Las moradas del Castillo interior*, regresa a la misma metáfora al hablar de la más avanzada oración unitiva, y dice del deleite y la pena del alma en tal estado: "Estava pensando ahora si sería que en este fuego del brasero encendido que es mi Dios, saltava alguna centella y dava en el alma, de manera que se dejava sentir aquel encendido fuego, y como no era aun bastante para quemarla y él es tan deleitoso, queda con aquella pena", p. 409.

vada oración unitiva[19] y quizá el arrobamiento, se halla ahora ausente del Amado, a la vez humilde ante tan alta e inmerecida gracia y deseante de la divina presencia que había unido y que sola podía volver a unir su pequeñez a la inmensidad de su grandeza (vv. 7-8).

El alma que ha gozado de la unión con el Divino Amado, y en ella ha quedado desmayada y suspensa[20], cuando regresa a sí misma se encuentra desconcertada[21], tanto por lo sobrenatural de su pasada experiencia cuanto por el intensísimo deseo de que se le vuelva a conceder "la santa unión" con Aquél que es su bien todo (v. 12). La esposa llagada en el supremo deleite de la oración unitiva, y acaso hasta de los místicos desposorios[22], es prenda y testigo del triunfo de Dios, el verdadero "Amor triunfante" (v. 13). "¿Qué mucho que la vença mal de amores?", porque la experiencia unitiva, incluído el desposorio, es pasajera, y el alma contemplativa vive en

---

[19] "Aquí no hay sentir, sino gozar sin entender lo que se goza ... Ocúpanse todos los sentidos en este gozo ... acá el alma goza más sin comparación", *Libro de la Vida*, p. 82.

[20] "Estando ansí el alma buscando a Dios, siente con un deleite grandísimo y suave casi desfallecer toda con una manera de desmayo, que le va faltando el huelgo y todas las fuerzas corporales", *Libro de la Vida*, p. 84; comentando sobre el versículo "Béseme con beso de su boca": "el alma que está abrasada de amor que la desatina, no quiere ninguno sino decir estas palabras", *Meditaciones sobre los Cantares*, p. 336.

[21] "Después que torna en sí, si ha sido grande el arrobamiento, acaece andar un día u dos, y aun tres, tan absortas las potencias u como embovecida, que no parece anda en sí", *Libro de la Vida*, p. 94.

[22] Es imposible precisar si la "santa unión" de que habla Ribera implica desposorio espiritual, ya que la oración unitiva puede precederlo así como continuar después del mismo. Respecto al período precedente dice Santa Teresa en *Las moradas del Castillo interior*: "Paréceme a mí que la unión aun no llega a desposorio espiritual, sino como por acá cuando se han de desposar dos, se tratan si son conformes y que el uno y el otro se quieran, y aun se vean, para que más se satisfaga el uno con el otro". Así Dios quiere que el alma "le entienda más y que como dicen venga a visitas, y juntarla consigo. Podemos decir que es ansí esto, porque pasa en brevísimo tiempo", pp. 401–402.

sobresalto y pena de ausencia[23]. La paz completa sólo llega con el matrimonio espiritual.

Al considerar estos sonetos en el orden que tienen dentro de las *Sagradas poesías* noto que el que acabo de analizar precede en el folio 106 al de la "Contemplación sobre la sentencia de los Cantares: *Veniat dilectus meus in hortum suum*" que aparece en el 129. No puedo asegurar que ésta sea una ordenación significativa pero, por si lo fuese, quisiera señalar que si un soneto menciona la santa unión del alma con el Divino Esposo y probablemente aluda al desposorio místico, el otro explicita la invitación del Amado al florido lecho, sin duda alude al tálamo metafórico del matrimonio espiritual[24]. En las *Sagradas poesías* no encontramos otra composición que inspirada en el Cantar de los Cantares poetice ya cumplido el matrimonio del alma con Dios. En cambio, ubicado entre estos dos últimos sonetos, se halla otro que trata de un matrimonio sacratísimo y su divino fruto:

> Contemplación sobre la sentencia de los Cantares:
> *Osculetur me, osculo oris sui*
>
> ¡Qué suavísimo beso, qué colores
> de púrpura en tus labios parecieron,
> O, rutilante Esposa! Y ¿qué sintieron
> de fragancia de ungüentos y de olores?
>
> El Esposo espirando amor y flores
> coronó tus mexillas, y hirieron
> a ti sus castos ojos, que pudieron
> moverte con dulçura y resplandores.

---

[23] "No es señora ... de pensar sino la razón que tiene para penar, pues está ausente de su bien, que para qué quiere vida. Siente una soledad extraña". *Las moradas del Castillo interior*, p. 436.

[24] En tal caso ese soneto también podría considerarse un poema místico, pero sólo de ser considerado en relación con el que explícitamente alude a la "santa unión". En el resto de las *Sagradas poesías* otros dos sonetos son claramente místicos.

> Imprimiste en la frente el sacro nombre,
> y en su licor precioso derramado
> bañaste hebras de oro, pura Aurora:
>
> así pudo Dios obrar para ser onbre,
> y con eterno abraço confirmado
> moró en tu vientre, y en las almas mora[25].
> (f. 125)

He aquí la rutilante Esposa. Adjetivo sorprendente pero justísimo, porque el último endecasílabo nos revela que se trata de la celeste mujer vestida del Sol, coronada de estrellas, la luna a sus pies: solar, sideral, la rutilante Virgen María[26]. Pero eso no se descubre hasta llegado el fin del poema. Mientras tanto Ribera va nuevamente enhebrando versículos sueltos del Cantar de los Cantares para sugerirnos en sagrado si intenso erotismo los fervientes amores de la doncella de Nazareth y su divino enamorado. En su beso Ribera contempla el inovidable primer versículo del Cantar, *osculetur me osculo oris sui*, e imagina enrojecerse los labios virginales, quizá por pudor, tal vez de puro apasionados (vv. 1-2). Llevado por la sugerencia del segundo versículo *fraglantia unguentis optimis oleum effusum nomen tuum* [fragancia de óptimos ungüentos, aromático aceite derramado es el nombre tuyo] el poeta se pregunta por estos deliciosos y hasta inefables perfumes, ¡el olor de Dios!. Tratándose de María la casi opulenta sensualidad de tales imágenes acaso hoy nos parezca insólita si no indecorosa. Sensibi-

---

[25] El texto dice "sus almas", lo cual no hace sentido por carecer de antecedente. Corrijo en "las almas" que tiene perfecto sentido poético y dogmático.

[26] Es la figura tradicional de la Inmaculada Concepción como la mujer del Apocalipsis. En una imagen del siglo XV una María casi niña aparece rodeada de símbolos, entre ellos el sol, con la inscripción *"electa ut sol"*, la luna, *"pulcra ut luna"*, una estrella, *"stella maris"*; su reproducción se encuentra en la p. 220 de Emile Mâle, *L'art religieux de la fin du Moyen Age en France. Étude sur l'iconographie du Moyen Age et sur ses sources d'inspiration*. Paris: Librarie Armand Colin, 1908.

damente tan ajenos a nuestro poeta como lo fueron a aquellos monjes que desde el siglo XII se deleitaron contemplando en la Virgen todas las gracias de la Sulamita al alegorizar marialmente el Cantar de Salomón.

Uno de los libros xilográficos más célebres del siglo XV, el Cantar de los Cantares ilustrado con grabados de madera, popularizó la alegoría marial del epitalamio bíblico. El novio es, por supuesto, Dios, en figura de tierno adolescente; y los pasajes más sensuales del Cantar se revelan en inmaculada castidad. Emile Mâle nos ofrece una ilustración notable: *"'Mon bienaimé, dit le texte, est un bouquet de myrrhe entre mes seins'. Que nous montre la gravure? La Vierge debout et serrant son fils crucifié sur sa poitrine"*[27]. En otro grabado se ve a la María auroleada por los rayos del sol, y a cada lado suyo una gran voluta; en la de la izquierda se lee *"Caput tuum ut Carmelus / collum tuum sicut turris eburnea"* (Ct 7, 5 y 7, 4), y en la de la derecha *"nigra sum sed formosa filiae Hierusalem sicut tabernacula Cedar sicut pelles Salomonis"* (Ct 1, 4)[28]. Prueba cabal que esta alegoría marial del Cantar de Salomón se conocía bien en

---

[27] Emile Mâle, *L'art religieux*, p. 222. He de agregar por mi parte que el *Officium Beatae Mariae*, en la liturgia de las horas canónicas, adoptado desde temprano por varias comunidades religiosas (como los cistercienses y los camaldulenses, y es de pensar por todas las posteriores que tengan por patrona a la Virgen), bajo Pío V, en 1585 fue regularizado, eliminándose las múltiples variantes con que se conocía hasta esa época, y en esta forma (que duró hasta el II Concilio Vaticano) fue usado por muchos laicos. Compuesto como toda la liturgia de las horas por textos bíblicos, el *Officium Beatae Mariae* los usa con frecuente referencia a María, con Salmos, antífonas, intercesiones y responsorios de carácter marial, seguramente lo conoció Luis de Ribera. Allí hubo de leer, sobre todo en las antífonas, varios versículos del Cantar de los Cantares aplicados, naturalmente, a la Virgen: *The Primer, or Office of the Blessed Virgin Marie, in Latin and English*, Antwerp: Arnold Conings, 1599. Por ese entonces la imprenta difundió el *Officium Beatae Mariae* entre los fieles, a veces impreso independientemente, y otras como parte de los manuales devotos dedicados al uso laico.

[28] Emile Mâle, *L'art religieux*, p. 223.

los Charcas se ofrece en la colección de poemas del manuscrito de Fray Diego de Ocaña (1603) donde el sacerdote Sebastián de Mendoza de La Plata aplica no sin gracia el mismo versículo del Cantar de los Cantares *"nigra sum sed formosa"* a la Virgen de Guadalupe:

> También, Virgen, en vos se verifica
> ser morena y hermosa con extremo,
> que es epíteto que la Iglesia os canta;
> que esa color trigueña, hermosa y rica,
> quiso escoger el Hacedor Supremo
> para mostrar que a la blanca se adelanta[29].

De modo que la doncella nazarena y su novio divino amándose en las encendidas expresiones del Cantar tenían una larga tradición a la que pertenece este espléndido soneto de las *Sagradas poesías*. Entre lo mucho que tiene de admirable no es lo menos la originalidad con que nuestro poeta recrea esta tradición al hacerla suya. Recordemos el "rutilante" del tercer verso y notemos aquí la "pura Aurora" del onceno. Ambos se dan en un antiguo himno medieval, que compara la Aurora que precede al sol con la Virgen, "nuncia de la luz eterna":

> **Aurora** lucis **rutilat**,
> Aeternae lucis nuntia[30].

---

[29] El texto aparece en Adolfo Cáceres Romero, *Nueva Historia de la literatura boliviana II. Literatura Colonial.* La Paz-Cochabamba: Ed. Los amigos del libro, 1990, p. 72.

[30] La tradición que contempla en María a la Esposa del Cantar de los Cantares es en verdad muy larga; se encuentran ya tenues huellas de la interpretación marial en San Jerónimo (*Epist. ad Paul. et Eust., Patrol. Lat.*, 30, 134–135) y San Ambrosio (*De Inst. Virginis, Patro. Lat.*, 16, 326–327). Hacia el siglo IX aparece muy explícitamente en San Pascasio Radberto (*In Matthaeum*, II, *Patrol. Lat.*, 120, 103–104 y 106), y finalmente se sistematiza en el siglo XII, comenzando con Ruperto de Deutz (*In Cantica Canticorum de Incarnatione Domine, Patrol. Lat.*, 168, 839–840, 1387b, 1603b) para quien todo el Cantar debe leerse aplicándolo a María, siguiendo con Felipe de Harveng, para quien el *Cantica* es una completa alegoría de la Virgen (*Moralitates in Cantica, Patrol. Lat.*, 203, 491–493), así también Miguel Ghisleri ya desde el comienzo de su magnífico comentario al Cantar. Para el gran Alain de Lille, aunque no

No sería imposible que Ribera hubiese conocido el viejo himno, pero en tal caso quizá su logro fuera aun más admirable. La sencilla comparación medieval se ha transformado en esta vívida escena de la radiante esposa bajo el beso del divino amante, sus ojos esplendentes de dulzura al acariciar las virginales mejillas de la amada, mientras emana y a la vez respira la inefable fragancia de su amor (vv. 1-8) Cada palabra llega en una plenitud de sugerencias a la par sensuales y castas como el agua. El beso es "suavísimo" pero los labios de púrpura; sensorios aromas y flores amenizan la pureza de un amor entre espirituales resplandores de dulzura. ¿Qué momento en la vida de María ha de simbolizar el inédito lirismo de estos cuartetos? El final del poema lo declara: es el instante cuando el Verbo se encarna en el vientre virginal: "tal pudo Dios obrar para ser onbre, / y con eterno abraço confirmado / moró en tu vientre" (vv. 12-14). Piense el lector en las varias imágenes de María en innúmeras Anunciaciones. Pues bien, ésta es la misma Virgen de la Anunciación, pero a la luz del Cantar en la visión inspirada de un gran poeta. Cuántas veces hemos visto el rayo de luz que desde lo alto del cuadro cae sobre la Virgen que ya ha dado su *fiat*. A su modo, en el primer terceto, Ribera recrea ese momento:

> Imprimiste en la frente el sacro nombre,
> y en su licor precioso derramado
> bañaste hebras de oro, pura Aurora.

Con certera precisión la voz poética llama a María definitoriamente "Aurora", justo antes de mencionar que

---

exclusivamente, el *Cantar* es *specialissime* el canto de María (*Elucidatio in Cantica*, Patrol. Lat., 210, 53) . Como hemos visto, Ribera no es exclusivamente marial en su poetización del epitalamio bíblico, y esto también se encuentra en la tradición medieval, por ejemplo Tomás Gallus: *per sponsam diximus quod aliquando designatur Virgo Maria, aliquando anima ambulans in justitia, aliquando militans Ecclesia* (*In Cantica*, X, Patrol. Lat., 206, 697c).

el Verbo, que es Luz, moró en su vientre. Este, pues, debe ser el instante de la encarnación, iluminado casi al sesgo por dos versículos del Cantar. María da el *fiat*, y así imprime "en la frente el sacro nombre", verso que nos llega modificando lúcidamente el versículo 8, 6 del Cantar, *Pone me ut signaculum supra cor tuum*. ¿Por qué no sobre el corazón? Simplemente porque la imagen que quiere suscitar es la de la ungida cabeza de María, la frente y los sueltos dorados cabellos —las "hebras de oro"— sobre los que se derrama el divino licor, ese ungüento de cuyos aromas sabíamos desde el primer cuarteto, y que ahora entendemos ser el "sacro nombre" del Cantar de los Cantares, "*oleum effusum nomen tuum*" (Ct 1, 2). La Virgen en el momento de hacerse madre: rutilante Aurora ungida por el nombre de Dios. Así tanto el misterioso adjetivo del primer cuarteto como la sugerente pregunta que lo cierra "¿qué sintieron / de fragancia de ungüentos y de olores?" reciben aquí la auténtica perfección de su sentido. Su frente sellada con el nombre del Amado, que la unge en la inminencia misma de la encarnación, la esplendente Esposa sintió el perfume del nombre de Dios.

Tales los sonetos de Don Luis de Ribera inspirados por el *Cantica Canticorum*, cada uno contemplación muy distinta, desde el matrimonio humano a los desposorios divinos, desde la exhortación a la virtud monástica al transido desfallecimiento de la oración unitiva, del convite al tálamo florido hasta la gloriosa plenitud del Amor que se ha encarnado en el vientre virginal para llegar a morar en las almas todas. *Omnia vincit Amor*. En la certidumbre de la universal victoria del Verbo encarnado el poeta ha sabido alzar, cual estandartes de la Divina Musa, estos endecasílabos radiantes. Perimidas las riquezas de su cerro, deshechas sus ambiciones y vanaglorias, roída en el olvido la feroz lengua de su violencia, desde Potosí aun se levanta esta voz pura. Hoy lo sabemos. El poeta ha vencido al tiempo.

DEL EXE ANTIGUO A NUESTRO NUEVO POLO
UNA DÉCADA DE LÍRICA VIRREINAL,
(CHARCAS, 1602-1612),
se terminó de imprimir en la Imprenta
Cushing Malloy, Ann Arbor, Michigan,
en el mes de setiembre de 2003